GAODENGYUANXIAO TONGJIXUE JINGPINJIAOCAI

高等院校统计学精品教材 天津市级普通高校精品教材

面向统计学的 Python语言实践

主　编 / 杨贵军

副主编 / 白东杰　凤丽洲

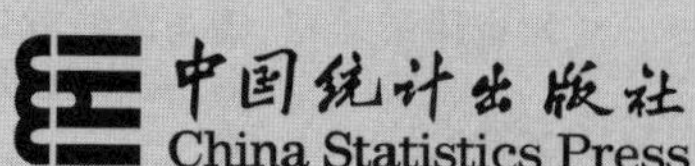

图书在版编目(CIP)数据

面向统计学的Python语言实践 / 杨贵军主编 ；白东杰，凤丽洲副主编. —— 北京 ：中国统计出版社，2024.5

ISBN 978－7－5230－0434－0

Ⅰ. ①面… Ⅱ. ①杨… ②白… ③凤… Ⅲ. ①软件工具－程序设计－应用－统计学 Ⅳ. ①C819

中国国家版本馆CIP数据核字(2024)第098201号

面向统计学的Python语言实践

作　　者/杨贵军 主编　白东杰 凤丽洲 副主编
责任编辑/熊丹书
封面设计/李雪燕
出版发行/中国统计出版社有限公司
通信地址/北京市丰台区西三环南路甲6号　邮政编码/100073
发行电话/邮购(010)63376909　书店(010)68783171
网　　址/http://www.zgtjcbs.com
印　　刷/河北鑫兆源印刷有限公司
经　　销/新华书店
开　　本/787mm×1092mm　1/16
字　　数/405千字
印　　张/18
版　　别/2024年5月第1版
版　　次/2024年5月第1次印刷
定　　价/54.00元

序　言

近年来，大数据、人工智能、云计算、物联网、5G、元宇宙、Chat GPT 等热点词汇不断涌现，数据受到高度关注。党的二十大报告强调“强化国家安全工作协调机制，完善国家安全法治体系、战略体系、政策体系、风险监测预警体系、国家应急管理体系，完善重点领域安全保障体系和重要专项协调指挥体系，强化经济、重大基础设施、金融、网络、数据、生物、资源、核、太空、海洋等安全保障体系建设。”健全国家数据安全保障体系，需要大量的数据分析人才，掌握统计基础知识和应用统计方法解决实际问题的能力是数据分析人才的基本要求。党的二十大报告也明确提出“加快发展数字经济，促进数字经济和实体经济深度融合，打造具有国际竞争力的数字产业集群。”数字经济已经成为经济发展新动能，迫切需要具有社会主义核心价值观的多层次多类型的数据分析人才。

为了应对统计应用的复杂场景，统计学教学应面向实际数据和强化计算机操作，增强解决问题的实践能力，培养严谨的统计思维。教材《面向统计学的 Python 语言实践》以天津财经大学统计学院“统计学”国家级一流金课为依托，为了适用于财经类高校经济管理类专业数据分析以及其他领域计算编程初学者，定位于“统计学”课程相关知识点的 Python 语言实践，力求通过代码以简洁易懂的语法对统计学理论进行清晰的应用演示。全书注重数据分析方法和计算机操作能力的粘性，致力于打造一本面向“统计学”课程的平行实践教材。其中，涵盖统计学的核心内容和在实际工作中运用统计方法所必需的知识实践，以及数据分析的 Python 基础语法和编程演示。

为了培养读者学习统计方法的兴趣，提高读者利用统计知识和 Python 工具分析数据、解决具体问题的实践能力，书稿编写注重以下两个方面：

一是书稿内容包括四个模块。其一是 Python 基础语法和概念，包括变量、基本数据结构、控制语句、函数、面向对象等。其二是 Python 数据整理与显示、数据分布特征描述，以及 Numpy、Pandas、Matplotlib、Statsmodels 等第三方库的使用。其三是利用 Python 常用的统计分析和机器学习第三方库，包括 Statsmodels、Scikit-learn 实现抽样分布、参数估计、假设检验、方差分析、相关与回归、时间序列、分类和聚类等统计方法。其四是 Python 案例数据分析，包括中国经济高质量发展、人口老龄化、环境保护、京津冀协同发展、脱贫攻坚和共同富裕等二十大报告关注的社会经济热点问题。

二是书稿内容秉承循序渐进原则，并由易到难分为三个层次。其一是了解 Python

基础语法；其二是可以使用 Python 完成实际数据分析，能够利用 Python 工具直观展现统计方法和解决具体问题，使读者明确统计方法的应用界面；其三是理解 Python 工具的背后的统计理论，加深理解统计思想，提高运用统计方法和 Python 工具解决实际社会经济问题的能力，为今后进一步学习和研究打下良好基础。

本书主要是为财经类高校经济管理类专业包括统计学专业和经济统计学专业本科生编写的统计教材，可作为辅助教材配合“统计学”课程教学过程中的 Python 语言实践，也可作为独立教材面向数据分析方法的 Python 初学者。本书还可以用作相关专业的本科学生和研究生的教材和教材参考书。

《面向统计学的 Python 语言实践》由天津财经大学统计学院“统计学”国家级一流金课的教学团队合作完成。其中，凤丽洲承担第一章和第二章，孟杰承担第三章，孙玲莉承担第四章，程郁泰承担第五章，白东杰承担第六章，杨雅明承担第七章，陈浩承担第八章，王宏炜承担第九章，杨雪承担第十章，党爱军承担第十一章，师翠英承担第十二章，段志民承担第十三章。在书稿完成过程中，天津财经大学刘红梅、周国富、高建国、李红继、曹景林、毛剑峰等多位教师提供了指导和帮助，多个年级在读的博士研究生和硕士研究生参与资料搜集、文字录入等工作。凤丽洲负责全书 Python 语言代码审查，杨贵军和白东杰作为总纂，完成统稿。

作者在此感谢天津财经大学统计学院和中国经济统计研究中心的全力支持。感谢中国统计出版社的大力支持。感谢国家社会科学基金（18CTJ008；19CTJ016；20ATJ008；20CTJ009；21BTJ020；22&ZD155）、全国统计科学研究重点项目（2022LZ19；2022LZ24）资助。在书稿撰写过程中，我们参阅了相关领域的书籍与文献资料，并借鉴了一些观点、例题、习题和案例等，在此一并致谢。

本书写作源于大数据应用人才的社会需求调研的启发。教学团队持续专注新文科背景下经管类人才统计建模能力培养模式的教学研究和教学实践探索。在书稿完成过程中，尽管我们付出了最大的努力，但书中仍可能存在不足，恳请读者提出宝贵意见，以利于我们在今后教学实践中进一步修订完善教材。

作者

2023 年 9 月

目　录

第 1 章　Python 语言基础

党的二十大报告指出，要加快建设网络强国、数字中国。习近平总书记深刻指出，加快数字中国建设，就是要适应我国发展新的历史方位，全面贯彻新发展理念，以信息化培育新动能，用新动能推动新发展，以新发展创造新辉煌。数字中国的建设离不开数字经济领域人才的支撑。从数字经济发展的现实需求来看，Python 编程语言已成为数字人才必备的编程语言。Python 语言功能强大，有着丰富的扩展库，可以直接调用，相对其他编程语言更容易掌握，初学者也不需要过多考虑内存之类的底层细节。本章将对 Python 语言的基础语法和概念进行介绍。

1.1　开发环境及配置

在学习使用 Python 语言之前，需要安装 Python 编程环境。本教材选择 Python3. x 版本，作为编程环境。Python 安装程序的官方下载网址为：https://www. python. org。Python 安装程序支持 Mac、Linux 和 Windows 系统，可选择与自己电脑操作系统相对应的版本下载安装，完成 Python 基本环境搭建，本教材使用 Windows 系统。

此外，为了用户图形界面的编程体验感更好，更容易管理和调试项目，需要配置编程工具，即集成开发环境 IDE（Integrated Development Environment）。目前，公认的两个 Python IDE，分别为 PyCharm 和 Anaconda。二者都支持 Windows、Mac 和 Linux 操作系统。

PyCharm 集成开发环境安装程序的下载网址为：

https://www. jetbrains. com/pycharm/download

其中，Professional 代表 PyCharm 集成开发环境的专业版，是付费的。Community 代表 PyCharm 集成开发环境的社区版，是免费的。对于初学者来说，使用社区版就可以满足学习需求。PyCharm 集成开发环境还提供学生版，以学生信息注册，可以获得为学生提供的专业版服务。

Anaconda 集成开发环境的官方下载网址为：

https://www. anaconda. com/products/individual＃Downloads

用户选择适用于自己电脑操作系统的 Anaconda 集成开发环境版本后，可以进行下载和安装。以 Windows 系统为例，安装之后，在 Windows 的开始菜单中找到安装好的 Anaconda 菜单，主要包括 Anaconda Prompt、Anaconda Navigator、Spyder 和 Jupyter Notebook 等。

其中，运行 Anaconda Prompt 会出现命令行窗口，在命令行提示符后输入“Python”，即可启动 Python 并反馈当前的 Python 版本信息。当出现提示符＞＞＞，即可以输入

Python 代码并运行。可以使用 exit()命令退出 Python 编辑环境。Anaconda 集成开发环境提供很多实用命令,如 conda list,查看当前 Anaconda 集成开发环境自带的模块信息。

Jupyter Notebook 是基于网页的交互式应用程序,以网页的形式打开,可被应用于程序开发、文档编写、代码运行和结果展示。Python 代码的运行结果会在代码块下面直接显示。Jupyter Notebook 的主要优势在于,Python 语言编写程序和说明文档都在同一个页面中,便于对所编写程序进行及时的说明和解释。Jupyter Notebook 通过“新建”操作来新建一个 Python 文件。该文件由一系列的单元 (cell) 组成,主要的单元类别有用于输入说明文档的 Markdown cell 和用于输入代码的 Code cell。

1.2 基础语法

1.2.1 基本数据类型

数值类型:包括整数如 1、浮点数如 1.23、3E－2 和复数如 1＋2j。

字符串:是由一对英文的单引号、双引号或三引号括起来的字符序列。字符串用途众多,其中主要用途是表示一段文本,如“Hello, world!”。需要注意,一对引号是字符串的起止标志,不是字符串的一部分。

布尔类型:逻辑判断的数据类型为布尔类型。布尔类型的数据只有两种值,True 和 False。在布尔表达式中,对于 Python 语言的内置数据类型,解释器将 False、None、各种类型(包括整数、浮点数、复数等)的数值 0、空序列(如空字符串“” 、空元组()和空列表[])及空映射(如空字典{})视为假,其他值视为真。

1.2.2 字面量、常量和变量

字面量:如 1,1.23,3.45e－3 等数,或者“Hello World!”等字符串,或者 True 和 False 都被称为字面量。字面量只代表一个个的值,即 1 就是 1,不能改变字面量的值。

常量:常量指永不改变的值或数量。在 Python 语法中没有严格意义的常量,其实只有变量。通常,要在 Python 中使用常量,必须对常量的标识符名称进行约定,避免当作变量进行赋值。常量命名规范为大写字母和下画线组成,如 NAME、NUMBERS_。

变量:在 Python 语言中变量是一个用于存储数据值的命名容器,暂时性存储信息,如存储整数、小数或字符串等。可以使用变量的名字来引用存储在其中的数据。例如,在一张纸上记录学生的年龄、身高、姓名。可能这样写,年龄:18,身高:1.65,姓名:小木。这里,“年龄”“身高”“姓名”就被称为变量名,也称为标识符。“18”“1.65”“小木”被称为变量的值。要创建一个变量,需要为这个变量提供一个名字,并使用“＝”操作符给它赋值。实现上述三个变量赋值的语句为:

```
age=18 # 赋值整数
height=1.65 # 赋值浮点数
name="小木" # 赋值字符串
```

其中,符号“#”在Python语言中有特殊含义,表示注释,包括“#”后面至行尾的所有内容,在Python代码运行时都被忽略。注释的目的是让程序更容易理解,如可以用自然语言描述代码的功能是什么。此外,如果临时移除一段代码,也可以用注释的方式临时禁用这段代码。

符号“=”是赋值符号,将“=”右侧的值赋给左侧的变量,左侧的变量接收到值后表示该变量被定义完成。Python语言允许同时给多个变量赋值,如语句:

```
age, height, name=18, 1.65, "小木"
```

这条语句与上述3条语句的效果相同。需要注意:与其他编程语言不同,Python语言的变量不可以只定义而不赋值。也就是说,在使用变量之前,必须先给变量赋值。但不需要指定变量的数据类型,变量的数据类型在赋值时会动态地给定。

打印输出是Python语言中最常用的功能,语句为
print(* objects, sep="", end="\n", file=sys. stdout, flush=False)。

其中,第一个参数objects为必备参数,表示可以一次输出多个对象。输出多个对象时,需要用“,”分隔。其余参数都有默认值,sep用来间隔多个对象,默认值是一个空格,可以换成其他字符串。end用来设定以什么结尾,默认值是换行符"\n",可以换成其他字符串。如语句:

```
print (name,age, sep=',')
```

输出结果为:小木,18。

变量赋值后,可以在程序中调用。如:

```
print(age * 2)
```

输出36。

变量存储的值可以修改。例如,修改变量name存储的值,使用语句:

```
name="xiaomu"  #赋值字符串
print(name)
```

输出内容为“xiaomu”,变量name存储的值已经修改。

Python语言使用标识符为变量命名,标识符是变量、类、函数、模块以及其他对象命名的符号。变量的命名规则如下:

(1)标识符由字母、数字、下划线“_”组成。但第一个字符不能是数字。如a2是合法的标识符,2a则不是合法的标识符。Python3. x支持utf-8字符集。Python3. x的标识符可以使用utf-8字符集中多种语言的字符,非ASCII标识符也是允许的,例如可以包含中文字符等。

(2)标识符不能是Python保留字。查看Python3. x保留字的代码如下:

```
import keyword# 导入 keyword 模块
print(keyword. kwlist)# 显示所有保留字
```

(3)Python语言区分大小写。如abc和Abc是两个不同的标识符。

1.2.3 表达式和运算符

先看一个简单例子：1＋2。例子中的 1、2 称为操作数，＋称为运算符，1＋2 称为表达式。Python 语言支持运算符的主要类型如下：算术运算符、比较(关系)运算符、赋值运算符、逻辑运算符、位运算符、成员运算符、身份运算符等。

算术运算符包括＋、－、*、/、%、* *、//。设变量 a 为 5，变量 b 为 11，算术运算结果如表 1.1 所示。

表 1.1 算术运算符

运算符	描　述	实例
＋	加	(a＋b)输出结果为 16
－	减	(a－b)输出结果为－6
*	乘	(a * b)输出结果为 55
/	除	(b/a)输出结果为 2.2
%	取模	(b%a)输出结果为 1
* *	幂	(a* * b)输出结果为 48828125
//	向下取接近商的整数	(b// a)输出结果为 2

比较运算符包括＝＝、!＝、＞、＜、＞＝、＜＝。设变量 a 为 5，变量 b 为 11，比较运算结果如表 1.2 所示。

表 1.2 比较运算符

运算符	描　述	实例
＝＝	等于	(a＝＝b)返回 False
!＝	不等于	(a!＝b)返回 True
＞	大于	(a＞b)返回 False
＜	小于	(a＜b)返回 True
＞＝	大于等于	(a＞＝b)返回 False
＜＝	小于等于	(a＜＝b)返回 True

赋值运算符包括＝、＋＝、－＝、*＝、/＝、%＝、* *＝、//＝等。其中，c＝a＋b，表示将 a＋b 运算结果赋值给 c。而 c＋＝a 等同于 c＝c＋a。

逻辑运算符包括 and(与)、or(或)、not(非)。逻辑运算遵循短路计算的原则。变量 a 为 5，b 为 11，逻辑运算结果如表 1.3 所示。

成员运算符包括 in、not in。设 x＝10，y＝[1, 4, 10, 12]。则 x in y：判断序列 y 是否包含 x 值，结果为 True。x not in y：判断序列 y 是否不包含 x 值，结果为 False。

表1.3　逻辑运算符

运算符	逻辑表达式	描　　述	实例
and	a and b	与：若a为False，结果为a；否则结果为b。即a为False时，不计算b值。	结果为11
or	a or b	或：若a为True，结果为a，否则结果为b。即a为True，不计算b值。	结果为5
not	not a	非：若a为True，结果为False。若a为False，结果为True	结果为False

身份运算符包括is、is not，比较两个对象的存储单元。is是判断两个标识符是否引用同一个对象，如果引用自同一个对象，结果为True，否则结果为False。is not是判断两个标识符是否引用不同的对象。设x=10，y=10，x is y：结果为True。

以上运算符优先级从高到低依次为：* *，(*，/，%，//)，(+，-)，(<=，<，>，>=)，(==，!=)，(=，%=，/=，//=，-=，+=，*=，* *=)，(is，is not)，(in，not in)，(not，and，or)。注：每组括号中运算符优先级相同。

1.3　数据结构

数据结构是以某种方式组合起来的数据元素集合。Python语言有很多内置数据结构对象，如列表(list)、元组(tumple)、集合(set)和字典(dict)等。其中，列表和元组称为序列，字典称为映射。

1.3.1　列表

列表由一系列按特定顺序排列的元素组成，用方括号[]表示，用逗号分隔其中的元素。如下面的列表：

```
numbers=[1,2,3,4,5] #数字列表
letters=["a","b","c","d"] #字符列表
mix=[1, "xiaomu",[ "physics", "chemistry"],[97,98]] #多种数据类型的列表
List4=[]#空列表
```

列表是有序集合。列表的每个元素分配一个数字表示位置，称为索引。从左向右，第一个元素索引是0，第二个索引是1，依次类推。从右向左，第一个元素索引为-1，第二个元素索引为-2，依次类推。如下面的列表：

```
products=["huawei", "xiaomi", "vivo", "oppo"]
```

从左向右，对应元素的索引依次是0，1，2，3。从右向左，对应元素索引依次是-1，-2，-3，-4。在列表中，使用语句“列表名[m]”访问索引为m的元素值，如访问该列表的第一个元素和最后一个元素的代码如下：

```
print(products[0])
print(products[-1])
```

可以使用语句“列表名[m:n]”访问索引 m 到 n−1 的子列表，称为切片。如：

```
numbers=[1,2,3,4,5,6,7,8,9]
print(numbers[2:8])
```

输出结果为[3,4,5,6,7,8]。注意，该区间是左闭右开的，即 numbers[8]取不到。

1.3.2 列表的方法和函数

Python 语言的列表主要支持以下方法和函数。

添加元素：包括尾部添加、依据索引添加和添加其他列表内容，分别对应不同的方法。若 L1=[1,2,3,4]，添加元素的示例见表 1.4。

表 1.4 列表添加元素操作

添加元素	描 述
L1.append(4)	列表 L1 尾部添加元素 4
L1.insert(i,x)	列表 L1 索引为 i 的位置添加元素 x
L1.extend([5,6,7])	列表[5,6,7]的内容添加到列表 L1 中

访问元素：依据索引值获取列表的元素。注意列表索引值从 0 开始。若 L1=[1,2,3,4]，访问元素的示例见表 1.5。

表 1.5 列表访问元素操作

访问元素	描 述
L1[i]	索引，访问列表 L1 中第 i 个元素，从 0 开始计数
L1[i:j]	切片，返回含下标从 i 到 j 的元素的子列表，不包括 L1[j]
mix[i][j]	索引的索引，例如：mix[2][1]值为‘chemistry’

删除元素：依据索引值访问列表中元素，删除指定元素，也可以删除和清空整个列表。若 L1=[1,2,3,4]，删除元素的示例见表 1.6。

表 1.6 列表删除元素操作

删除元素	描 述
L1.remove(2)	删除 L1 的元素 2。如果 L1 有多个 2，只删除第一个 2
L1.pop()	删除 L1 的最后一个元素，返回该元素的值
L1.pop(i)	删除 L1 的索引值为 i 的元素，返回该元素的值
del L1[i]	删除 L1 的索引值为 i 的元素
del L1[i:j]	删除 L1 的索引值从 i 到 j 的元素，不包括 L1[j]
del L1	删除列表 L1
L1[i:j]=[]	删除 L1 的索引值从 i 到 j 的元素，不包括 L1[j]
L1.clear()	清空列表 L1 中的所有元素

列表操作:包含列表与列表的连接,列表自身元素的操作。表 1.7 给出了列表操作示例。

表 1.7　列表其他操作

Python 表达式	结果	描　述
[1,2,3]+[4,5,6]	[1,2,3,4,5,6]	加运算
["hi"] * 4	[‘hi’,‘hi’,‘hi’,‘hi’]	乘运算
3 in [1,2,3]	True	判断元素在列表中
for x in [1,2,3]: print(x)	1 2 3	迭代访问
zip([1,2,3],[4,5,6])	[(1,4),(2,5),(3,6)]	列表的元素对应配对

内建函数:实现列表的常用工作,增加工作效率。表 1.8 给出了内建函数示例。

表 1.8　列表内建函数

内建函数	描　述
len(L1)	列表 L1 的长度为 4
max(L1)	列表 L1 的元素的最大值
min(L1)	列表 L1 的元素的最小值
sorted(L1)	新列表的元素依次为列表 L1 排序的元素
enumerate(L1)	返回元素索引与元素组成的元组序列
L1. sort()	列表 L1 的元素顺序排序
L1. sort(reverse=True)	列表 L1 的元素逆序排序
L1. reverse()	反转列表 L1
L1. count(x)	元素 x 在列表 L1 中出现的次数

此外,元组和字符串也是 Python 语言中常用的内置序列类型。序列支持迭代,可以进行的操作有索引、切片、加、乘、检查成员。注意:列表支持插入、删除和替换元素的操作,属于可变序列。而字符串和元组属于不可变序列,元素不可被修改,只可以依据索引值查找。

1.3.3　字符串

字符串格式化操作%。可将值插入到有字符串格式符%的字符串中,例如:

```
print ("My name is %s and weight is %d kg!"%("Xiaomu", 50) )
```

输出结果为:

```
My name is Xiaomu and weight is 50 kg!
```

设置字段宽度和精度。字段宽度为转换后的值所保留的最小字符个数。精度为包含的小数位数(数字),或者包含的最大字符个数(字符串)。

```
from math import pi
"%10.2f"% pi
```

输出结果为:'   3.14'

```
print("%.5s"% "hello, world")
```

输出结果为:'hello'。

字符串格式化函数 format(),如

```
print ("My name is {} and weight is {} kg!".fomat ("Xiaomu", 50) )
```

输出结果为:My name is Xiaomu and weight is 50 kg!

字符串方法 find( ),返回子串的最左端索引。如果没有子串,则返回-1。

```
str1="this is an apple and that is an orange"
str1.find("is")
```

输出结果为:2。

字符串方法 split( ),分割字符串为序列

```
print("1+2+3+4+5".split("+"))
```

输出结果为:['1', '2', '3', '4', '5']。

字符串方法 join( ),连接序列中的元素

```
print("+".join(["1", "2", "3", "4"]))
```

输出结果为:'1+2+3+4'。

字符串方法 replace( ),匹配子串并替换为新子串。

```
print("this is a test".replace("is", "eez"))
```

输出结果为:'theez eez a test'。

字符串方法 strip( ),返回去除前后空格的字符串

```
print("    this is a test       ".strip()print(
```

输出结果为:'this is a test'。

1.3.4 字典

字典的数据结构称为映射(mapping),用花括号{}表示,由键值对组成元素,键和值用冒号":"分割,键值对与键值对之间用逗号","分割。与列表不同,字典中值不按顺序排列,而是存储在键下,通过键访问对应的值。如

```
d={"a": "apple", "b": "banana"}
print(d["a"] )
```

输出结果为'apple'。

需要注意:键必须是唯一的,值不必唯一。值可以为任何数据类型。键必须是不可变的,如字符串,数字或元组。

向字典中添加键值对,或者修改字典的值,操作如下:

```
d["o"]="orange" #将值 orange 关联到键 o 上
print(d)
```

输出结果为{'a':'apple','b':'banana','o':'orange'}。

检查字典是否含有键'a'的项,代码如下:

```
print("a" in d)
```

输出结果为 True。

需要注意:对于字典,in 查找的是键,不是值。字典还有很多基本操作。

keys():返回字典所有的键列表。

values():返回字典所有的值列表。

pop():获得给定键的值,将键值对从字典中移除。

此外,集合是与字典类似的数据结构,集合数据结构只有键没有值,用大括号表示,如 a={1,2,3},集合中的元素是无序的,且元素必须是不可变元素。

1.4　控制语句

前面介绍的代码是逐条顺序执行的。在实际应用中,经常需要依据判断来执行相应代码块。Python 语言具有可选择性执行某一代码块的功能,需要利用逻辑控制语句实现在不同的条件下运行不同的代码块。本节将介绍 3 种条件控制语句:if、for、while。

在逻辑判断中,所用的数据类型为布尔类型 bool。产生布尔值 True 或 False 的表达式称为布尔表达式。布尔类型和布尔表达式主要应用在控制语句中。为了理解直观,在 Python 语言编程界面中输入如下代码:

```
print(4>5)
print(1 in [1,2,3])
print(3!=2)
print("world"=="word")
```

输出结果依次为 False、True、True、False。

可以看出,代码中使用了不同的运算符号,但布尔表达式的运算结果都是 True 或 False。

1.4.1　条件与条件控制

Python 语言的条件语句依据一条或多条语句的执行结果 True 或者 False 决定执行的代码块,主要用 if…else 语句实现,包括单分支、双分支和多分支三种结构。图 1.1 中的流程图演示了三种条件语句结构。

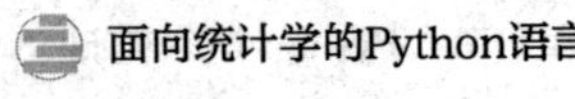

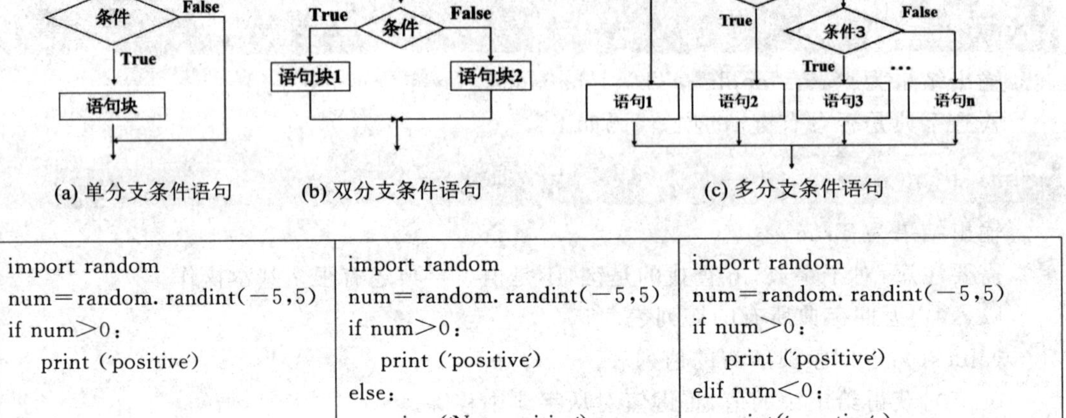

import random
num=random. randint(−5,5)
if num>0:
    print ('positive')
	import random
	num=random. randint(−5,5)
	if num>0:
	    print ('positive')
	else:
	    print ('Not positive')
		import random
		num=random. randint(−5,5)
		if num>0:
		    print ('positive')
		elif num<0:
		    print('negative')
		else:
		    print ('zero')

图 1.1 条件控制流程图及示例代码

图 1.1 的代码中,行首空格称为缩进,Python 语言以缩进对齐作为划分不同层次语句的依据。同一层次的语句必须具有相同缩进,每一组相同缩进的语句称为一个语句块。从图 1.1 中的流程图可以看出,if 语句根据条件真假来选择执行代码。在单分支条件语句中,如果条件表达式(if 和":"之间的表达式)为 True,执行后续代码块(这里是一条 print 语句);条件表达式为假,就不执行代码块。在双分支条件语句中,如果条件表达式为 True,执行 if 代码块;条件表达式为 False,执行 else 代码块。在多分支条件语句中,从上到下依次判断条件表达式的值,执行条件表达式为 True 的代码块。需要注意:条件语句只能有一个分支被执行,即当第一次遇到条件表达式为 True 时的那个分支被执行,后续的条件将不会再被判断,所属代码块也不再被执行。

1.4.2 循环控制

Python 语言的循环控制语句依据条件表达式的执行结果多次运行同一代码块。反复运行的代码块被称为循环体。Python 语言提供两种循环控制语句:while 和 for,对应流程图和代码格式如图 1.2 所示。

在图 1.2 中,while 循环体一直循环运行,直到判断条件表达式为 False。for 循环控制语句依次访问可迭代对象集合(如序列或迭代器)中的元素并执行循环体,直到所有元素全部被访问。举一个例子,输出 1—100 之间的所有数字。最简单方式是:

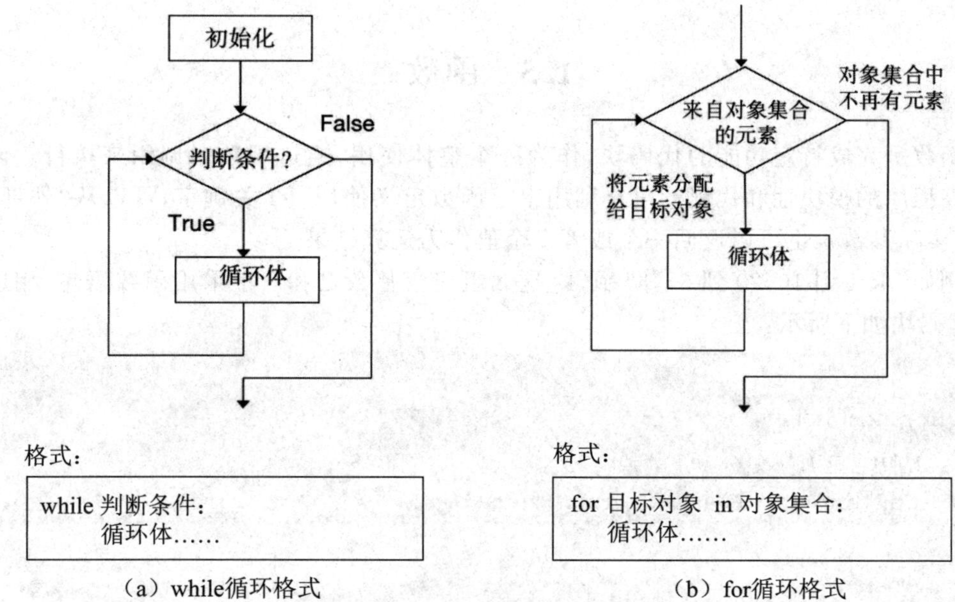

(a) while循环格式　　(b) for循环格式

图 1.2　循环控制流程及代码格式

```
print(1)
print(2)
……
print(100)
```

显然,这样的代码是烦琐的。而采用 while 和 for 循环语句,代码如图 1.3 所示。

(a)while 循环示例	(b)for 循环示例

x=1
while x <=100:
  print(x)
  x+=1
	numbers=range(1,101)
	for x in numbers:
	  print(x)

图 1.3　循环控制示例代码

需要注意:循环控制语句必须能结束,否则将产生死循环。while 循环语句常用循环变量控制循环语句执行。for 循环语句常与 range()函数一起使用。range()函数返回值为一个可迭代对象,可以通过 list()函数将它转换为列表,它的元素值由 range()函数的三个参数决定。range()函数语法为:range([start,]stop[,step]),

start:可选参数,表示列表起始值,默认值为 0;

stop:必须参数,表示列表终止值+1;

step:可选参数,表示步长,列表的元素递增值,默认值为 1。

如代码:

```
print(list(range(2,7,1)))#列表起始值为 2,列表终止值为 6,步长为 1
```

输出结果为[2,3,4,5,6]。

1.5 函数

函数是完成特定功能的代码块，作为一个整体使用，通过函数名调用来执行。函数能提高程序的模块性和代码的重复利用率。函数定义使用 def 关键字，可以从“外部”获得值（实际参数），也可以返回一个或者多个值作为运算结果。

例如，求 1 到 10，20 到 37，35 到 49 这 3 组连续整数之和。不采用函数语句，相应的 3 个代码块如下所示：

```
sum=0
for i in range(1,11):
        sum+=i
print('sum from 1 to 10 is {}'.format(sum))
```

```
sum=0
for i in range(20,38):
        sum+=i
print('sum from 20 to 37 is {}'.format(sum))
```

```
sum=0
for i in range(35,50):
        sum+=i
print('sum from 35 to 49 is {}'.format(sum))
```

在上面的三段代码中大部分代码是重复的，主要区别是加法运算的区间不同。当编写的代码块有规律地重复时，利用函数可以让代码简化。函数的定义规则如下：

(1)函数的代码块以 def 关键词开头，后接函数标识符名称和圆括号()。

(2)圆括号用于定义函数的形式参数。

(3)函数的第一行语句可选择性地使用文档字符串，存放函数说明文档。

(4)函数的主体部分以冒号起始，遵循 Python 语言的缩进对齐规则。

(5)return[expression]用于结束函数，选择性地返回一个值给调用方。[expression]表示可选的表达式，不带表达式的 return 相当于返回 None。

根据函数的定义规则，将“求 1 到 10，20 到 37，35 到 49 这 3 组连续整数之和”，创建函数 sum()，sum()定义如图 1.4 所示。

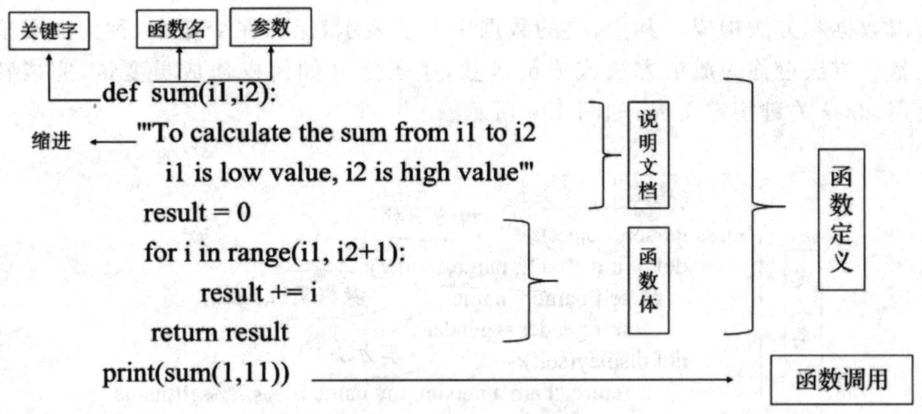

图 1.4　采用函数时代码

通过 print(sum(20,28))和 print(sum(35,50))两条语句分别调用 sum()函数,实现两组连续整数求和计算。需要注意:定义的函数不会自动执行,只有当函数被调用时才执行,在调用函数时会将实际参数传递给形式参数。上述函数的执行过程如图 1.5 所示。

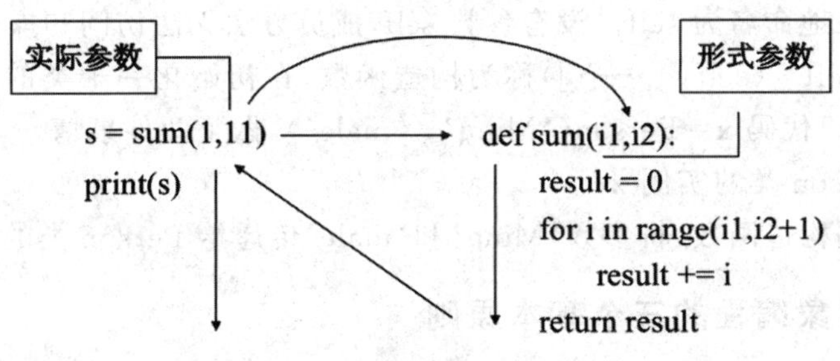

图 1.5　函数执行流程

lambda 函数被称为匿名函数,是 Python 语言的特殊函数。lambda 函数可以通过单条语句定义函数,不需要定义函数名。例如 def 定义的函数 function 如下:

```
def function(x):
    return x**2
```

而使用 lambda 函数定义如下:

```
lambda x:x**2
```

1.6　面向对象及模块

1.6.1　面向对象

类:抽象的、具有相同概念或者相同属性的一类事物的集合。

对象:以类为基础,是类的实例,也称作类的对象。

类由数据和方法构成。其中,类的数据用变量表示,保存在变量中,称为成员变量或实例变量。方法也称为成员方法或成员函数,用于定义如何操作成员变量,完成特定功能。使用 class 关键字定义类,如图 1.6 所示。

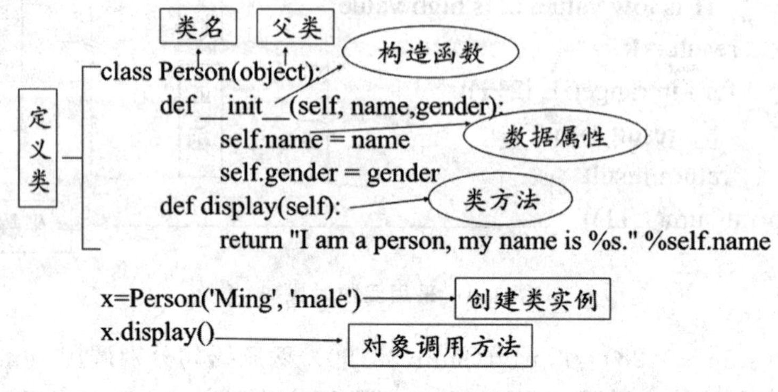

图 1.6 定义类示例代码

在图 1.6 中,参数 self 只用在类的方法中,且是定义类的方法必须有的。独立的函数或方法不必带有参数 self。当类的实例调用类的方法时,自动将自己作为第一个参数传入方法中,形象地命名为 self。没有参数 self,成员方法无法访问和操作对象。

函数 def __init__(self,[……])称为构造函数,在初始化一个类的实例时系统将自动调用构造函数。代码 x=Person('Ming','male'),做了两件事情。

(1)生成 Person 类的实例 x;

(2)自动调用构造函数,将参数'Ming'和'male'传递给 Person 类的构造函数。

1.6.2 面向对象编程的三个基本原则

封装、继承、多态是面向对象编程的三个基本原则。

封装:隐藏实现细节,将代码及数据绑定的一种编程机制,保证代码和数据不受外部干扰且不会被误用。例如,调用 list.pop(),即使不知道内部代码,也可以直接通过函数名调用,实现列表元素的删除操作。

继承:子类获得父类属性的过程,实现类的分层。一个子类继承每个祖先类层次的所有属性。其中,被继承的类称为超类、基类、父类,继承的类称为子类、派生类。例如,

```
class Person(object):
    def __init__(self, name, gender):
        self.name = name
        self.gender = gender
        print("I am Person init")
    def display(self):
        return 'I am a Person, my name is %s' % self.name
```

```
class Student(Person):
    def __init__(self, name, gender, score):
        super(Student, self).__init__(name, gender)
        self.score = score
        print("I am Student init")
    def display(self):
        return 'I am a Student, my name is %s'% self.name
P = Person('Ming', 'male')
S = Student('Yang', 'male', 90)
print(P.display())
print(S.display())
```

输出结果如下：

```
I am Person init
I am Person init
I am Student init
I am a Person, my name is Ming
I am a Student, my name is Yang
```

在代码中，Student 类继承了 Person 类。Student 类为子类，Person 类为父类。Student 子类利用 super()继承父类的构造函数。

多态：一个接口允许多个通用的类使用，与应用场合相关，可为一组相关功能设计一个通用的接口，降低程序复杂性。在上述代码中，Student 类拥有成员函数 display()，还拥有继承自父类 Person 的成员函数 display()。Student 类实例先查找自身的成员函数定义，如果没有则向上查找父类的成员函数定义。这是多态的一种体现。

1.6.3 模块

通常对应 Python 程序文件。将程序代码和数据封装以便重用，是 Python 语言中最高级别的程序组织单元。一个模块导入其他模块后，就可以使用导入模块所定义的变量和方法。模块导入有以下几种方式：

```
import module #将整个模块导入
from somemodule import somefunction #导入模块的某函数
from somemodule import firstfunc, secondfunc, thirdfunc #导入模块的多个函数
from somemodule import * #导入模块的全部函数
```

Python 语言已封装好的模块统称为 Python 标准库。这里，介绍常用的三个模块，分别是 re、sys 和 datetime 模块。

(1)re 模块

re 是正则表达式匹配模块。正则表达式是字符串的匹配模式，用事先定义的符号规

则匹配相应的字符串。正则表达式包含普通字符与特殊字符,普通字符指该字符匹配自身,如字母和数字。特殊字符既表达自身含义,也影响其他符号的表达,如 * 会对它前面的正则表达式重复匹配 0 到任意多次,^匹配字符串开头。

re 模块的常用函数:

re. compile(pattern,flags=0):将一个正则表达式转为正则对象,用于字符串匹配。参数 flags 指定正则表达式的匹配方式。通常,只传入正则表达式参数,如 pattern=re. compile('\d')。

re. match(pattern,string,flags=0):在字符串开始位置查找匹配的子串并返回。若没有匹配到,则返回 None,同函数 pattern. match(string)。

re. search(pattern,string,flags=0):在整个字符串中查找匹配的子串并返回第一个位置的匹配子串。若没有匹配到,则返回 None,同函数 pattern. search(string)。

re. split(pattern, string, maxsplit=0,flags=0):匹配正则表达式 pattern 则分割字符串。若 maxsplit 不为零,分割最多 maxsplit 次,同函数 pattern. split(string, maxsplit=0)。

re. findall(pattern,string,flags=0):按照顺序返回所有匹配的字符串列表,同函数 pattern. findall(string)。

re. sub(pattern,repl, string, flags=0):是替换函数,在字符串中匹配的 pattern 用 repl 替换,并返回字符串,同函数 pattern. sub(repl, string)。

示例代码如下:

```
import re
pattern=re.compile(r'\d+') #用于匹配数字
string='123-onetwothree-789-123456'
match=pattern.match(string)
search=pattern.search(string)
split=pattern.split(string)
findall=pattern.findall(string)
sub=pattern.sub('number',string)
print(match, search, split, findall, sub, sep="\n")
```

输出结果如下:

```
<re.Match object; span=(0, 3), match='123'>
<re.Match object; span=(0, 3), match='123'>
['', '-onetwothree-', '-', '']
['123', '789', '123456']
number-onetwothree-number-number
```

(2)sys 模块

sys 模块提供了一系列有关 Python 运行环境的变量和函数。sys 模块的常用变量包括:

sys. argv:是存储当前正在执行的命令行参数列表。其中,sys. argv[0]是当前程序名。

sys. path:存储模块的搜索路径,初始化时使用PYTHONPATH环境变量的值。列表第一项sys. path[0]为当前文件的目录。

sys. platform:为运行平台信息,如win32表示Windows系统。

sys. executable:当前Python语言解释器的可执行二进制文件的绝对路径。

sys. version:当前Python语言解释器的版本信息。

示例代码如下:

```
import sys
print(sys.argv[0], sys.path[0], sys.platform, sys.executable, sys.version, sep=
"\n")
```

输出结果如下(结果因运行环境不同会有所差别):

```
C:\\ProgramData\\Anaconda3\\lib\\site-packages\\ipykernel_launcher.py
C:\\Users\\Administrator
win32
C:\\ProgramData\\Anaconda3\\python.exe
3.9.7 (default, Sep 16 2021, 16:59:28) [MSC v.1916 64 bit (AMD64)]
```

sys模块还包括大量进阶的变量,如sys. stdin、sys. stdout与sys. stderr分别为解释器的标准输入、标准输出和标准错误通道。

(3)datetime模块

datetime模块是Python语言的日期和时间模块,包含三个类型,分别是date、time和datetime类型。

date:为日期。用法如下:

```
from datetime import date
d=date(2021,8,15)
print(d.day,d.month,d.year,sep=',')
```

输出结果为:15,8,2021

time和date,datetime一致:为时间。用法如下:

```
from datetime import time
t=time(16,20,47)
print(t.hour,t.minute,t.second,sep=',')
```

输出结果如下:16,20,47

datetime:为日期和时间,是date与time的结合。用法如下:

```
from datetime import datetime
dt=datetime(2021,8,15,16,20,47)
print(dt.date(),dt.time(),datetime.now(),sep='\n')
```

输出结果如下：

```
2021－08－15
2021－08－15 16:20:47 00:00:00
2022－01－25 10:04:15.404688
```

datetime 对象和字符串可以相互转换，将 datetime 对象转换为字符串代码如下：

```
dt.strftime('%Y/%m/%d%H:%M:%S')
```

输出结果为：2021/08/15 16:20:47

将字符串转为 datetime 对象代码如下：

```
datetime.strptime('2021815162047','%Y%m%d%H%M%S')
```

输出结果为：datetime.datetime(2021, 8, 15, 16, 20, 47)

除了上述的模块，Python 语言标准库还有很多模块。如 math 模块是 Python 语言的数学函数模块，包括幂函数、对数函数、三角函数和常数等。请读者自行查阅 Python 语言标准库。

1.7 文件读写

文件是计算机中由操作系统管理的具有名字的存储区域，可被看作是字节序列，所以是可迭代的。Python 提供了必要的函数和方法进行默认情况下的文件基本操作，可以用 file 对象做大部分的文件操作，本节只讲解基础的文件读写操作。

打开一个文件的函数为内置函数 open()，完整的默认语法格式如下：

```
file_object=open(file, mode='r', buffering=-1, encoding=None, errors=None,
newline=None, closefd=True, opener=None)
```

其中，file 为必需参数，表示要打开的文件的路径（包括文件名），可以是相对路径也可以是绝对路径；mode 为可选参数，表示文件打开的模式，如果要向文件内写入内容，则必须提供一个模式参数来显式说明；buffersize 为可选参数，表示缓冲区的大小，如果其值为 0 或者 False，表示无缓冲（读写直接对硬盘操作），如果是 1 或者 True，表示有缓冲（使用内存来代替硬盘）。此时，只有在使用 flush 或者 close 时才会更新硬盘上的数据。而大于 1 的数字代表缓冲区的大小（单位是字节），－1（或者任何负数）则代表使用默认的缓冲区大小。encoding 一般使用 utf－8，用于指定打开文件时的编码格式；errors 表示报错级别；newline 设置区分换行符；closefd 表示在关闭文件时是否同时关闭文件描述符；opener 表示设置自定义开启器，开启器的返回值必须是一个打开的文件描述符。

文件打开的几种主要模式如表 1.9 所示。

表 1.9　文件打开的主要模式

文件模型	含义
'r'	以读方式打开
'w'	以写方式打开
'+'	以读写方式打开
'a'	以在文件末尾追加方式打开
'b'	以二进制方式打开

不同模式之间可以组合，例如'wb+'表示二进制读写模式打开；'r+'表示以读写模式打开。

常用的文件操作如表 1.10 所示。

表 1.10　常用文件操作函数

input=open('input.txt','r')	读取输入文件
output=open('output.txt','w')	创建输出文件
aString=input.read()	把整个文件读入单一字符串
aString=input.read(N)	读取 N 个字节到一个字符串
aString=input.readline()	读取一行(包括行末标识符)到一个字符串
aList=input.readlines()	读取整个文件到字符串列表
output.write(aString)	写入字符到文件
output.writelines(aList)	把列表内所有字符串写入文件
output.close()	关闭文件
output.flush()	把输出缓冲区刷到硬盘中，但不关闭文件

1.8　小结

本章介绍了 Python 语言的一些基础知识，包括开发环境及其配置、基础数据类型、内置数据结构和方法、控制语句、函数、面向对象、模块和文件读写。其中，①变量是一个用于存储数据值的命名容器，需要掌握变量的命名规则。在 Python 中，用变量来存储各种数据类型，并可以使用变量的名字引用存储在其中的数据。②表达式在 Python 中是由操作数、运算符和函数调用等组成的语法结构，可以进行各种数学运算、逻辑判断等，其结果可以赋值给变量或作为函数参数。常见的表达式类型包括算术表达式、赋值表达式、比较表达式和逻辑表达式等。③序列是 Python 中最常用的数据结构之一，序列中每个元素都有编号，称为其位置或索引(索引从 0 开始)，Python 提供了多种序列类型，包括列表、元组和字符串等，每种序列类型都有其独特的特点和用途，理解它们将有助于更好地利用 Python 的强大功能。其中，列表是可变的，可以对其进行增、删、改、查等操作，而元组和字符串则是不可变的。Python 中的字符串其实就是一串由引号包围的字符,本章中介绍了部分常用的字符串方法和操作。④控制语句包括条件语句和循环语句,其中,条件语句根据条件决定是否执行后续代码块。主要有 if、if－else、if－elif－else 三种形式。而循环语句包括 while 和 for 两种,while 是一个条件循环语句,用于循环执行一组语句,直到条件不满足时停止执行。for 循环则可以循环遍历多种序列,如列表或者字符串等,在遍历序列时会执行相应的代码块。⑤函数在 Python 中是一种封装了特定任务的可重用代码块,它接受输入参数并返回输出结果,可以通过函数名称来调用,通过使用函数可以提高代码的可读性、可维护性和可测试性,同时还提供了代码重用的能力。⑥类是用来描述具有相同属性和方法的对象集合。它定义了该集合中每个对象所共有的属性和方法,其中,对象就是指类的实例,方法是指类中定义的函数。⑦模块是一个包含 Python 代码的文件,它可以被其他 Python 程序导入和使用。Python 模块通常包含函数、类和变量等,这些代码可以在其他程序中重复使用来扩展 Python 的功能。⑧文件是计算机中由操作系统管理的具有名字的存储区域,可被看作是字节序列,所以是可迭代的。Python 提供了必要的函数和方法进行默认情况下的文件基本操作,可以用 file 对象做大部分的文件操作,本章只讲解了基础的文件读写操作。

1.9 习题

1. 新建列表,包含以下元素:10086、'China Mobile'、[1,2,4,5],请输出列表长度、访问从索引 1 到列表结尾的所有元素、向列表索引为 2 的位置添加元素"I'm new here!"。

2. 判断某一年是不是闰年,判断是否为闰年的原则是满足下面两个条件之一:(1)能被 4 整除而不能被 100 整除,(2)能被 400 整除。

3. 请输出[x * x for x in range(10) if x%3==0]的结果。

4. 编写程序,使用循环计算 2－3＋4－5＋6－7＋…＋100 的和,并输出计算结果。

5. 编写程度,针对 1、2、3、4 四个数字,能组成多少个互不相同且无重复数字的三位数? 各是多少?

6. 实现考拉兹猜想,也称为奇偶归一猜想,即对于一个正整数,如果它是奇数,则对它乘 3 再加 1,如果它是偶数,则对它除以 2,如此循环,最终都能够得到 1。请编写程序,当 n＝6 时，给出整个归一过程中所得到的数字序列。

7. 编写程序,定义实现冒泡排序算法的函数,其原理为:列表 seq＝[34,67,8,123,4,100,95]中存储待排序数值,对该列表进行多遍扫描,两两比较相邻记录的值,如果两个记录值的次序与排序要求的规则不一致,则将两个记录交换,直到没有反序的记录为止。

8. 编写程序,定义生成斐波那契数列的函数。斐波那契数列是指这样的一个数列:0, 1, 1, 2, 3, 5, 8, 13, 21, 34, 55, 89, 144, 233,377,610,987,1597,2584,4181,6765,10946,17711,28657,46368,…,从观察中可以看出,这个数列从第 3 项开始,每一项都等于前两项之和。调用生成斐波那契数列的函数,分别生成含有 10 个和 20 个数字长度的斐波那契数列。

9. 编写程序,定义 Person 类,实例成员变量有身份证号、姓名、年龄和性别。定义

Person 类的派生类：Student 类和 Teacher 类。Student 类增加实例成员变量学号和分数；Teacher 类增加实例变量工号和工资。实例化所有类并显示实例信息。

10. 编写程序，从键盘输入一串英文字符，将小写字母全部转换成大写字母，然后将内容保存到一个磁盘文件"test. txt"中。

第2章　Python第三方库

Python语言具有开源特性，其优势之一在于提供大量优质的第三方库，在应用中可以节省很多不必要花费的时间，是追求科技创新的一种基础体现。本章针对在数据分析问题中使用较多的程序库NumPy、Pandas、Matplotlib和Statsmodels进行简要介绍。

2.1　NumPy

NumPy(Numerical Python)是Python语言的一个扩展程序库，是SciPy、Pandas等数据处理或科学计算库的基础，主要用于数组计算，支持大量的维度数组与矩阵运算，也针对数组运算提供了大量的数学函数库。Python代码中使用NumPy第三方库时，可以使用以下语句来引入：

```
import numpy as np
```

其中，as np表示给所引入的模块起别名，在后续的代码中可使用简洁的别名来代替原模块名。

2.1.1　NumPy中ndarray对象

NumPy提供一个强大的N维数组对象ndarray，由两部分构成：实际数据、描述数据的元数据(数据维度、数据类型等)。ndarray对象属性如表2.1所示。

表2.1　ndarray对象属性

属性	说　明
.ndim	秩，即轴的数量或维度的数量
.shape	ndarray对象的尺度，对于矩阵为n行m列
.size	ndarray对象元素个数，相当于.shape中n*m的值
.dtype	ndarray对象元素的类型
.itemsize	ndarray对象中每个元素的大小，以字节为单位

ndarray数组一般要求所有元素类型相同(同质)，数组下标从0开始，可以使用np.array()通过Python中的列表、元组等类型创建ndarray数组，其格式为：

```
a=np.array(list 或 tuple)
或
a=np.array(list 或 tuple, dtype=np.float32)
```

当 np. array()不指定 dtype 时,NumPy 将根据数据情况关联一个 dtype 类型。np. array()输出成[ ]形式,元素由空格分割。

例如:计算 A^2+B^3,其中,A 和 B 是一维数组,代码如下:

```
import numpy as np
A=np.array([0,1,2,3,4,5])   #np.array()将一个列表生成一个 ndarray 数组
B=np.array([6,7,8,9,10,11])
C=A**2+B**3
print(C)
```

输出结果如下:

```
[ 216 344 516 738 1016 1356]
```

同理也可以利用 np. array()生成二维或多维数组,代码如下:

```
a=np.array([[1,2,3,4,5],[6,7,8,9,10]])
print(a)
```

输出结果如下:

```
[[ 1 2 3 4 5]
 [ 6 7 8 9 10]]
```

变量 a=np. array([[1,2,3,4,5],[6,7,8,9,10]]),其对应的各属性取值如表 2.2 所示。

表 2.2 ndarray 属性取值示例

代码	结果
a. ndim	2
a. shape	(2,5)
a. size	10
a. dtype	dtype("int32")
a. itemsize	4

也可以使用 NumPy 中函数创建 ndarray 数组,其中,np. arange(n),类似 range()函数:

```
np.arange(5) #生成自然数构成的 array,使用方法与内置函数 range 类似
```

输出结果:[0,1,2,3,4]

np. ones(shape),根据 shape 生成一个全 1 数组,shape 是元组类型:

```
np.ones(5)
```

输出结果:[1. ,1. ,1. ,1. ,1.]

np. zeros(shape),根据 shape 生成一个全 0 数组,shape 是元组类型:

```
np.zeros(5)
```

输出结果:[0.,0.,0.,0.,0.]

np.linspace(),根据起止数据等间距地填充数据,形成数组:

```
np.linspace(0,1,4) #生成包含0,1的4个数值点,点之间是等分切
```

输出结果:[0., 0.33333333, 0.66666667, 1.]

np.full(shape,value),根据shape生成数组,每个元素值都是value对应的值;

np.eye(n),创建一个n*n单位矩阵,对角线为1,其余为0;

np.ones_like(a),根据数组a的形状生成一个全1数组;

np.zeros_like(a),根据数组a的形状生成一个全0数组;

np.full_like(a,value),根据数组a的形状生成数组,每个元素值都是value对应的值;

此外,ndarray数组的维度变换相关函数如表2.3所示。

表2.3 ndarray维度变换函数

方法	说明
.reshape(shape)	不改变原数组元素,返回一个shape形状的新数组
.resize(shape)	与.reshape()功能一致,但修改原数组
.swapaxes(ax1,ax2)	将数组n个维度中的两个维度进行调换
.flatten()	对数组降维,返回一维数组,原数组保持不变

2.1.2 NumPy中标准数学函数

设x=np.array([3.5, 1.1, 3.2, 2.8, 6.7, 4.4, 0.9, 2.2])

```
np.mean(x) #获得均值为3.1
np.median(x) #获得中位数为3.0
x.min(), x.max() #分别获得最小、最大值为(0.9, 6.7)
x.var(),x.std() #分别获得方差和标准差为(3.07, 1.75)
```

此外,还有很多快速运算的函数,如:

np.abs(x):计算数组各元素的绝对值;

np.sqrt(x):计算数组各元素的平方根;

np.square(x):计算数组各元素的平方;

np.log(x)、np.log10(x)、np.log2(x):分别计算数组各元素的自然对数、10底对数和2底对数;

np.ceil(x)、np.floor(x):分别计算数组各元素的ceiling值即大于等于该值的最小整数(向上取整)或floor值即小于等于该值的最小整数(向下取整)。

2.1.3 NumPy中文件读写

NumPy文件读写主要有二进制的文件读写和文件列表形式的数据读写两种形式。save函数以二进制的格式保存数据,格式:np.save("./save_arr", arr1);load函数从二

进制的文件中读取数据，格式：np. load("./ save_arr. npy")；savez 函数将多个数组保存到一个文件中，格式：np. savez("./savez_arr", arr1, arr2)。注意：存储时可以省略扩展名，但读取时不能省略扩展名。代码实现如下：

```
#加载所需包
import pandas as pd
import numpy as np
#输入数据
gdp=pd. Series([38701,36103,27670,25019],index=["上海","北京","深圳","广州"],name="GDP")
#写入文件
np. save("arr. npy",gdp)
#读取文件
arr3=np. load("arr. npy")
print(arr3)
```

输出结果为：

```
[38701 36103 27670 25019]
```

numpy. memmap 为存储在磁盘上的二进制文件中的数组创建内存映射。内存映射文件用于访问磁盘上很大的数据文件，而无须将整个文件读入内存。常用格式为 memmap (filename, dtype=uint8, mode="r+",offset=0,shape=None,order="C")，参数说明如下：

filename：表示文件对象。

dtype：表示数据类型。

mode：表示文件被打开的类型：r 只读，c 复制，r+读写，w+写。

offset：表示从第几个位置开始，order 表示顺序，分为"C"按行排序和"F"按列排序，默认顺序为"C"。

2.1.4　NumPy 中线性代数、傅里叶变换、随机数生成等功能

Numpy 自身提供了线性代数函数库 linalg，该库包含了线性代数所需的功能，具体说明如表 2.4 所示。

表 2.4　线性代数部分函数

函数	描　述
. dot()	两个数组的点积，即元素对应相乘
. vdot()	两个向量的点积
. inner()	两个数组的内积
. matmul	两个数组的矩阵积
. linalg. det()	数组的行列式
. linalg. solve()	求解线性矩阵方程
. linalg. inv()	计算矩阵的乘法逆矩阵

NumPy 中，fft 模块提供了快速傅里叶变换功能。在这个模块中，许多函数存在对应的逆操作函数。例如，fft 和 ifft。代码实现如下：

```
#加载所需包
import numpy as np
import matplotlib.pyplot as plt
#输入数据
x=np.linspace(0,2*np.pi,50)
print(x)
wave=np.cos(x)
#傅里叶变换
transformed=np.fft.fft(wave)
#绘制变换后的信号
plt.plot(transformed)
plt.show()
```

输出结果为：

```
[0.         0.12822827 0.25645654 0.38468481 0.51291309 0.64114136
 0.76936963 0.8975979  1.02582617 1.15405444 1.28228272 1.41051099
 1.53873926 1.66696753 1.7951958  1.92342407 2.05165235 2.17988062
 2.30810889 2.43633716 2.56456543 2.6927937  2.82102197 2.94925025
 3.07747852 3.20570679 3.33393506 3.46216333 3.5903916  3.71861988
 3.84684815 3.97507642 4.10330469 4.23153296 4.35976123 4.48798951
 4.61621778 4.74444605 4.87267432 5.00090259 5.12913086 5.25735913
 5.38558741 5.51381568 5.64204395 5.77027222 5.89850049 6.02672876
 6.15495704 6.28318531]
```

绘制变换后的信号图如图 2.1 所示。

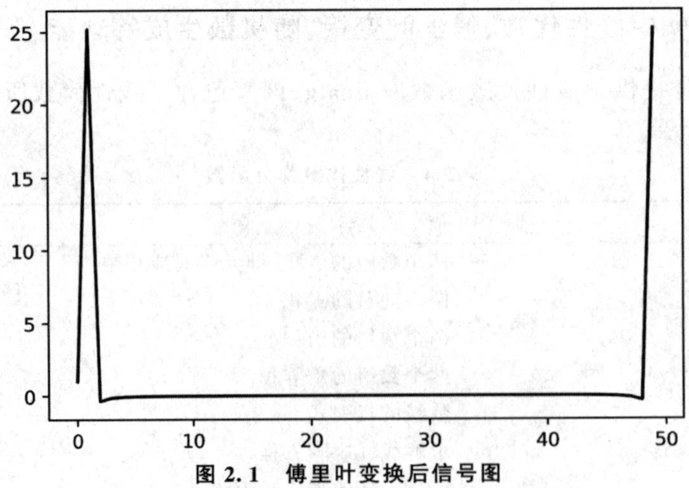

图 2.1 傅里叶变换后信号图

Numpy 在随机数生成方面也有着强大的功能：

np. random. random((m,n))，生成 m 行 n 列从 0 到 1 的随机数，代码如下：

```
import numpy as np
#生成 3 行 2 列从 0 到 1 的随机数
sample=np.random.random((3,2))
print(sample)
```

输出结果为：

```
[[0.68582352 0.17489132]
[0.42231932 0.98107549]
[0.08144641 0.91130454]]
```

np. random. rand(d0,d1,…,dn)，生成均匀分布的随机数，dn 为第 n 维数据维度，代码如下：

```
import numpy as np
#生成 3 行 2 列从 0 到 1 之间均匀分布的随机数
a=np.random.rand(3,2)
print(a)
#当不提供每个维度时，直接生成随机数
b=np.random.rand()
print(b)
```

输出结果为：

```
[[0.437172    0.753956   ]
[0.71849781 0.714784   ]
[0.4940294   0.41818836]]
0.36002137844441184
```

np. random. randn(d0,d1,…,dn)，生成标准正态分布的随机数，dn 为第 n 维数据的维度，代码如下：

```
import numpy as np
#生成 3 行 2 列服从正态分布的随机数
a=np.random.randn(3,2)
print(a)
#当不提供每个维度时，直接生成随机数
b=np.random.randn()
print(b)
```

输出结果为：

```
[[-0.50252732-0.57143538]
[-0.87602816-0.15143361]
[ 1.05875249  0.28390598]]
-0.356092478714689
```

numpy. random. normal(loc=0. 0, scale=1. 0, size=None),返回一个由 size 指定形状的数组,数组中的值服从 μ=loc,σ=scale 的正态分布,代码如下:

```
import numpy as np
#生成 3 行 2 列服从标准正态分布的随机数
a=np. random. normal(0,1,(3,2))
print(a)
#生成服从均值为 1,标准差为 3 的随机数
b=np. random. normal(1,3)
print(b)
```

输出结果为:

```
[[ 1.43426733-0.48269855]
[ 0.15033283  0.67561492]
[-1.26101249-1.32194054]]
2.0887194379830474
```

numpy. random. randint(low, high=None, size=None, dtype='l'),返回一个或一组在区间[low, high)的随机整数,size 指定形状,dtype 指定数据类型,默认为 np. int。代码如下:

```
import numpy as np
#生成 3 行 2 列在[1,10)之间的随机整数
a=np. random. randint(1,10,(3,2))
print(a)
#不提供形状生成随机数,并指定 dtype
b=np. random. randint(1,10,dtype=np. int64)
print(b)
```

输出结果为:

```
[[9 4]
[7 2]
[5 4]]
3
```

2.2　Pandas

Pandas 基于 NumPy 实现，是 Python 语言用于数据分析的扩展程序库，提供了大量能使我们快速便捷地处理数据的函数、方法和高效地操作大型数据集所需的工具。Pandas 常与 Numpy 和 Matplotlib 一起使用。它是使 Python 成为强大而高效的数据分析环境的重要因素之一。当希望在 Python 代码中使用 Pandas 第三方库时，可以使用以下语句引入：

```
import pandas as pd
```

其中，as pd 表示给所引入的模块起别名。

2.2.1　Pandas 主要数据结构

Pandas 中主要数据结构包括 Series 和 DataFrame。

1. Series

Series 是一种类似于一维数组的对象。它由一组数据（各种 Numpy 数据类型）以及一组与之相关的数据标签（即索引 index）组成，通常可以由 Python 列表、标量值、Python 字典、ndarray 和 range()函数获得。Series 类型的操作类似 Python 字典类型，可以通过自定义索引访问元素。Series 类型访问元素的操作可通过自定义索引、使用保留字 in 操作或使用 .get()方法实现。生成 Series 数据结构的代码如下：

```
import pandas as pd
gdp=pd.Series([38701,36103,27670,25019],index=["上海","北京","深圳","广州"],name="GDP")
print(gdp)
```

输出结果为：

```
上海    38701
北京    36103
深圳    27670
广州    25019
Name: GDP, dtype: int64
```

Series 对象所具有的基础属性及方法以代码形式呈现如表 2.5 所示。

表 2.5　Series 对象基础属性及方法示例

代码	结果
gdp. index	Index(['上海', '北京', '深圳', '广州'], dtype='object')
gdp. values	array([38701, 36103, 27670, 25019], dtype=int64)
gdp. dtype	dtype('int64')
gdp. median()	31886.5
gdp. mean()	31873.25
gdp. std()	6561.427912428819
gdp. min(), gdp. max()	25019, 38701
gdp. quantile(q=0.25) gdp. quantile(q=0.5)	27007.25 31886.5
gdp. describe()	count　4.000000 mean　31873.250000 std　6561.427912 min　25019.000000 25%　27007.250000 50%　31886.500000 75%　36752.500000 max　38701.000000 Name: GDP, dtype: float64
gdp["北京"], gdp. 北京	36103, 36103

2. DataFrame

DataFrame 是表格型的数据结构，每列值类型可以不同，如数值、字符串、布尔型值等。可以由一维 ndarray、列表、字典、元组、Series 以及其他的 DataFrame 类型创建。它既有行索引也有列索引，常用于表达二维数据，也可以表达多维数据。DataFrame 结构如图 2.2 所示。

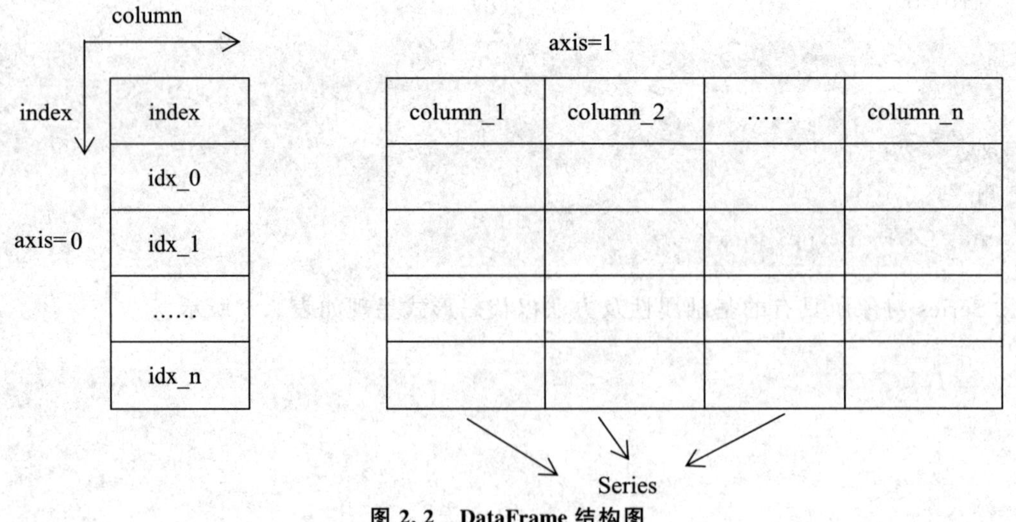

图 2.2　DataFrame 结构图

DataFrame 构造方法如下：

```
import pandas as pd
pd.DataFrame( data, index, columns, dtype, copy)
```

其中，参数说明如下：

data：一组数据(ndarray，series，map，lists，dict 等类型)。

index：索引值，或者可以称为行标签。

columns：列标签，默认为(0，1，2，…，n)。

dtype：数据类型。

copy：拷贝数据，默认为 False。

以字典形式生成 DataFrame 代码如下：

```
import pandas as pd
import numpy as np
Df1=pd.DataFrame({'A':1,
                  'B':pd.Timestamp('20210101').date(),
                  'C':pd.Series(1,index=list(range(4)),dtype='float32'),
                  'D':np.array([3] * 4,dtype='int32'),
                  'E':pd.Categorical(['test','train','test','train']),
                  'F':'foo'})
print(Df1)
```

输出结果如下：

	A	B	C	D	E	F
0	1	2021-01-01	1.0	3	test	foo
1	1	2021-01-01	1.0	3	train	foo
2	1	2021-01-01	1.0	3	test	foo
3	1	2021-01-01	1.0	3	train	foo

以 NumPy 数组形式生成 DataFrame 代码如下：

```
import numpy as np
import pandas as pd
df2=pd.DataFrame(np.arange(12).reshape(3,4),columns=['one','two','three','four
'])
df2.index=['a','b','c']
print(df2)
```

输出结果为：

	one	two	three	four
a	0	1	2	3
b	4	5	6	7
c	8	9	10	11

生成日期序列相应的 DataFrame 代码如下：

```
import pandas as pd
import numpy as np
dates=pd. date_range('20210101',periods=6)
df3=pd. DataFrame(np. random. randn(6,4),index=dates,columns=['a','b','c','d'])
print(df3)
```

输出结果为：

	a	b	c	d
2021-01-01	-0.112990	0.091175	1.364951	0.611971
2021-01-02	-0.448371	0.919882	-0.157009	-0.109970
2021-01-03	1.277643	1.281253	-0.826742	0.233628
2021-01-04	-0.320306	-0.459255	-0.389807	-0.346098
2021-01-05	-0.527355	-0.702364	0.582354	-1.651966
2021-01-06	1.741558	-1.048566	-0.210283	-1.640823

Series 和 DataFrame 这两种数据结构足以处理统计、社会科学、工程等领域里的大多数典型用例。

2.2.2 Pandas 中选取数据

1. 按照列名进行选取

以上述示例中生成的 df3 为例：语句 df3['a']与 df3. a 所得结果一致，输出结果如下：

```
2021-01-01    -0.112990
2021-01-02    -0.448371
2021-01-03     1.277643
2021-01-04    -0.320306
2021-01-05    -0.527355
2021-01-06     1.741558
Freq: D, Name: a, dtype: float64
```

选取多列数据代码为：df3[['a','b']]

输出结果如下：

```
                    a           b
2021-01-01  -0.112990    0.091175
2021-01-02  -0.448371    0.919882
2021-01-03   1.277643    1.281253
2021-01-04  -0.320306   -0.459255
2021-01-05  -0.527355   -0.702364
2021-01-06   1.741558   -1.048566
```

2. 使用 loc 属性返回指定索引对应到某一行、列或行列交叉

取行，直接指定行，代码如下：

```
print(df3.loc['2021-01-01'])
print(df3.loc['2021-01-01':'2021-01-03'])
```

输出结果为：

```
a   -0.112990
b    0.091175
c    1.364951
d    0.611971
Name: 2021-01-01 00:00:00, dtype: float64
                    a           b           c           d
2021-01-01  -0.112990    0.091175    1.364951    0.611971
2021-01-02  -0.448371    0.919882   -0.157009   -0.109970
2021-01-03   1.277643    1.281253   -0.826742    0.233628
```

取列，需要行全取，再对应指定列，代码如下：

```
print(df3.loc[:,['a','b']])
```

输出结果如下：

```
                    a           b
2021-01-01  -0.112990    0.091175
2021-01-02  -0.448371    0.919882
2021-01-03   1.277643    1.281253
2021-01-04  -0.320306   -0.459255
2021-01-05  -0.527355   -0.702364
2021-01-06   1.741558   -1.048566
```

行列交叉，代码如下：

```
print(df3.loc['2021-01-01':'2021-01-03',['a','b']])
```

输出结果如下：

```
                    a           b
2021－01－01   －0.112990   0.091175
2021－01－02   －0.448371   0.919882
2021－01－03     1.277643   1.281253
```

(3)采用条件表达式来选择满足条件的数据

print(df3[df3.c>0])

输出结果如下：

```
                    a            b          c           d
2021－01－01   －0.112990     0.091175   1.364951     0.611971
2021－01－05   －0.527355   －0.702364   0.582354   －1.651966
```

2.2.3 Pandas 读取本地文件

Pandas 中可以使用 read_csv()函数读取 csv 文件，还可以读取 html、txt 等文件格式。read_csv()函数的参数有 45 个之多，第一个参数 filepath_or_buffer 是必备参数，其余都是默认参数，下面对一些主要参数加以解释：

filepath_or_buffer：数据输入的路径，可以是文件路径、可以是 URL、也可以是实现 read 方法的任意对象。该参数是必备参数，也是输入的第一个参数。

sep：读取 csv 文件时指定的分隔符，默认为逗号。注意："csv 文件的分隔符"和"读取 csv 文件时指定的分隔符"一定要一致。

delimiter：分隔符的另一个名字，与 sep 功能相似。

header＝'infer'：设置导入 DataFrame 的列名称，默认为"infer"，如果 csv 文件有表头且为第一行，则 header 不用指定，默认以第一行作为表头。如果 csv 文件有表头，但是表头不是第一行，这时需要通过 header 来指定表头所在行。

names：当 names 不被赋值时，header＝0，即选取数据文件的第一行作为列名。当 names 被赋值而 header 不被赋值时，那么 header＝None。如果二者都赋值，可以实现两个参数的组合功能。即，如果 csv 文件是纯数据没有表头，则需要通过 names 手动生成表头。如果 csv 文件有表头，但是表头的名称需要更改时，可以同时设置 header 和 names，先通过 header 指定表头所在行，再通过 names 进行改名。

index_col：在读取文件之后，所生成的 DataFrame 的索引默认是 0，1，2，3，…，可以设置指定的某个列为索引。

usecols：如果列有很多，不想要全部的列，则可以使用 usecols 这个参数来指定保留的列。

下面以鸢尾花 iris 数据集为例，pandas 实现读取 csv 文件的代码如下：

```
import pandas as pd
iris_data＝pd.read_csv("iris.csv",sep＝',',names＝["萼长","萼宽","瓣长","瓣宽","品种"])
print(iris_data)
```

输出结果为：

```
        萼长    萼宽    瓣长    瓣宽    品种
0       5.1     3.5     1.4     0.2     Iris－setosa
1       4.9     3.0     1.4     0.2     Iris－setosa
2       4.7     3.2     1.3     0.2     Iris－setosa
3       4.6     3.1     1.5     0.2     Iris－setosa
4       5.0     3.6     1.4     0.2     Iris－setosa
...     ...     ...     ...     ...     ...
145     6.7     3.0     5.2     2.3     Iris－virginica
146     6.3     2.5     5.0     1.9     Iris－virginica
147     6.5     3.0     5.2     2.0     Iris－virginica
148     6.2     3.4     5.4     2.3     Iris－virginica
149     5.9     3.0     5.1     1.8     Iris－virginica
[150 rows x 5 columns]
```

2.3　Matplotlib

Matplotlib 是 Python 数据可视化的第三方库。官方网址：https://matplotlib.org。Matplotlib 库由各种可视化类构成，内部结构复杂。其中，matplotlib.pyplot 是绘制各类可视化图形的命令子库，引用 Matplotlib 的语句如下：

```
import matplotlib.pyplot as plt
```

2.3.1　Matplotlib 构成的基本概念

Matplotlib 构成的基本概念包括：

1. figure：画布。用来容纳所有绘图元素。一幅完整的图像实际上是各类子元素在一张画布上的集合，将通过各种命令方法来操纵图像中的每一个部分，从而达到数据可视化的最终效果。

2. axes：容纳一个数据表现区的绘图元素，包括：坐标轴、刻度、点、线、文字、图例、辅助图形等，或者理解成所画的子图形。一张画布(figure)可以由一个或多个子图(axes)组成。

3. axis：axes 的下属层级，用于处理所有和坐标轴、网格有关的元素。

4. tick：axis 的下属层级，用来处理所有和刻度有关的元素。

5. 基本图形类型：线图 line、条形图 bar (表现离散数据)、饼图 pie、直方图 histogram (表现连续数据)、散点图 scatter (两个因素的相关性)、箱线图 boxplot、雷达图、时间序列图等。

2.3.2　Matplotlib 主要函数

1. 线图 plt.plot(x, y, format_string, **kwargs)

其中，参数 x ：X 轴数据，列表或数组，为可选参数；y：Y 轴数据，列表或数组；format_string：控制曲线的格式字符串，为可选参数，由颜色字符、风格字符和标记字符组成；* * kwargs：表示可以有多组（x，y，format_string）。其中，format_string 如表 2.6 所示。

表 2.6　format_string 说明

<table>
<tr><th></th><th>字符</th><th>说　明</th></tr>
<tr><td rowspan="10">颜色字符</td><td>‘b’</td><td>蓝色</td></tr>
<tr><td>‘g’</td><td>绿色</td></tr>
<tr><td>‘r’</td><td>红色</td></tr>
<tr><td>‘c’</td><td>青绿色 cayn</td></tr>
<tr><td>‘＃008000’</td><td>RGB 某颜色</td></tr>
<tr><td>‘m’</td><td>洋红色 magenta</td></tr>
<tr><td>‘y’</td><td>黄色</td></tr>
<tr><td>‘k’</td><td>黑色</td></tr>
<tr><td>‘w’</td><td>白色</td></tr>
<tr><td>‘0.8’</td><td>灰度值字符串</td></tr>
<tr><td rowspan="5">风格字符</td><td>‘—’</td><td>实线</td></tr>
<tr><td>‘——’</td><td>破折线</td></tr>
<tr><td>‘—.’</td><td>点划线</td></tr>
<tr><td>‘:’</td><td>虚线</td></tr>
<tr><td>‘’‘’</td><td>无线条</td></tr>
<tr><td rowspan="22">标记字符</td><td>‘.’</td><td>点标记</td></tr>
<tr><td>‘,’</td><td>像素标记(极小点)</td></tr>
<tr><td>‘o’</td><td>实心圈标记</td></tr>
<tr><td>‘v’</td><td>倒三角标记</td></tr>
<tr><td>‘^’</td><td>上三角标记</td></tr>
<tr><td>‘>’</td><td>右三角标记</td></tr>
<tr><td>‘<’</td><td>左三角标记</td></tr>
<tr><td>‘1’</td><td>下花三角标记</td></tr>
<tr><td>‘2’</td><td>上花三角标记</td></tr>
<tr><td>‘3’</td><td>左花三角标记</td></tr>
<tr><td>‘4’</td><td>右花三角标记</td></tr>
<tr><td>‘s’</td><td>实心方形标记</td></tr>
<tr><td>‘p’</td><td>实心五角标记</td></tr>
<tr><td>‘*’</td><td>星形标记</td></tr>
<tr><td>‘h’</td><td>竖六边形标记</td></tr>
<tr><td>‘H’</td><td>横六边形标记</td></tr>
<tr><td>‘+’</td><td>十字标记</td></tr>
<tr><td>‘x’</td><td>x 标记</td></tr>
<tr><td>‘D’</td><td>菱形标记</td></tr>
<tr><td>‘d’</td><td>瘦菱形标记</td></tr>
<tr><td>‘|’</td><td>垂直线标记</td></tr>
</table>

参数 * * kwargs 示意代码如下：

```
import matplotlib. pyplot as plt
import numpy as np
plt. figure(dpi=400)
a=np. arange(10)
plt. plot(a,a * 2,'ko-',a,a * 3,"k+",a,a * 4,'kx',a,a * 5,'k--')
plt. show()
```

输出结果如图 2.3 所示。

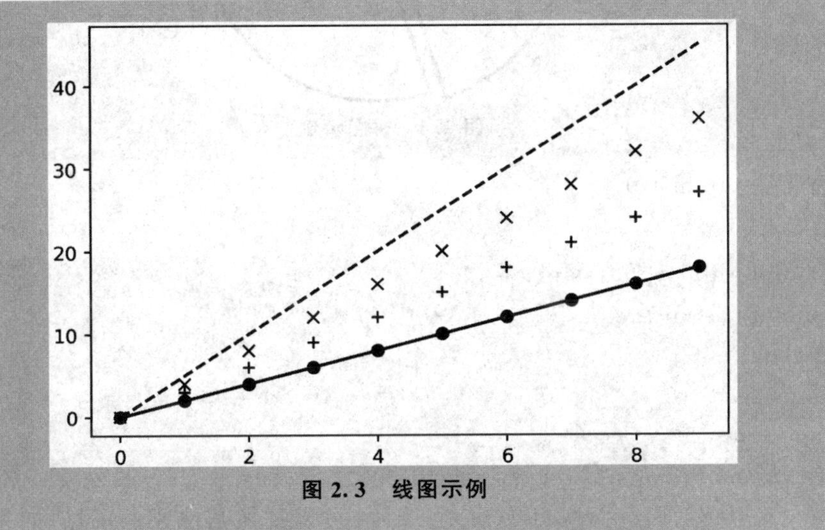

图 2.3　线图示例

2. 饼图 plt. pie()

代码如下：

```
import matplotlib. pyplot as plt
#设置中文字体
plt. figure(dpi=400)
plt. rcParams['font. sans-serif']=['SimHei']
labels='衣','食','住','行'
colors=['w','w','w','w']#可以将'w'替换成其他颜色字符,表示每个扇区的颜色
sizes=[15,30,45,10]
explode=(0,0.1,0,0)
plt. pie(sizes,labels=labels,explode=explode,autopct='%1.1f%%',startangle=90,
colors=colors,textprops={'fontsize':8, 'color': 'k'},wedgeprops={'edgecolor':'k'})
plt. title("饼图示例-家庭支出")
plt. show()
```

输出结果如图 2.4 所示。

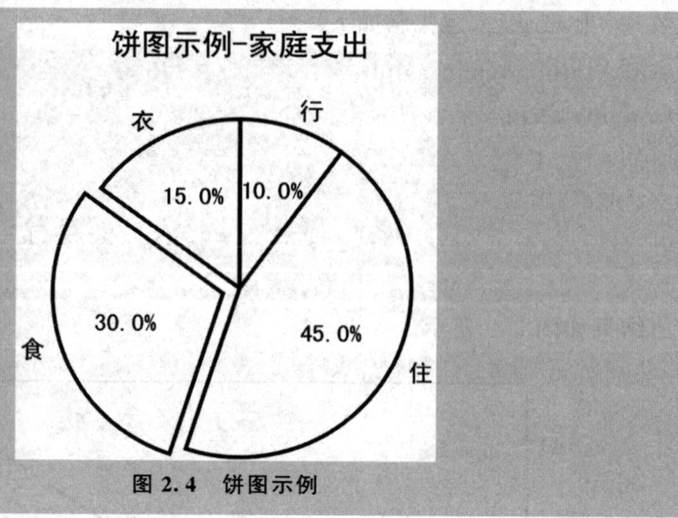

图 2.4　饼图示例

3. 直方图 plt. hist()

代码如下：

```
import matplotlib. pyplot as plt
import numpy as np
plt. figure(dpi=400)
np. random. seed(0)
mu,sigma=100,20
a=np. random. normal(mu,sigma,size=100)
plt. hist(a,20,facecolor='w',edgecolor='k') # 可以替换其他颜色字符,如果省略则自动配色
plt. show()
```

输出结果如图 2.5 所示。

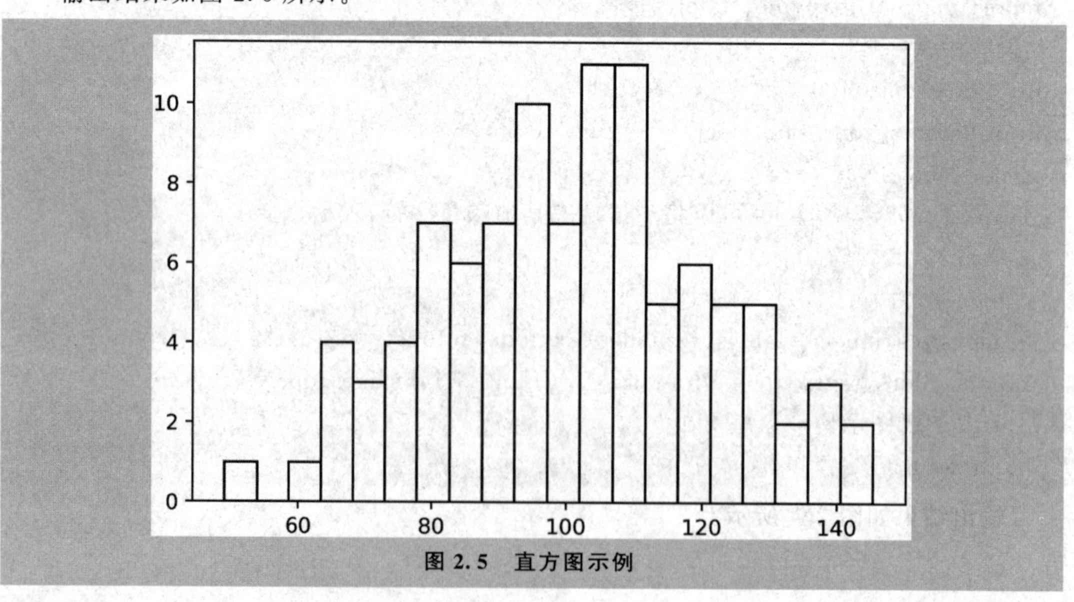

图 2.5　直方图示例

4. 子图 plt. subplots()与散点图 scatter()

```
import numpy as np
import matplotlib.pyplot as plt
a=np.arange(0.0,5.0,0.02)
def f(t):
    return np.exp(-t) * np.cos(2 * np.pi * t)
plt.subplot(2,1,1)
plt.plot(a,f(a),'k-')
plt.subplot(2,1,2)
plt.plot(a,np.cos(2 * np.pi * a),'k--')
plt.show()
```

输出结果如图 2.6 所示。

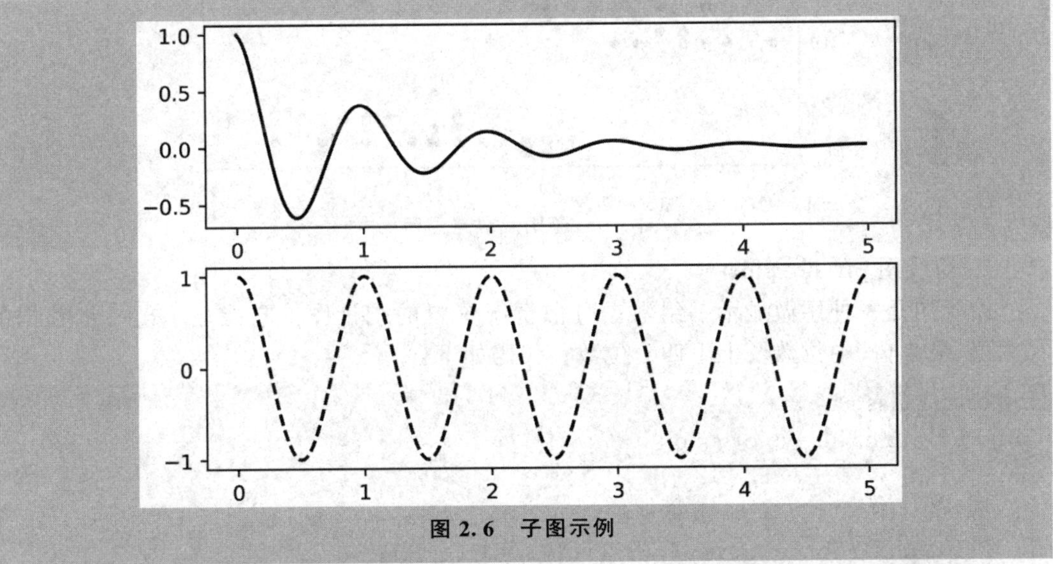

图 2.6　子图示例

利用 Pandas 读取“iris. csv”数据,并绘制含有两个子图的散点图,代码如下:

```
import matplotlib.pyplot as plt
import pandas as pd
iris_data=pd.read_csv("iris.csv",sep=',',names=["萼长","萼宽","瓣长","瓣宽","品种"])
fig,axes=plt.subplots(1,2,figsize=(16,4))
for n in range(2):
    axes[n].scatter(iris_data.iloc[:,n],iris_data.iloc[:,n+2],c='k')
plt.show()
```

输出结果如图 2.7 所示。

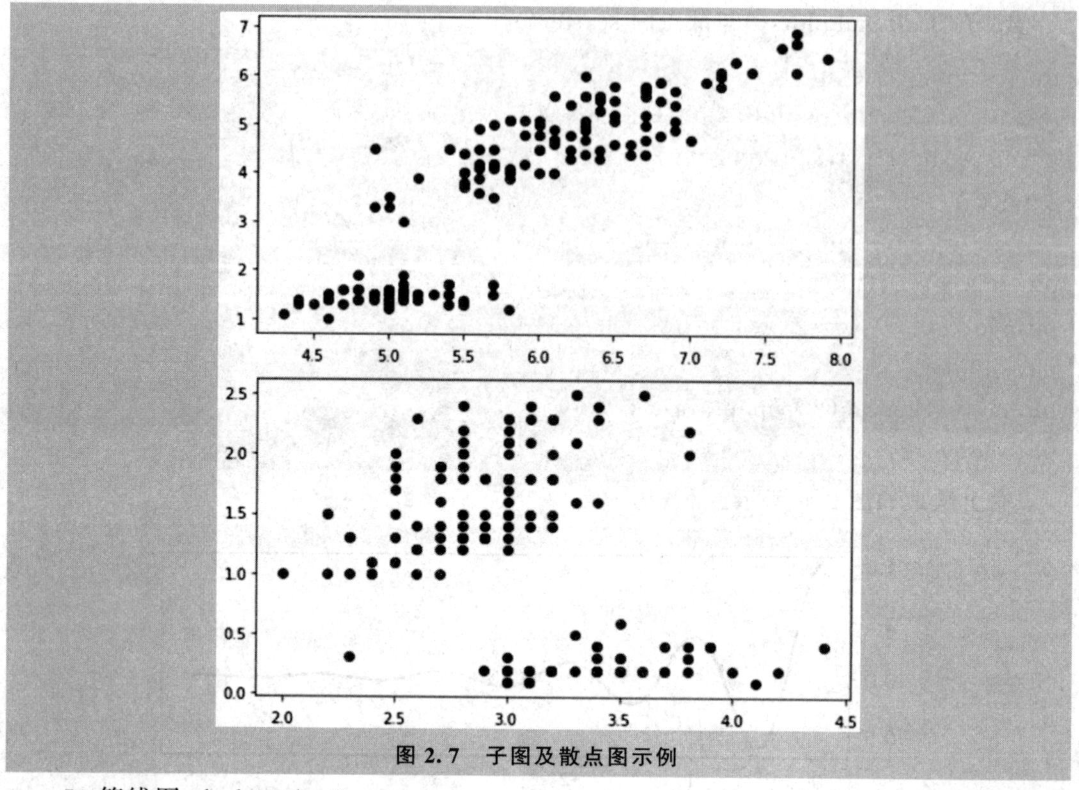

图 2.7 子图及散点图示例

5. 箱线图 plt. boxplot()

箱线图是一种用做显示一组数据分散情况资料的统计图。它能显示出一组数据的最大值、最小值、中位数及上下四分位数。代码如下：

```
import pandas as pd
import matplotlib. pyplot as plt
import numpy as np
df=pd. DataFrame(np. random. rand(10, 5), columns=['A', 'B', 'C', 'D', 'E'])
f=df. boxplot(sym='o',  # 异常点形状,参考 marker
              vert=True, # 是否垂直
              whis=1. 5, # IQR,默认 1. 5,也可以设置区间比如[5,95],代表强制上
下边缘为数据 95%和 5%位置
              patch_artist=True, # 上下四分位框内是否填充,True 为填充
              meanline=False,showmeans=True, # 是否有均值线及其形状
              showbox=True,      # 是否显示箱线
              showcaps=True,     # 是否显示边缘线
              showfliers=True,   # 是否显示异常值
              notch=False,       # 中间箱体是否缺口
              return_type='dict' # 返回类型为字典
              )
plt. title('boxplot')
plt. show()
```

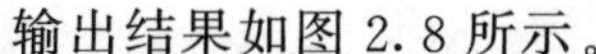

输出结果如图 2.8 所示。

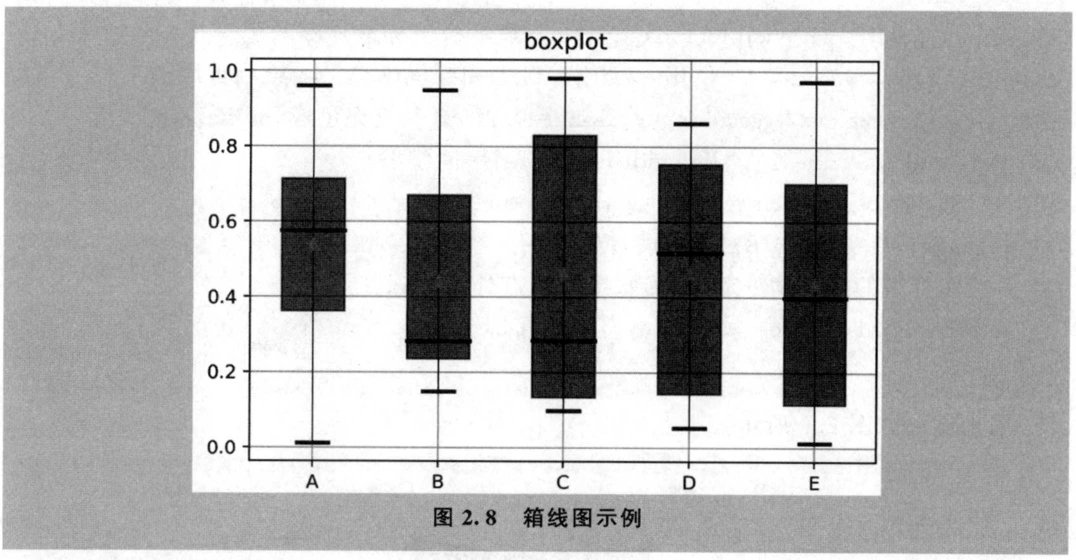

图 2.8　箱线图示例

6. 雷达图

雷达图适用于显示三个或更多维度变量的强弱情况，例如学生在各学科中的表现，或者某个企业在哪些业务方面的投入等。

代码如下：

```
import numpy as np
import matplotlib. pyplot as plt
import matplot lib
matplotlib. rcParams['font. family']='Fangsong'
# 构造数据
properties=['线代','高数','英语','计算机编程','统计学','概率论']
values=[76,83,85,72,95,80]
values1=[93,90,75,94,87,88]
# 设置每个数据点的显示位置，在雷达图上用角度表示
angles=np. linspace(0, 2 * np. pi,len(values), endpoint=False)
# 拼接数据首尾，使图形线条封闭
values=np. concatenate((values,[values[0]]))
values1=np. concatenate((values1,[values1[0]]))
angles=np. concatenate((angles,[angles[0]]))
feature=np. concatenate((properties,[properties[0]]))
# 绘图
fig=plt. figure(facecolor='white')
ax=fig. add_subplot(111, polar=True)# 设置为极坐标格式
ax. set_facecolor('w')  #背景颜色
ax. grid(color="gray")  #网格颜色
```

```
ax.set_rlim(0, 100)
ax.spines['polar'].set_visible(False)  # 不显示极坐标最外圈的圆
ax.plot(angles, values, 'o-', linewidth=1,label='同学 A')# 绘制折线图
plt.fill(angles,values,facecolor='r',alpha=0.25)  #填充色彩,alpha 为透明度
ax.plot(angles, values1,'g',linewidth=1,label='同学 B')
plt.fill(angles,values1,facecolor='g',alpha=0.25)
plt.legend(loc=(0.9,0.8)) #图例位置
# 设置图标上的角度划分刻度,为每个数据点处添加标签
ax.set_thetagrids(angles * 180/np.pi, feature)
plt.show()
```

输出结果如图 2.9 所示。

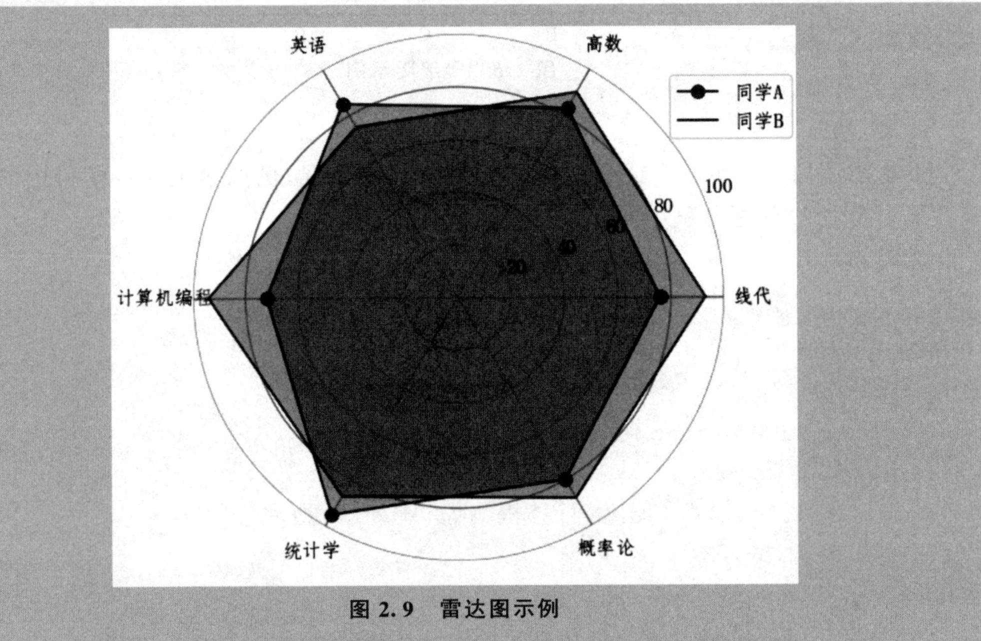

图 2.9 雷达图示例

7. 时间序列图

代码如下:

```
import pandas as pd
import matplotlib.pyplot as plt
plt.rcParams['font.sans-serif']=['SimHei']
df=pd.read_csv("stockdata.csv",encoding='gbk',index_col=0)
fig=plt.figure()
ax=fig.add_subplot(111)
df['close'].plot(color="k",style='-',label='收盘价')
df['close'].rolling(window=5).mean().plot(color="k",label='5 日均线')
```

```
plt.legend(loc='best')
ax.grid(True)
plt.title("股票价格时间序列")
plt.setp(plt.gca().get_xticklabels(), rotation=30)
plt.show()
```

输出结果如图 2.10 所示。

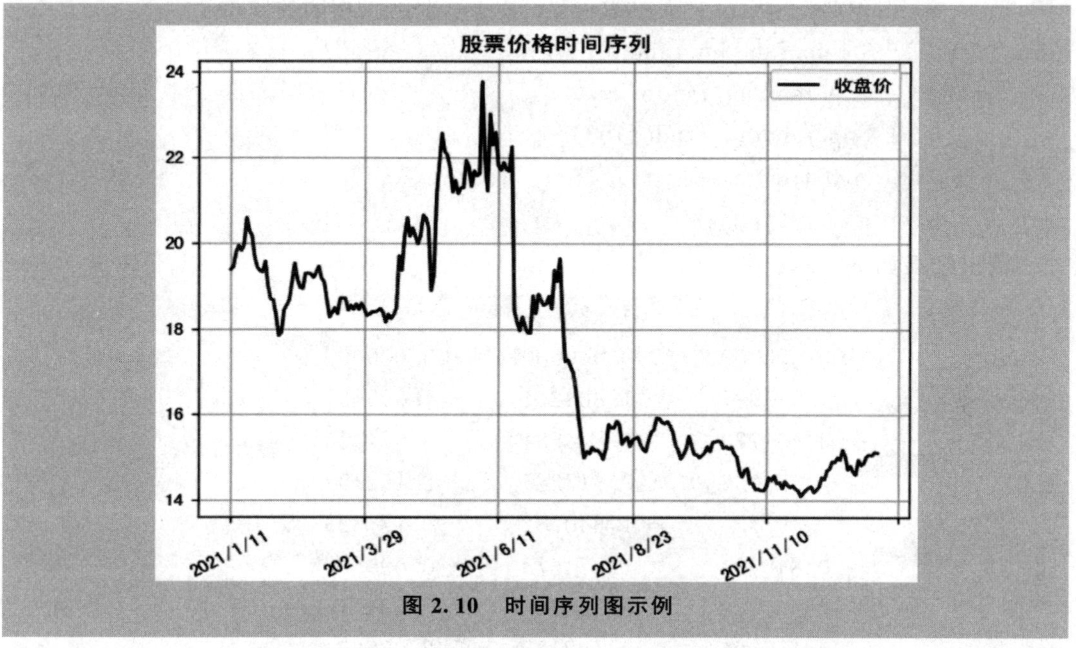

图 2.10　时间序列图示例

2.4　Statsmodels

Statsmodels 库是 Python 中用于统计和计量经济学分析的第三方库，包含回归分析、时间序列分析、方差分析、非参数估计等功能，能够很好地和 Numpy 和 Pandas 等库结合起来，提高工作效率。Statsmodels 关注统计推断，提供参数估计和 p－值，广泛应用于统计和计量经济学的分析。Statsmodels 主要包括如下子模块：

回归模型：线性回归、广义线性模型、稳健线性模型、线性混合效应模型等；方差分析：ANOVA；时间序列分析：AR、ARMA、ARIMA、VAR 和其他模型；非参数方法：核密度估计、核回归。

以一元线性回归分析方法为例展示 Statsmodels 库的应用。

1. 加载需要的库

代码如下：

```
import numpy as np
import pandas as pd
import statsmodels.api as sm
```

其中,import statsmodels.api as sm 即载入 Statsmodels 库。

2. 生成数据集

本例通过自行生成数据集来进行模型的构建。若有实际的数据集可直接应用。

生成自变量:生成变量"x1"(服从均值为 1、方差为 9 的正态分布)、"x2"(服从均值为 2、方差为 49 的正态分布)、"x3"(服从均值为 0、方差为 1 的正态分布),对这三个变量进行描述性统计,代码如下:

```
np.random.seed(123) # 设置随机数种子,保证每次生成相同的数据
data={'x1':1+3*np.random.randn(100),
     'x2':2+7*np.random.randn(100),
     'x3':0+1*np.random.randn(100)}
X=pd.DataFrame(data)
print(X.describe())
```

输出结果如下:

```
              x1          x2          x3
count  100.000000  100.000000  100.000000
mean     1.081327    1.863251   -0.095131
std      3.401773    6.824584    0.974340
min     -7.395767  -20.617385   -2.152493
25%     -1.498236   -1.840982   -0.787329
50%      0.840191    2.374673   -0.090862
75%      3.950165    5.364869    0.591546
max      8.177096   20.188127    2.958625
```

生成因变量:本例中模拟使用已知模型,设置"x1""x2""x3"的系数矩阵为[2.5, 3, 1.6],生成 y。

```
eps=np.random.rand(100) #生成随机误差项
beta=[2.5,3,1.6]
y=np.dot(X,beta)+eps
print(y[:10])
```

输出结果如下:

```
[ 15.19890152-25.76582661  29.87878846  53.06884852   4.45383512
  21.7370339  -5.28822414-35.04534773  27.12385758-30.3145669 ]
```

增添常数项:拟合线性模型通常需要拟合带截距项的模型,将常系数列合并到解释变量矩阵中去,使用函数 sm.add_constant 可以解决这个问题,查看添加常数列的矩阵,代码如下:

```
X_with_const=sm.add_constant(X)
print(X_with_const[:5])
```

输出结果如下：

```
        const         x1           x2          x3
0        1.0    -2.256892     6.494383    0.703310
1        1.0     3.992036   -11.845216   -0.598105
2        1.0     1.848935     6.985852    2.200702
3        1.0    -3.518884    20.188127    0.688297
4        1.0    -0.735801     1.827618   -0.006307
```

3. 拟合模型

使用 sm.OLS 可得到该最小二乘估计，调用 fit 方法可得到模型的返回结果，属性 results.params 返回其回归系数，代码如下：

```
model=sm.OLS(y,X_with_const)
results=model.fit()
results.params
```

输出结果如下：

```
const     0.504328
x1        2.482639
x2        2.997516
x3        1.574288
dtype: float64
```

4. 查看回归结果

统计建模分析中，需要得到回归系数的显著水平、模型的 R2 等。对模型返回结果使用 summary 方法即可输出回归明细表，即 results.summary()。

输出结果如图 2.11 所示。

下面对这些参数进行详细的解释。

Dep. Variable：因变量，也就是输入的 y。

Model：回归模型估计方式，这里是 OLS。

Method：系统给出的结果是 Least Squares。

Date：模型生成的日期。

Time：模型生成的具体时间。

No. Observations：样本量，即输入的数据量，本例中是 100。

Df Residuals：残差自由度，即 degree of freedom of residuals，其值 = No. Observations − Df Model − 1，本例中结果为 100−3−1=96。

Df Model：模型自由度，degree of freedom of model，其值等于 X 的维度，本例中 X 是一个 3 维数据，所以值为 3。

Covariance Type：协方差阵的稳健性，在本例中是 nonrobust。

R-squared：决定系数，这个值范围在[0, 1]，其值越接近 1，说明回归效果越好。本例中 y 是根据已知模型生成的，值为 1.000。

OLS Regression Results

Dep. Variable:	y	R-squared:	1.000
Model:	OLS	Adj. R-squared:	1.000
Method:	Least Squares	F-statistic:	1.914e+05
Date:	Mon, 24 Jan 2022	Prob (F-statistic):	4.01e-181
Time:	22:01:51	Log-Likelihood:	-15.813
No. Observations:	100	AIC:	39.63
Df Residuals:	96	BIC:	50.05
Df Model:	3		
Covariance Type:	nonrobust		

	coef	std err	t	P>|t|	[0.025	0.975]
const	0.5043	0.032	15.995	0.000	0.442	0.567
x1	2.4826	0.009	289.916	0.000	2.466	2.500
x2	2.9975	0.004	703.328	0.000	2.989	3.006
x3	1.5743	0.030	52.651	0.000	1.515	1.634

Omnibus:	19.275	Durbin-Watson:	2.033
Prob(Omnibus):	0.000	Jarque-Bera (JB):	4.896
Skew:	0.073	Prob(JB):	0.0864
Kurtosis:	1.926	Cond. No.	7.86

Notes:

[1] Standard Errors assume that the covariance matrix of the errors is correctly specified.

图 2.11 回归明细表结果

Adj. R-squared：可调决定系数，对 R-squared 进行修正。

F-statistic：F 统计量。

Prob (F-statistic)：F 检验的 p－值，该值越小越能拒绝原假设。

Log likelihood：对数似然。

AIC：用来衡量拟合的好坏程度，一般选择 AIC 较小的模型。

BIC：贝叶斯信息准则，BIC 更倾向于选择参数少的简单模型。

coef：指自变量和常数项的系数，本例中自变量系数是 2.4826、2.9975、1.5743，常数项系数是 0.5043。

std err：系数估计的标准误差。

t：t 统计量。

P>|t|：统计检验中的 p－值，这个值越小对应的系数越显著。

[0.025，0.975]：置信度为 95%的置信区间的下限和上限。

Omnibus：基于峰度和偏度进行数据正态性的检验。

Prob(Omnibus)：上述检验的 p 一值。

Durbin-Watson：检验残差中是否存在自相关。

Skewness：偏度。

Kurtosis：峰度。

Jarque-Bera(JB)：基于峰度和偏度进行数据正态性的检验。

Prob(JB)：JB 检验的 p 一值。

Cond. No.：多重共线性的检验，即检验变量之间是否存在高度相关关系。

5. 预测

从原始数据中随机选取 20 个数据进行预测演示，用 predict 方法进行预测代码如下：

```
X_test=X_with_const.sample(20)
results.predict(X_test[:10])
```

输出结果如下：

```
91        -0.033818
45         3.941761
62        13.943707
61        10.581503
70       -11.449909
53       -39.007291
96        -1.793204
55        20.343182
75        46.556551
80        18.322221
dtype: float64
```

2.5　小结

提供大量优质的第三方库是 Python 语言的一个优势，在应用中可以节省很多不必要花费的时间。本章简要介绍了在数据分析问题中使用较多的 NumPy、Pandas、Matplotlib 和 Statsmodels。其中，NumPy(Numerical Python)是 Python 语言的一个扩展程序库，是 SciPy、Pandas 等数据处理或科学计算库的基础，主要用于数组计算，支持大量的维度数组与矩阵运算，也针对数组运算提供了大量的数学函数库。Pandas 是基于 NumPy 为解决数据分析任务而创建的，纳入了大量库和一些标准的数据模型，提供了高效地操作大型数据集所需的工具。Matplotlib 是 Python 中绘制二维和三维图表的数据可视化工具，提供了丰富的图表绘制函数和方法。Statsmodels 库是 Python 中用于统计和计量经济学分析的第三方库，包含回归分析、时间序列分析、方差分析、非参数估计等功能，能够和 Numpy 和 Pandas 等库结合起来，提高工作效率。上述第三方库都有着很完善的官方说明文档，可供各位读者学习。

2.6 习题

1. 已知 s＝pd. Series([909976, 8615246, 2872086, 2273305], index＝["Stockholm", "London", "Rome", "Paris"], name＝"Population"),表示四个城市的人口信息,请在一行中绘制四个子图,分别为 s 的折线图、柱状图、箱线图和饼图。

2. 生成一个 5 行 4 列的标准正态分布的随机数,求其正弦值后进行傅里叶变换,并可视化展示变换后的数据。

3. 下表是不同地区的住房情况数据,地区以经纬标出,利用 Python 的第三方库解决以下问题:(1)计算住房中位年龄的最小值和平均值。(2)计算总房间数和人口数的标准差。

序号	经度	纬度	住房中位年龄	总房间数	人口数
1	−114.31	34.19	15	5612	1015
2	−114.47	34.40	19	7650	1129
3	−114.56	33.69	17	720	333
4	−114.57	33.64	14	1501	515
5	−114.57	33.57	20	1454	624
6	−114.58	33.63	29	1387	671
7	−114.58	33.61	25	2907	1841
8	−114.59	33.61	34	4789	3134

4. 根据下表所给数据集进行数据分析与可视化。

(1)查看消费数据的描述性统计量(总数、均值、标准差、最小值和四分位数),并查询不抽烟中人均消费大于 10 的数据。

(2)绘制小费(tip)和总金额(total_bill)的散点图,判断小费和总金额之间是否存在相关性。

(3)分析吸烟顾客(smoker 取值为 yes)和不吸烟顾客(smoker 取值为 no)的消费水平。

(4)绘制柱状图,分析就餐时间和总金额的关系。

total_bill	tip	smoker	day	time	size	total_bill	tip	smoker	day	time	size
16.99	1.01	no	Fri	dinner	2	35.28	1.78	yes	Mon	lunch	4
10.34	1.66	no	Sat	dinner	3	25.48	3.56	yes	Tue	lunch	2
21.01	3.5	no	Sun	dinner	3	20.58	1.78	yes	Wed	lunch	2
23.68	3.31	no	Mon	dinner	2	12.74	2.67	no	Thu	lunch	3
24.59	3.61	no	Tue	dinner	4	32.34	3.56	no	Fri	lunch	5
25.29	4.71	no	Wed	dinner	4	14.7	2.67	no	Sat	lunch	4
11.76	2.67	yes	Thu	dinner	5	32.34	3.56	no	Sun	lunch	4
15.68	2.67	yes	Fri	dinner	4	10.78	1.78	no	Mon	lunch	3
13.72	2.67	yes	Sat	dinner	2	23.52	3.56	no	Tue	lunch	2
9.8	3.56	yes	Sun	dinner	3	21.56	2.67	yes	Wed	lunch	5
23.52	2.67	yes	Mon	dinner	2	17.64	2.67	yes	Thu	lunch	5
19.6	2.67	yes	Tue	dinner	3	22.54	3.56	yes	Fri	lunch	5
29.4	1.78	no	Wed	dinner	5	22.54	1.78	yes	Sat	lunch	3
29.4	1.78	no	Thu	dinner	5	23.52	1.78	yes	Sun	lunch	3
28.42	3.56	no	Fri	dinner	4	11.76	2.67	yes	Mon	lunch	4
29.4	3.56	no	Sat	dinner	3	11.76	1.78	yes	Tue	lunch	4
22.54	1.78	no	Sun	dinner	3	13.72	1.78	no	Wed	lunch	4
19.6	3.56	no	Mon	dinner	4	19.6	2.67	no	Thu	lunch	3
22.54	1.78	yes	Tue	dinner	4	26.46	1.78	no	Fri	lunch	4

第3章　数据分布特征

为了获取数据分布特征,需要进行数据整理。数据整理是数据分析的第一步,采用数据分组和汇总等方法,利用指标和图形等描述数据分布特征,为进行深入数据分析做准备。

3.1　数据分布特征的基本概念

1. 数据整理:数据整理有两种含义,一是对统计调查所收集到的各种数据进行分组和汇总,称为汇总性整理;二是对现成的综合统计资料进行整理。在实际应用中,数据整理多是指第一种定义。统计数据整理的内容主要包括两个方面,一是确定总体的处理方法,主要是如何对所要研究的总体进行统计分组;二是确定汇总哪些统计指标。

2. 统计分组:根据统计研究的目的和客观现象的内在特点,按某个标志(或几个标志)把被研究的总体划分为若干个不同性质的组。统计分组必须遵循互斥原则和穷尽原则。

3. 简单分组和复合分组:简单分组是将研究对象按一个标志进行分组,能从某一个方面说明和反映事物的分布状况和内部结构。复合分组是先按一个标志分组,在此基础上再按第二个标志分小组,再层叠地按第三个标志分成更小的组。

4. 品质分组和数量分组:品质分组按品质(或属性)标志进行分组。一般对于以定类尺度或定序尺度计量的,采用品质分组。数量分组按数量标志进行分组,数量标志的变异性体现在它自身的数量上。

5. 单项式分组和组距式分组:单项式分组按数量标志分组,数量标志的表现就是变量的取值,即用一个变量值作为一组,形成单项式变量数列。组距式分组将变量一次划分为几段区间,表现为从＊＊到＊＊的距离,把一段区间内的所有变量值作为一组,形成组距式变量数列。每一组变量值中,最小值为组下限,最大值为组上限,组距就是组上限与组下限之差。

6. 间断型组距式分组与连续型等距式分组:组距式分组中,组限不相邻的称为间断型组距式分组。凡是组限相连,即以同一数值作为相邻两组的共同界限,称为连续型组距式分组。凡是总体中某个单位的变量值是相邻两组的界限值,这一个单位归入作为下限值的那一组内,称为“上限不在内”原则。

7. 等距分组与异距分组:等距分组是标志值在各组保持相等的组距,即各组的标志值变动都限于相同的范围。凡是在标志值分布比较均匀的情况下,都可采用等距分组;异距分组即各组的组距不相等。

8. 组中值:组上限与组下限之间的中点数值称为组中值,组中值=(组上限+组下限)/2。开口组的组距与组中值:在编制组距式分组时,使用“* *以上”或“* *以下”等不确定组距的组,称为开口组。开口组的组距是以相邻组的组距作为本组的组距,并以此计算组中值。

9. 频数分布:在统计分组的基础上,可以将总体所有的单位按某一标志进行排列,并计算其相应出现的次数,得到的分布称为频数分布或次数分布。反映总体各组之间单位分布状况的数列,称为分布数列。由两个要素构成,一是总体按某标志所分的组,二是各组所出现的单位数,即频数。

10. 频率:将各标志出现的频数与总体单位总数相除可以得到频率,即

$$频率=\frac{f_i}{\sum_{i=1}^{n} f_i} \tag{3.1}$$

其中,f_i 为第 i 组频数。频率有两个性质:① 任何频率介于 0—1 之间;② 各组频率之和等于 1。编制向上(向下)累计频数(频率)分布的方法是:先列出各组的上限(下限),然后由标志值低(高)的组向标志值高(低)的组依次累计。向上(下)累计频数(频率)表明某组上限(下限)以下(上)的各组单位数之和(占总体的比重)是多少。

11. 频数密度与频率密度:计算公式如下:

$$频数密度=\frac{频数}{组距} \tag{3.2}$$

$$频率密度=\frac{频率}{组距} \tag{3.3}$$

各组频率密度与各组组距乘积之和等于 1。频数密度和频率密度可消除异距分组的影响。

12. 数据分布集中趋势:在很多的统计数据中,较大观测值和较小观测值的出现频率比较低,大多数观测值密集分布在中心区域,使数据呈现出向中心集聚或靠拢的态势。描述数据聚集中心的两类常用指标:一类是数值平均数,是根据全部数据计算得到的代表值,如算术平均数、调和平均数和几何平均数。另一类是位置代表值,是根据所处位置的数据直接观察或根据与特定位置有关的部分数据来确定的代表值,如众数和中位数。

13. 众数:是一组数据中出现频数最多、频率最高的数值,用 M_o 表示。

14. 中位数:将数据由小到大排列后,位置居中的数值,用 M_e 表示。如果数据项数为奇数,中位数为位置中间的数值。如果数据项数为偶数,中位数为位置居中两个数值的平均数。

15. 箱线图:对于统计数据,将最小值、1/4 分位数、中位数、3/4 分位数和最大值五个数值综合起来绘制箱线图。利用箱线图可以较好地观察数据分布的范围、中心位置和离散程度,还可以进行多组数据分布的比较。

16. 四分位数、十分位数和百分位数:将数据由小到大排列后,分别位于全部数据 1/4、1/10、1/100 位置上的数值。

17. 数据分布离散趋势:对于统计数据,离散趋势描述数据之间差异程度的大小。数据分布离散趋势指标有两类,一类是用绝对数或平均数表示的,如极差、四分位差、平均

差和标准差等;另一类是用相对数表示的,如离散系数、异众比率。

18. 矩:也称为动差。对于统计数据,关于 a 的 K 阶矩是将所有变量值与给定数值 a 之离差 K 次方的平均数,计算公式为

$$\frac{\sum_{i=1}^{n}(x_i-a)^k f_i}{\sum_{i=1}^{n} f_i} \tag{3.4}$$

K 阶中心矩,计算公式为

$$m_k=\frac{\sum_{i=1}^{n}(x_i-\bar{x})^k f_i}{\sum_{i=1}^{n} f_i} \tag{3.5}$$

19. 偏度:描述数据分布的不对称程度,分为左偏分布和右偏分布。

20. 峰度:描述数据集中程度和分布曲线的陡峭(或平坦)程度,分为尖顶峰度和平顶峰度。

3.2 数据分布特征的基本公式与步骤

1. 数据整理的主要步骤:

①原始统计数据资料的审核;

②数据资料的分组和汇总;

③编制统计表或绘制统计图;

④统计数据资料的积累、保管和公布。

2. 确定组数和组距:美国学者斯特杰斯提出确定组数和组距的经验公式为

$$n=1+3.3lgN \tag{3.6}$$

$$d=\frac{R}{n}=\frac{x_{max}-x_{min}}{1+3.3lgN} \tag{3.7}$$

其中 n 为组数,N 为观测值个数,d 是组距,R 为全距,即最大变量值 x_{max} 与最小变量值 x_{min} 之差。

3. 数据分布集中趋势的计算公式:

简单算术平均数:给定未分组统计数据,以 x_i 表示第 $i(i=1,2,\cdots,n)$ 项的数据值,简单算术平均数的计算公式为

$$\bar{x}=\frac{x_1+x_2+\cdots+x_n}{n}=\frac{\sum_{i=1}^{n}x_i}{n} \tag{3.8}$$

加权算术平均数:给定分组统计数据,以 x_i 表示第 $i(i=1,2,\cdots,n)$ 组的数据值,f_i 表示第 i 组的频数。加权算术平均数的计算公式为

$$\bar{x}=\frac{x_1f_1+x_2f_2+\cdots+x_nf_n}{f_1+f_2+\cdots+f_n}=\frac{\sum_{i=1}^{n}x_if_i}{\sum_{i=1}^{n}f_i} \tag{3.9}$$

其中，f_i 也称为权数或权重。加权算术平均数的比重形式(如频率)为

$$\bar{x}=\sum_{i=1}^{n}x_i\frac{f_i}{\sum_{i=1}^{n}f_i} \tag{3.10}$$

给定组距数据，各组的实际数据用组中值代替。

给定相对数，平均数为相对数的加权算术平均数，权数为相对数的分母指标。

调和平均数：也称为倒数平均数。调和平均数是各个数据值之倒数的算术平均数之倒数，计算公式为

$$\bar{x}_H=\frac{1}{\frac{\frac{1}{x_1}m_1+\frac{1}{x_2}m_2+\cdots+\frac{1}{x_n}m_n}{m_1+m_2+\cdots+m_n}}=\frac{\sum_{i=1}^{n}m_i}{\sum_{i=1}^{n}\frac{m_i}{x_i}} \tag{3.11}$$

其中，m_i 表示数据值 x_i 的权数。

几何平均数：是 n 个数据值乘积的 n 次方根，计算公式为

$$\bar{x}_G=\sqrt[n]{x_1\times x_2\times\cdots\times x_n}=\sqrt[n]{\prod_{i=1}^{n}x_i} \tag{3.12}$$

记 f_i 为数据值 x_i 的权数，加权几何平均数为

$$\bar{x}_G=\sqrt[(f_1+f_2+\cdots+f_n)]{x_1^{f_1}\times x_2^{f_2}\times\cdots\times x_n^{f_n}}=\sqrt[\sum_{i=1}^{n}f_i]{\prod_{i=1}^{n}x_i^{f_i}} \tag{3.13}$$

组距数据的众数：首先确定组距数据的众数组，等距分组的众数组是频数最多的组，异距分组的众数组是频数密度最大的组。然后利用众数组频数与其相邻组频数推算众数，近似公式为

下限公式：$M_o=L_{M_o}+\frac{\Delta_1}{\Delta_1+\Delta_2}\times d_{M_O}$ (3.14)

上限公式：$M_o=U_{M_o}-\frac{\Delta_2}{\Delta_1+\Delta_2}\times d_{M_O}$ (3.15)

其中，L_{M_o}、U_{M_o}、d_{M_O} 分别表示众数组的下限、上限和组距；Δ_1、Δ_2 分别表示众数组频数与其相邻的前一组和与其相邻的后一组的频数之差。

组距数据的中位数：首先确定组距数据的中位数组，即中间位置（$\sum_{i=1}^{n}f_i/2$）所在组。中位数的近似公式为

下限公式：$M_e=L_{M_e}+\frac{\sum_{i=1}^{n}\frac{f_i}{2}-S_{M_e-1}}{f_{M_e}}\times d_{M_e}$ (3.16)

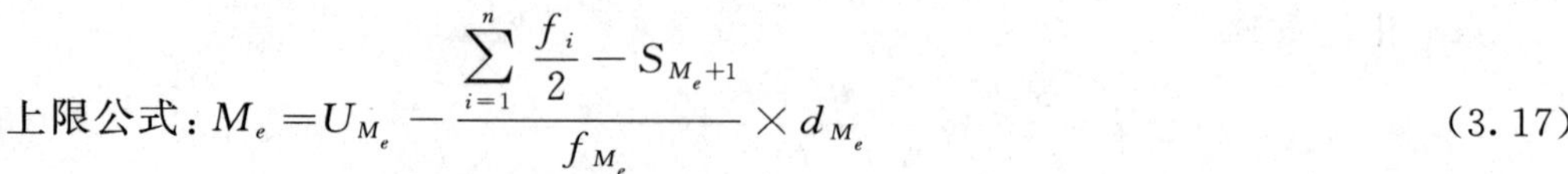

上限公式：$$M_e = U_{M_e} - \frac{\sum_{i=1}^{n} \frac{f_i}{2} - S_{M_e+1}}{f_{M_e}} \times d_{M_e} \tag{3.17}$$

其中，L_{M_e}、U_{M_e}、d_{M_e} 分别表示中位数组的下限、上限和组距。S_{M_e-1}、S_{M_e+1} 分别表示数值小于中位数组下限的累计频数，以及数值大于中位数组上限的累计频数。均值、中位数和众数之间的近似关系为

$$\bar{x} - M_o \approx 3(\bar{x} - M_e) \tag{3.18}$$

4. 数据分布离散趋势的计算公式

极差：也称为全距，是统计数据的最大值和最小值之差，计算公式为

$$R = x_{max} - x_{min} \tag{3.19}$$

对于组距数据，极差利用最高水平组上限减去最低水平组下限近似计算。

四分位差：是统计数据的 3/4 分位数 Q_3 与 1/4 分位数 Q_1 之差，计算公式为

$$Q_d = Q_3 - Q_1 \tag{3.20}$$

平均差：是数据值与其均值的离差绝对值的算术平均值。对于未分组数据，平均差的计算公式为

$$A.D = \frac{\sum_{i=1}^{n} |x_i - \bar{x}|}{n} \tag{3.21}$$

对于分组数据，平均差的计算公式为

$$A.D = \frac{\sum_{i=1}^{n} |x_i - \bar{x}| f_i}{\sum_{i=1}^{n} f_i} \tag{3.22}$$

方差与标准差：是数据值与其均值的离差平方的算术平均数，常用 σ^2 表示。标准差是方差的算术平方根，用 σ 表示。对于未分组数据，方差与标准差的计算公式为

$$\sigma^2 = \frac{\sum_{i=1}^{n} (x_i - \bar{x})^2}{n} \tag{3.23}$$

$$\sigma = \sqrt{\frac{\sum_{i=1}^{n} (x_i - \bar{x})^2}{n}} \tag{3.24}$$

对于分组数据，方差与标准差的计算公式为

$$\sigma^2 = \frac{\sum_{i=1}^{n} (x_i - \bar{x})^2 f_i}{\sum_{i=1}^{n} f_i} \tag{3.25}$$

$$\sigma = \sqrt{\frac{\sum_{i=1}^{n} (x_i - \bar{x})^2 f_i}{\sum_{i=1}^{n} f_i}} \tag{3.26}$$

标准化值：将数据值转换为均值为 0、标准差为 1 的数据，计算公式为

$$Z=\frac{x_i-\bar{x}}{\sigma} \tag{3.27}$$

离散系数：也称为变异系数，计算公式为

$$V_\sigma=\frac{\sigma}{\bar{x}} \tag{3.28}$$

异众比率：是非众数值的频数累计与总频数之比，计算公式为

$$V_{M_O}=1-\frac{f_{M_O}}{\sum_{i=1}^{n} f_i} \tag{3.29}$$

其中，f_{M_O} 为众数值的频数。

5. 偏度的计算公式

偏度：三阶中心矩 m_3 除以标准差的 3 次方，计算公式为

$$S_k=\frac{m_3}{\sigma^3} \tag{3.30}$$

用相对数测度偏度：数据均值和众数之差，再除以标准差，计算公式为

$$S_k=\frac{\bar{x}-M_o}{\sigma} \tag{3.31}$$

其中，取值为−3～0 表示左偏，0～3 表示右偏。

用分位数测度偏度：利用 3/4 分位数与 1/4 分位数与中位数的距离之差除以四分位差，计算公式为

$$S_k=\frac{(Q_3-M_e)-(M_e-Q_1)}{Q_3-Q_1} \tag{3.32}$$

6. 峰度的计算公式

峰度：四阶中心矩 m_4 除以标准差的 4 次方 σ^4，减去 3，计算公式为

$$K=\frac{m_4}{\sigma^4}-3 \tag{3.33}$$

3.3 数据分布特征的知识点结构图

数据分布特征的知识点结构图如图 3.1 所示。

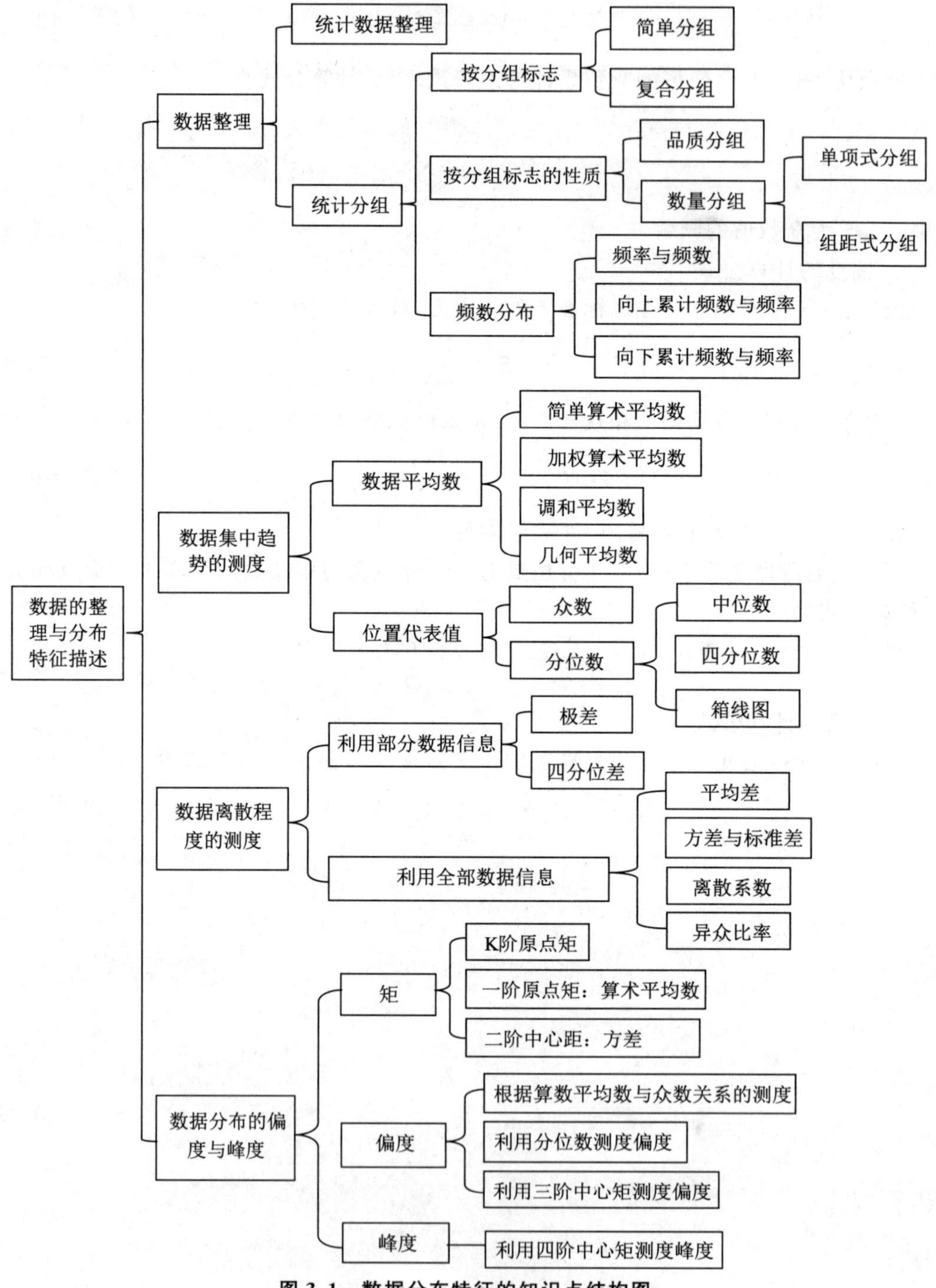

图 3.1 数据分布特征的知识点结构图

3.4 数据分布特征的知识点与 Python 语言实践

1. 知识点:连续型等距式分组及频数分布计算

表 3.1 给出某市 50 家工业企业的月产出额(单位:万元),试采用连续型等距式分组方法进行数据整理,并计算各组频数、频率、向上累计频数与频率、向下累计频数与频率。

表 3.1 某市 50 家工业企业的月产出额(单位:万元)

155	225	353	111	146
440	525	108	265	265
133	153	375	235	63
231	177	75	256	463
166	142	336	311	367
531	185	135	62	85
62	137	258	356	154
351	164	437	100	165
252	57	157	351	363
84	273	186	234	155

解:依据题意,观测值个数 $N=50$,由组数和组距的经验公式

$$n=1+3.3lgN\approx 6$$

$$d=\frac{R}{n}=\frac{x_{max}-x_{min}}{1+3.3lgN}=\frac{531-57}{6}=79$$

按连续型等距式分组方法分为 6 组,组距取整为 80。分组后结果见表 3.2。

表 3.2 某市 50 家工业企业的月产出额的连续型等距式分组结果

分组	频数	频率	向上累计频数	向上累计频率(%)	向下累计频数	向下累计频率(%)
50—130	10	0.20	10	0.20	50	1.00
130—210	16	0.32	26	0.52	40	0.80
210—290	10	0.20	36	0.72	24	0.48
290—370	8	0.16	44	0.88	14	0.28
370—450	3	0.06	47	0.94	6	0.12
450 以上	3	0.06	50	1.00	3	0.06

Python 语言实现:

```
import numpy as np
import pandas as pd
N = 50
n = int(1 + 3.3 * np.log10(N))
print("组数:%d" % n)
data=[155, 225, 353, 111, 146, 440, 525, 108, 265, 265, 133, 153, 375, 235, 63,
231, 177, 75, 256, 463, 166, 142, 336, 311, 367, 531, 185, 135, 62, 85, 62, 137,
258, 356, 154, 351, 164, 437, 100, 165, 252, 57, 157, 351, 363, 84, 273, 186,
234, 155]
#组距计算方式
d=(max(data) - min(data))/n+1;print("组距:%d" % d)
#手动指定分组范围
bins=[50, 130, 210, 290, 370, 450, max(data) + 1]
#对应的分组标签
labels=['50-130', '130-210', '210-290', '290-370', '370-450', '450 以上']
a = pd.cut(data, bins=bins, labels=labels, right=False)
#各组频数及频率
c1 = a.value_counts()
N=len(data)
c2 = c1 / N
#向上累计频数及频率
c3 = c1.cumsum()
c4 = c3 / N
#向下累计频数及频率
c5 = c1[::-1].cumsum()[::-1]
c6 = c5 / N
r1 = pd.DataFrame({'各组频数': c1, '各组频率': c2, '向上累计频数': c3, '向上累计频
率': c4, '向下累计频数': c5, '向下累计频率': c6})
r1.index.name = '分组'
print('连续型等距式分组结果如下:\n', r1)
```

Python 代码的运行结果为:

```
组数:6
组距:80
连续型等距式分组结果如下:
  分组     各组频数  各组频率  向上累计频数  向上累计频率  向下累计频数  向下累计频率
 50-130      10      0.20       10          0.20          50          1.00
130-210      16      0.32       26          0.52          40          0.80
210-290      10      0.20       36          0.72          24          0.48
290-370       8      0.16       44          0.88          14          0.28
370-450       3      0.06       47          0.94           6          0.12
 450 以上     3      0.06       50          1.00           3          0.06
```

2. 知识点：分组数据的平均数、中位数和众数

某企业 2 月份每日净收入如表 3.3 所示，试计算算术平均数、中位数和众数。

表 3.3 某企业 2 月份每日净收入(单位:万元)

净收入	天数	组中值(f_i)	$x_i f_i$	$f_i/\sum f_i$	$x_i f_i/\sum f_i$
10—25	6	17.5	105.0	0.2	3.50
25—40	5	32.5	162.5	0.17	5.42
40—55	7	47.5	332.5	0.23	11.08
55—70	9	62.5	562.5	0.30	18.75
70—85	2	77.5	155.0	0.07	5.17
85 以上	1	87.5	87.5	0.03	2.92
合计	30	—	1405.0	1.0	46.83

注：此表数据为自行整理模拟数据

解：依据题意，

平均数计算：

$$\bar{x}=\frac{\sum_{i=1}^{n}x_i f_i}{\sum_{i=1}^{n}f_i}=\frac{1405.0}{30}=46.83$$

或

$$\bar{x}=\sum_{i=1}^{n}x_i\frac{f_i}{\sum_{i=1}^{n}f_i}=46.83$$

中位数计算：

中间位置：$\bar{x}=\sum_{i=1}^{n}f/2=15$，由累计次数可知中位数在第三组，即中位数位于 40～55 之间。具体计算过程为：

$$Me=L_{Me}+\frac{\frac{\sum f}{2}-S_{Me-1}}{\sum_{i=1}^{n}f_i}\times d_{Me}=40+\frac{15-11}{7}\times 15=48.57$$

或

$$Me=U_{Me}+\frac{\frac{\sum f}{2}-S_{Me+1}}{f_{Me}}\times d_{Me}=55-\frac{15-12}{7}\times 15=48.57$$

众数计算：

由表可知，次数最多的是第四组，即众数位于 55～70 之间。具体计算为，

$$Mo=L_{Mo}+\frac{\Delta_1}{\Delta_1+\Delta_2}\times d_{Mo}=55+\frac{(9-7)}{(9-7)+(9-2)}\times 15=58.33$$

或

$$Mo = U_{Mo} - \frac{\Delta_2}{\Delta_1 + \Delta_2} \times d_{Mo} = 70 - \frac{(9-2)}{(9-7)+(9-2)} \times 15 = 58.33$$

Python 语言实现：

```
import pandas as pd
import numpy as np
# 创建分组数据
data = {'日均收益': ['10－25', '25－40', '40－55', '55－70', '70－85', '85 以上'],
'fi': [6, 5, 7, 9, 2, 1]}
#将 '85 以上' 替换为一个足够大的数
data['日均收益'] = [g.replace('85 以上', '85－90') for g in data['日均收益']]
#提取组的区间上下限
下限=[int(g.split('－')[0]) for g in data['日均收益']]
上限=[int(g.split('－')[1]) for g in data['日均收益']]
# 计算组中值 xi
xi = [(下限[i] +上限[i]) / 2 for i in range(len(下限))]
#计算每个组的日收入
xi_fi = [xi[i] * data['fi'][i] for i in range(len(xi))]
# 计算总频率
total_freq = sum(data['fi'])
# 计算每个组的频率
ki = [fi / total_freq for fi in data['fi']]
# 计算每个组的日均收入
k_i = [ri / total_freq for ri in xi_fi]
# 创建数据框
result_df = pd.DataFrame({'日均收益': data['日均收益'], 'fi': data['fi'], 'xi': xi,
    'xi_fi ': xi_fi ,'ki': ki, 'k_i': k_i)
print(result_df)
#计算列的总和
sum_col = result_df.drop(columns=['日均收益', 'xi']).sum()
#输出结果
print("列的总和:\n", 列和)
#计算平均数
groups = [ ("10－25", 6), ("25－40", 5), ("40－55", 7), ("55－70", 9),("70－
85", 2),
    ("85－100", 1)]
def calculate_mean(groups):
    total_sum = 0
    total_count = 0
    for group_range, freq in groups:
```

```
        lower, upper = map(int, group_range.split('—'))
        group_mean = (lower + upper) / 2  # 该组的平均值
        total_sum += group_mean * freq  # 总和加上该组平均值乘以频率
        total_count += freq  # 总数据量加上该组频率
    mean = total_sum / total_count  # 计算总体平均数
    return mean
mean = calculate_mean(groups)
print(f"平均数为：{mean}")
# 计算中位数
def calculate_median(groups):
    total_count = sum(freq for _, freq in groups)  # 计算总数据量
    median_index = total_count // 2  # 中位数位置的索引
    cumulative_freq = 0  # 累计频率
    for group_range, freq in groups:
        cumulative_freq += freq
        if cumulative_freq > median_index:  # 找到包含中位数的那一组
            lower, upper = map(int, group_range.split('—'))
            group_width = upper - lower
             median = lower + (median_index - cumulative_freq + freq) *
group_width / freq
            return median
    # 如果所有组的累计频率都小于 median_index,则中位数位于最后一组
    return groups[-1][0].split('—')[1]
median = calculate_median(groups)
print(f"中位数为：{median}")
#计算众数
from collections import Counter
def calculate_mode(groups):
    max_density = 0
    mode_group = None
    for group_range, freq in groups:
        lower, upper = map(int, group_range.split('—'))
        group_width = upper - lower
      density = freq / group_width
        if density > max_density:
            max_density = density
            mode_group = (lower, upper, freq)
    lower, upper, freq = mode_group
    mode = lower + 1 / max_density
    return mode
mode = calculate_mode(groups)
print(f"众数为：{mode}")
```

Python 代码的运行结果为：

```
日均收益      fi      xi      xi_fi      ki          k_i
10—25         6       17.5    105.0      0.200000    3.500000
25—40         5       32.5    162.5      0.166667    5.416667
40—55         7       47.5    332.5      0.233333    11.083333
55—70         9       62.5    562.5      0.300000    18.750000
70—85         2       77.5    155.0      0.066667    5.166667
85—90         1       87.5    87.5       0.033333    2.916667
列的总和：
fi            30.000000
日收入        1405.000000
频率          1.000000
日均          46.833333
中位数为：    48.57
众数为：      58.33
平均数为：    46.83
```

3. 知识点:几何平均数

投资者最初投入一只股票 100 万元。这只股票连续 7 年的收益率分别为 3.2%、5.3%、6.3%、7.2%、2.5%、6.2%、4.7%，试计算投资者 7 年的平均收益率和第 7 年的本利总和。

解:依据题意，观测值个数 $n=7$。平均收益率为

$$\bar{x}_G=\sqrt[n]{x_1\times x_2\times\cdots\times x_n}-1=\sqrt[n]{\prod_{i=1}^{n}x_i}-1$$

$$=\sqrt[7]{103.2\%\times105.3\%\times106.3\%\times107.2\%\times102.5\%\times106.2\%\times104.7\%}-1$$

$$=5.05\%$$

最初投入 100 万元，第 7 年的本利总和为

$$100\times103.2\%\times105.3\%\times106.3\%\times107.2\%\times102.5\%\times106.2\%\times104.7\%$$
$$=100\times(105.045\%)^7=141.13$$

Python 语言实现：

```
import statistics as stat
data=[0.032,0.053,0.063,0.072,0.025,0.062,0.047]
input=[i+1 for i in data]
result=stat.geometric_mean(input)
ave_return_rate=result-1
print('平均收益率:','{:.2f}%'.format(ave_return_rate * 100))
gain=100 * result * * 7
print('第 7 年的本利总和:','{:.2f}'.format(gain))
```

Python 代码的运行结果为：

```
平均收益率：5.05%
第 7 年的本利总和：141.13
```

4. 知识点：调和平均数

某企业向各地出售一批零件，分地区的出售价格和出售金额如表 3.4 所示。试求这批零件的平均出售价格。

表 3.4 各地区零件出售价格和出售金额

地区	出售价格(元/个)	出售金额(元)
1	1.5	12000
2	3.2	50000
3	2.0	39000
4	2.5	40000

注：此表数据为自行整理模拟数据

解：依据题意，平均出售价格为

$$\bar{x}_H = \frac{1}{\dfrac{\dfrac{1}{x_1}m_1 + \dfrac{1}{x_2}m_2 + \cdots + \dfrac{1}{x_n}m_n}{m_1 + m_2 + \cdots + m_n}}$$

$$= \frac{12000 + 50000 + 39000 + 40000}{\dfrac{12000}{1.5} + \dfrac{50000}{3.2} + \dfrac{39000}{2.0} + \dfrac{40000}{2.5}} = 2.38$$

Python 语言实现：

```
a=[12000,50000,39000,40000]
b=[1.5,3.2,2.0,2.5]
c,d=0,0
for a,b in zip(a,b):
    c+=a
    d+=a/b
c/=d
print('平均出售价格:{:.2f}'.format(c))
```

Python 代码的运行结果为：

```
平均出售价格:2.38
```

5. 知识点：全距、四分位差、方差与标准差、离散系数。

某人连续 3 个月以来每天加工的零件个数如表 3.5 所示，计算统计数据的全距、四分位差、方差与标准差、离散系数。

表 3.5　3个月每日加工零件数据(单位:个)

77	62	68	25	6	53	76	97	61	96
28	60	38	53	60	54	58	77	80	77
6	5	79	78	24	96	70	91	59	38
88	28	96	59	6	52	54	11	60	47
95	6	88	65	60	95	96	84	55	96
74	71	61	70	91	76	80	79	80	97
76	63	72	97	68	22	59	22	80	72
97	33	74	91	44	59	71	22	74	77
59	60	38	97	74	9	54	80	10	68

注:此表数据为自行整理模拟数据

解:已知该人3个月每日加工零件数据,数据中最大值是97,最小值是5。全距为:

$$R = x_{max} - x_{min} = 97 - 5 = 92$$

四分位差为:

$$Q_d = Q_3 - Q_1 = 79.5 - 53 = 26.50$$

方差为:

$$\sigma^2 = \frac{\sum_{i=1}^{n}(x_i - \bar{x})^2}{n} = 678.91$$

标准差为:

$$\sigma = \sqrt{\frac{\sum_{i=1}^{n}(x_i - \bar{x})^2}{n}} = 26.06$$

离散系数为:

$$\bar{x} = \frac{x_1 + x_2 + \cdots + x_n}{n} = \frac{\sum_{i=1}^{n} x_i}{n} = 62.16$$

$$V_\sigma = \frac{\sigma}{\bar{x}} = \frac{26.06}{62.16} = 0.42$$

Python 语言实现:

```
import numpy as np
x=[77,62,68,25,6,53,76,97,61,96,28,60,38,53,60,54,58,77,80,77,6,5,79,78,
24,96,70,91,59,38,88,28,96,59,6,52,54,11,60,47,95,6,88,65,60,95,96,84,55,
96,74,71,61,70,91,76,80,79,80,97,76,63,72,97,68,22,59,22,80,72,97,33,74,
91,44,59,71,22,74,77,59,60,38,97,74,9,54,80,10,68]
```

```
R=max(x)-min(x)
D=np.percentile(x,(25,50,75),interpolation="midpoint"); d=max(D)-min(D)
mean=np.mean(x)
var=np.var(x); std=var**0.5
V=std/mean
print('全距:%.2f 四分位差:%.2f 平均值:%.2f 方差:%.2f 标准差:%.2f 离散系数:%.2f'%(R,d,mean,var,std,V))
```

Python 代码的运行结果为：

```
全距:92.00 四分位差:26.50 平均值:62.16 方差:678.91 标准差:26.06
离散系数:0.42
```

6. 知识点：标准差和标准化

对某个学校 10 名女学生进行身高调查，调查结果如表 3.6 所示，试对每名女学生的身高进行标准化得分计算，并进行简要分析。

表 3.6　某个学校 10 名女学生的身高数据（单位：cm）

学生编号	身高	学生编号	身高
1	161.2	6	171.4
2	162.6	7	160.3
3	169.7	8	163.2
4	168.9	9	169.1
5	173.5	10	170.8

注：此表数据为自行整理模拟数据

解：依据题意可知，$n=10$。平均值为：

$$\bar{x}=\frac{x_1+x_2+\cdots+x_n}{n}=\frac{\sum_{i=1}^{n}x_i}{n}=167.07$$

标准差为：

$$\sigma=\sqrt{\frac{\sum_{i=1}^{n}(x_i-\bar{x})^2}{n}}=4.51$$

标准化公式为：

$$Z=\frac{x_i-\bar{x}}{\sigma}$$

10 名学生的标准化得分为：

$$Z_1=\frac{x_1-\bar{x}}{\sigma}=\frac{161.2-167.07}{4.51}=-1.3$$

$$Z_2=\frac{x_2-\bar{x}}{\sigma}=\frac{162.6-167.07}{4.51}=-0.99$$

$$Z_3=\frac{x_3-\bar{x}}{\sigma}=\frac{169.7-167.07}{4.51}=0.58$$

$$Z_4=\frac{x_4-\bar{x}}{\sigma}=\frac{168.9-167.07}{4.51}=0.41$$

$$Z_5=\frac{x_5-\bar{x}}{\sigma}=\frac{173.5-167.07}{4.51}=1.43$$

$$Z_6=\frac{x_6-\bar{x}}{\sigma}=\frac{171.4-167.07}{4.51}=0.96$$

$$Z_7=\frac{x_7-\bar{x}}{\sigma}=\frac{160.3-167.07}{4.51}=-1.5$$

$$Z_8=\frac{x_8-\bar{x}}{\sigma}=\frac{163.2-167.07}{4.51}=-0.86$$

$$Z_9=\frac{x_9-\bar{x}}{\sigma}=\frac{169.1-167.07}{4.51}=0.45$$

$$Z_{10}=\frac{x_{10}-\bar{x}}{\sigma}=\frac{170.8-167.07}{4.51}=0.83$$

从标准化得分可以发现,第四个女学生的身高相对平均身高偏离程度最小,第七个女学生的身高相对平均身高偏离程度最大。

Python 语言实现:

```
import numpy as np
x=[161.2,162.6,169.7,168.9,173.5,171.4,160.3,163.2,169.1,170.8]
mean=np.mean(x)
std=np.std(x)
standard_score=[]
for i in range(len(x)):
    z=round((x[i]-mean)/std,2)
    standard_score.append(z)
print('标准化得分:',standard_score)
```

Python 代码的运行结果为:

```
标准化得分:[-1.3,-0.99, 0.58, 0.41, 1.42, 0.96,-1.5,-0.86, 0.45, 0.83]
```

7. 知识点:集中趋势和离散趋势

某班级三名学生,调查他们近 10 次考试的成绩,如表 3.7 所示,试计算集中趋势和离散趋势,并画出箱线图,对这三名学生考试成绩进行分析。

表 3.7　三名学生近 10 次的考试成绩数据(单位:分)

序号	学生 A	学生 B	学生 C
1	74	99	52
2	67	89	66
3	80	93	58
4	82	95	57
5	74	91	62
6	79	83	52
7	68	92	60
8	68	89	63
9	76	95	50
10	74	94	71

注:此表数据为自行整理模拟数据

解:根据题意可知,$n=10$。

(1)集中趋势:平均值为:

$$\bar{x}_A=\frac{x_{A1}+x_{A2}+\cdots+x_{An}}{n}=74.2$$

$$\bar{x}_B=\frac{x_{B1}+x_{B2}+\cdots+x_{Bn}}{n}=92$$

$$\bar{x}_C=\frac{x_{C1}+x_{C2}+\cdots+x_{Cn}}{n}=59.1$$

中位数为:$\mathrm{Me_A}=74.0$　$\mathrm{Me_B}=92.5$　$\mathrm{Me_C}=59.0$

从集中趋势来看,学生 B 的平均成绩最高;中位数也高于学生 A 和 C。

(2)离散趋势:

离散系数为:

$$V_{\sigma_A}=\frac{\sigma}{\bar{x}}=\frac{5}{74.2}=0.07$$

$$V_{\sigma_B}=\frac{\sigma}{\bar{x}}=\frac{4.15}{92}=0.05$$

$$V_{\sigma_C}=\frac{\sigma}{\bar{x}}=\frac{6.35}{59.1}=0.11$$

从离散趋势来看:学生 B 的考试成绩离散系数最小,学生 A 的考试成绩离散系数略高于学生 B,学生 C 的考试成绩离散系数最大。

(3)箱线图:

绘制学生 A、B、C 的箱线图见图 3.2。

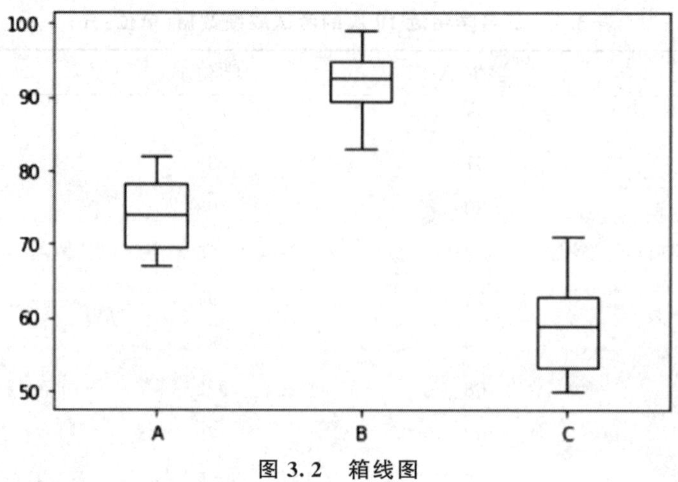

图 3.2　箱线图

Python 语言实现：

```
import numpy as np
A=[74,67,80,82,74,79,68,68,76,74]
B=[99,89,93,95,91,83,92,89,95,94]
C=[52,66,58,57,62,52,60,63,50,71]
def describe_ABC(X):
        meanX=np.average(X)
        medianX=np.median(X)
        stdX=np.std(X); VX=round(stdX/meanX,2)
        return meanX,medianX,MoX,VX
print("A的平均值、中位数、离散系数分别如下:",describe_ABC(A))
print("B的平均值、中位数、离散系数分别如下:",describe_ABC(B))
print("C的平均值、中位数、离散系数分别如下:",describe_ABC(C))
#箱线图代码如下
import pandas as pd
import matplotlib.pyplot as plt
dt=pd.DataFrame({'A':[74,67,80,82,74,79,68,68,76,74],
                 'B':[99,89,93,95,91,83,92,89,95,94],
                 'C':[52,66,58,57,62,52,60,63,50,71]})
df=dt.boxplot(grid=False,medianprops={'color':'black'},boxprops={'color':'black'},capprops={'color':'black'},whiskerprops={'color':'black'})
plt.show()
```

Python 代码的运行结果为：

```
A的平均值、中位数、离散系数分别如下：(74.2, 74.0, 0.07)
B的平均值、中位数、离散系数分别如下：(92.0, 92.5, 0.05)
C的平均值、中位数、离散系数分别如下：(59.1, 59.0, 0.11)
```

8. 知识点：偏度和峰度

某公司有 100 家经销商，按一季度销售额进行分组，结果如表 3.8 所示。试计算该组数据的偏度和峰度。

表 3.8 某公司 100 家经销商的销售额数据

销售额区间(单位：台)	经销商个数(单位：个)
10—20	15
20—30	26
30—40	36
40—50	15
50 及以上	8

注：此表数据为自行整理模拟数据

解：依据题意可知，$n=5$。用相对数测度偏度为：

$$S_k=\frac{\bar{x}-M_o}{\sigma}$$

$$=\frac{32.5-33.23}{11.26}=-0.06$$

用中心矩测度偏度为：

$$S_k=\frac{m_3}{\sigma^3}=\frac{\dfrac{\sum_{i=1}^{n}(X_i-\bar{x})^3 f_i}{\sum_{i=1}^{n} f_i}}{\sigma^3}=\frac{\sum_{i=1}^{5}(X_i-32.5)^3 f_i}{100\times 11.26^3}=0.21$$

求峰度为：

$$K=\frac{m_4}{\sigma^4}-3=\frac{\dfrac{\sum_{i=1}^{n}(x_i-\bar{x})^4 f_i}{\sum_{i=1}^{n} f_i}}{\sigma^4}-3=\frac{\sum_{i=1}^{5}(X_i-32.5)^4 f_i}{100\times 11.26^4}-3=-0.57$$

Python 语言实现：

```
import numpy as np
d=10; n=5 #组距和组数
l=[10,20,30,40,50] #各组下限
m=[15,25,35,45,55] #各组组中值
u=[20,30,40,50,60] #各组上限
f=[15,26,36,15,8] #各组频数
i1=np.argmax(f) #最大频数组的位置索引
mode=round(l[i1]+d*(abs(f[i1-1]-f[i1]))/(abs(f[i1+1]-f[i1])+abs(f[i1-1]-f[i1])),2)
```

```
mean=0; var=0
for i1 in range(n):
    mean+=m[i1]*f[i1]/sum(f)
for i2 in range(n):
    var+=(m[i2]-mean)**2*f[i2]/sum(f)
std=var**0.5
skewness1=(mean-mode)/std
skewness2=0;kurtosis=0
for i3 in range(n):
    skewness2+=(m[i3]-mean)**3*f[i3]/sum(f)/std**3
for i4 in range(n):
    kurtosis+=(m[i4]-mean)**4*f[i4]/sum(f)/std**4
kurtosis-=3
print('相对数测度的偏度:%.2f 中心矩测度的偏度:%.2f 峰度:%.2f'%(skewness1,
skewness2,kurtosis))
```

Python 代码的运行结果为:

```
相对数测度的偏度:-0.06 中心矩测度的偏度:0.21 峰度:-0.57
```

3.5 应用示例:省域人均国内生产总值比较分析

党的二十大报告明确提出经济高质量发展取得新突破。经济高质量发展需要国民经济统计数据分析结果作为政策制定的依据。本案例选择 2020 年全国 31 个省域国内生产总值(以下简称 GDP)数据及 2020 年全国 31 个省域年末人口数,计算出对应 31 个省域的人均国内生产总值,分析省域间经济发展水平,作为后续理解经济高质量发展的学习基础。数据如表 3.9、表 3.10 和表 3.11 所示。

表 3.9 全国 31 个省域 2020 年国内生产总值数据(单位:亿元)

省域	GDP	省域	GDP	省域	GDP
北京	36102.6	天津	14083.7	河北	36206.9
山西	17651.9	内蒙古	17359.8	辽宁	25115.0
吉林	12311.3	黑龙江	13698.5	上海	38700.6
江苏	102719.0	浙江	64613.3	安徽	38680.6
福建	43903.9	江西	25691.5	山东	73129.0
河南	54997.1	湖北	43443.5	湖南	41781.5
广东	110760.9	广西	22156.7	海南	5532.4
重庆	25002.8	四川	48598.8	贵州	17826.6
云南	24521.9	西藏	1902.7	陕西	26181.9
甘肃	9016.7	青海	3005.9	宁夏	3920.6
新疆	13797.6				

资料来源:《中国统计年鉴 2021》

表 3.10　全国 31 个省域 2020 年年末人口数（单位:万人）

省域	年末人口数	省域	年末人口数	省域	年末人口数
北京	2189	天津	1387	河北	7464
山西	3490	内蒙古	2403	辽宁	4255
吉林	2399	黑龙江	3171	上海	2488
江苏	8477	浙江	6468	安徽	6105
福建	4161	江西	4519	山东	10165
河南	9941	湖北	5745	湖南	6645
广东	12624	广西	5019	海南	1012
重庆	3209	四川	8371	贵州	3858
云南	4722	西藏	366	陕西	3955
甘肃	2501	青海	593	宁夏	721
新疆	2590				

资料来源:《中国统计年鉴 2021》

表 3.11　全国 31 个省域 2020 年国内人均生产总值数据（单位:元）

省域	人均 GDP	省域	人均 GDP	省域	人均 GDP
北京	164927.36	天津	101540.74	河北	48508.71
山西	50578.51	内蒙古	72242.20	辽宁	59024.68
吉林	51318.47	黑龙江	43199.31	上海	155549.04
江苏	121173.76	浙江	99896.88	安徽	63358.89
福建	105512.86	江西	56852.18	山东	71941.96
河南	55323.51	湖北	75619.67	湖南	62876.60
广东	87738.36	广西	44145.65	海南	54667.98
重庆	77914.62	四川	58056.15	贵州	46206.84
云南	51931.17	西藏	51986.34	陕西	66199.49
甘肃	36052.38	青海	50689.71	宁夏	54377.25
新疆	53272.59				

资料来源:《中国统计年鉴 2021》

针对国内整体分析，经计算可知：①从数据集中程度来看，31 个省域人均 GDP 的加权平均值为 71795.88 元，中位数为 58056.15 元，北京、天津、上海、江苏等省域的人均 GDP 显著高于其他省域，加权平均值大于中位数，呈现右偏分布特征。②从数据离散程度来看，标准差为 30762.51 元，各省域间的经济水平存在显著差距。其中人均 GDP 最大的是北京，人均 GDP 为 164927.36 元；人均 GDP 最小的是甘肃，36052.38 元，极差为 128874.98 元，四分位差为 25142.32 元。由此可以初步判断，我国区域发展存在不平衡。

针对区域间差距分析，经计算可知：东北地区人均 GDP 的加权平均值为 52035.42 元，中位数为 51318.47 元；东部地区人均 GDP 的加权平均值为 93160.68 元，中位数为 100718.81 元；中部地区人均 GDP 的加权平均值为 60981.23 元，中位数为 59864.39 元；西部地区人均 GDP 的加权平均值为 55678.19 元，中位数为 52629.46 元，对应条形图如

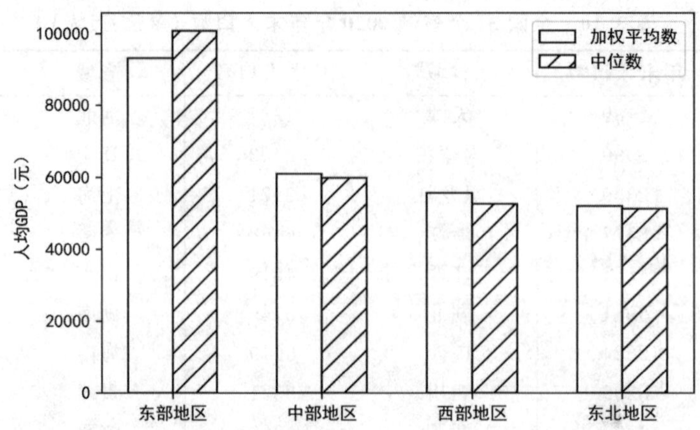

图 3.3　2020 年国内四大区域人均生产总值对比条形图

图 3.3 所示。由图可知，东部地区人均 GDP 显著高于其他三大区域，其次是中部地区，而东北地区和西部地区人均 GDP 数值均较为落后。由此可见，发展不平衡不充分是当前我国经济社会发展亟待解决的重要问题。

Python 语言实现：

```
import numpy as np
import pandas as pd
province=['北京','天津','河北','山西','内蒙古','辽宁','吉林','黑龙江','上海','江苏','浙江','安徽','福建','江西','山东','河南','湖北','湖南','广东','广西','海南','重庆','四川','贵州','云南','西藏','陕西','甘肃','青海','宁夏','新疆']
area_code=[1,1,1,2,3,4,4,4,1,1,1,2,1,2,1,2,2,2,1,3,1,3,3,3,3,3,3,3,3,3,3]
#1 代表东部地区,2 代表中部地区,3 代表西部地区,4 代表东北地区
gdp=[36102.6,14083.7,36206.9,17651.9,17359.8,25115.0,12311.3,13698.5,38700.6,102719.0,64613.3,38680.6,43903.9,25691.5,73129.0,54997.1,43443.5,41781.5,110760.9,22156.7,5532.4,25002.8,48598.8,17826.6,24521.9,1902.7,26181.9,9016.7,3005.9,3920.6,13797.6]
pop=[2189,1387,7464,3490,2403,4255,2399,3171,2488,8477,6468,6105,4161,4519,10165,9941,5745,6645,12624,5019,1012,3209,8371,3858,4722,366,3955,2501,593,721,2590]
df=pd.DataFrame({'area_code':area_code,'gdp':gdp,'pop':pop},index=province)
#各省市人均 GDP
a_gdp=round(df['gdp']*10000/df['pop'],2)
df['a_gdp']=a_gdp
average=sum(a_gdp*pop)/sum(pop)
median=np.median(a_gdp)
R=max(a_gdp)-min(a_gdp)
D=np.percentile(a_gdp,(25,50,75),interpolation="midpoint"); d=round(max(D)-min(D),2)
```

```
mean＝np.mean(a_gdp); var＝np.var(a_gdp); std＝var**0.5; V＝std/mean
print('全国人均 gdp 加权平均值:%.2f 中位数:%.2f 极差:%.2f 四分位差:%.2f 标准差:%.2f 离散系数:%.2f'%(average,median,R,d,std,V))
###区域间差距分析
##东部地区
df1＝df[df['area_code']＝＝1]
average1＝sum(df1['a_gdp']*df1['pop'])/sum(df1['pop'])
median1＝np.median(df1['a_gdp'])
##中部地区
df2＝df[df['area_code']＝＝2]
average2＝sum(df2['a_gdp']*df2['pop'])/sum(df2['pop'])
median2＝np.median(df2['a_gdp'])
##西部地区
df3＝df[df['area_code']＝＝3]
average3＝sum(df3['a_gdp']*df3['pop'])/sum(df3['pop'])
median3＝np.median(df3['a_gdp'])
##东北地区
df4＝df[df['area_code']＝＝4]
average4＝sum(df4['a_gdp']*df4['pop'])/sum(df4['pop'])
median4＝np.median(df4['a_gdp'])
print('四大区域人均 gdp 加权平均值:%.2f%.2f%.2f%.2f'%(average1,average2,average3,average4))
print('四大区域人均 gdp 中位数:%.2f%.2f%.2f%.2f'%(median1,median2,median3,median4))
#图1条形图代码如下
importmatplotlib.pyplot as plt
plt.reparams['font.family']＝'SimHei'
import numpy as np
label_list＝['东部地区','中部地区','西部地区','东北地区']
num_list1＝[average1,average2,average3,average4]
num_list2＝[median1,median2,median3,median4]
bar_width＝0.3
index1＝np.arange(len(label_list)); index2＝index1＋bar_width
plt.bar(index1,height＝num_list1,width＝bar_width,color＝'w',hatch＝'',edgecolor＝'k',label＝'加权平均数')
plt.bar(index2,height＝num_list2,width＝bar_width,color＝'w',hatch＝'//',edgecolor＝'k',label＝'中位数')
plt.legend(); plt.xticks(index1＋bar_width/2,label_list); plt.ylabel('人均 GDP(元)')
plt.show()
```

Python 代码的运行结果为：

```
全国人均 gdp 加权平均值:71795.88 中位数:58056.15 极差:128874.98 四分位差:
25142.32 标准差:30762.51 离散系数:0.43
四大区域人均 gdp 加权平均值:93160.68 60981.23 55678.19 52035.42
四大区域人均 gdp 中位数:100718.81 59864.39 52629.46 51318.47
```

3.6 小结

使用统计数据资料对研究对象进行分析时，发现研究对象的客观规律具有重要意义。但研究对象往往是复杂的，其发展水平普遍存在一定差异。这就需要数据分析工作者正确运用统计方法考察研究对象这个目标总体的数据分布特征，主要包括集中趋势与离散趋势。测度数据集中趋势的指标有两大类，一类是数值平均数，是依据所有数据计算得到的代表值，包括算术平均数、调和平均数和几何平均数。另一类是位置代表值，是依据特定数据所处的位置确定的代表值，包括众数和中位数。测度数据离散趋势的指标主要有极差、四分位差、平均差、方差、标准差和离散系数。根据数据获取的形式，集中趋势与离散趋势的计算方法划分为未分组形式和分组形式两种。对于前者，可直接利用数据进行计算；对于后者，可采用本章给出的公式进行计算。还需强调的是，考察目标总体的数据分布特征理应同时计算数据集中趋势与离散趋势，二者相辅相成。集中趋势反映的是数据聚集的中心所在，但变异性也是数据分布的特性，个体数据总是以不同程度偏离分布中心位置。数据分布越分散，离散程度就越大，平均数的代表性也就越低；反之，数据分布越集中，离散程度就越小，平均数的代表性也就越高。仅以平均数说明研究对象的发展水平高低，而忽视研究对象的离散程度，容易导致错误的结论，掩盖研究对象存在的问题。

3.7 习题

1. 某个新能源汽车公司测试新款电动车的实际续航里程，在相同情况下共有 30 辆车进行测试，续航里程数据如下（单位：公里）：

501,521,553,498,562,513,528,499,505,535,

506,519,537,544,523,555,497,508,571,549,

502,548,531,519,524,559,563,506,516,520.

试对以上数据进行数据分组整理，并计算向上累计频数、向上累计频率、向下累计频数和向下累计频率。

2. 某自动化工厂的数字机床生产某种先进零部件，一季度各月生产数据如下：

一月份共有工人 10 人，每人产量为（单位：件）

6,12,14,8,10,7,6,11,13,10

二月份共有工人 15 人，产量数据如下表所示。

产量(件)	工人人数
6—9	4
9—12	8
12—15	3

三月份将所有工人分成三组,各组产量如下表所示。

每组产量(件)	各组人数
56	6
48	5
61	6

计算:①各月份工人平均产量;②一季度平均工人月产量;③一月份和二月份相比,哪个月平均工人月产量更稳定。

3. 设有三个市场销售某种产品,某月平均价格与销售额数据如下表所示。

市场	平均价格(单位:元/斤)	销售额(单位:元)
1	2.1	1650
2	1.9	1890
3	1.8	1750

试计算该种产品的平均价格。

4. 某村共有 1860 位居民,人均月收入数据资料如下表所示。

人均月收入(千元)	人数
4.5—5	235
5—5.5	326
5.5—6	388
6—6.5	365
6.5—7	287
7 以上	259
合计	1860

计算:①该村人均月收入;②该村人均月收入的中位数和众数;③通过比较人均月收入、中位数和众数,分析数据集中趋势特征。

5. 某农业区域水稻产量数据如下表所示。

水稻产量(公斤/亩)	种植面积(亩)
300—350	18
350—400	20
400—450	34
450—500	28
500—550	21
550—600	16
合计	137

计算:①平均亩产量;②平均亩产量的标准差和离散系数;③结合平均亩产量及其变异特征,进行综合分析。

第4章 概率抽样

获取统计数据的方法很多。概率抽样是获得统计数据的常用方法之一。利用概率抽样，所获取的统计数据具有随机性，也被称为概率样本。

4.1 概率抽样的基础概念

1. 目标总体：简称为总体，是指所要研究对象的个体组成的全体。组成总体的个体称为总体单元或单元。

2. 样本：是从总体中抽出的部分单元集合。样本中所包含的单元数称为样本容量。

3. 抽样总体：指从中抽取样本的总体。抽样总体与目标总体在实践中并不总是一致的。样本中的个体称为抽样单元。抽样单元可以是个体单元，也可以是包含多个个体的群单元。

4. 抽样框：是包含所有抽样单元的名单。

5. 总体参数和样本统计量：总体参数是总体的数量特征，例如总体均值、总体总值、总体比例、总体方差、总体标准差等。样本统计量是样本的函数，是一个随机变量。

6. 概率抽样：抽样是从总体的所有单元中按一定方法或程序抽取部分单元，利用调查结果估计或推断总体参数的过程。抽样分为概率抽样和非概率抽样。概率抽样又称随机抽样，是按照概率原则从总体的所有单元中随机抽取部分单元进入样本的抽样方法。所抽取的样本称为随机样本。非概率抽样不是严格按照随机原则抽取样本，如重点抽样。

7. 估计：利用样本计算估计量的观察值，作为总体参数的估计值，这个过程称为估计。

8. 抽样误差与非抽样误差：抽样误差是由概率样本的随机性造成样本值与总体值的差异。非抽样误差不是概率抽样的随机性引起，而是由其他多方面的原因导致的。在概率抽样过程中，抽样误差是不可避免的。

9. 随机数：是随机试验产生的结果。生成随机数的方法被称为随机数发生器，常用的方法有随机数表法、随机数骰子法、计算机生成法等。随机数表法：由一张有 0～9 的随机数字组成的表，排列顺序是随机的。随机数骰子法：由均匀材料制成的正 20 面体，其中两个面标有数字 0，…，两个面标有数字 9。计算机生成法：利用计算机生成伪随机数。

4.2　概率抽样的过程和方法

1. 概率抽样的过程：依据调查目的和复杂程度，过程大致分为三个阶段，分别为设计阶段，现场数据收集阶段、数据汇总和分析阶段。

设计阶段：主要包括抽样调查方案的设计。明确调查目的是抽样调查的第一个步骤，对抽样调查至关重要。还要确定调查总体、待搜集的数据、调查精确度、调查方式、抽样框和抽样单元、选择估计量、样本容量、抽样方法和样本抽取、调查员的培训、调查宣传等工作。

现场数据收集阶段：主要是调查员收集调查数据、调查组织者对调查员管理和监督等。预调查试验和现场调查组织管理工作很重要。

数据汇总和分析阶段：是对收集的调查数据进行校订和修订，并进行汇总和分析，给出总体参数估计及误差描述。同时，要为将来调查搜集信息，便于未来调查工作的顺利开展。

2. 简单随机抽样：也称纯随机抽样，是按照随机性相等原则从总体单元中等概率抽取一部分单元组成样本。从含有 N 个单元的总体中，采用简单随机抽样，抽取 n 个单元组成样本。如果抽取是不放回的，所有可能的样本有 C_N^n 个，每个样本被抽中的概率均为 $\frac{1}{C_N^n}$，即为不放回简单随机抽样。如果抽取是放回的，每次抽取时每个单元被抽到的概率相等，称为放回简单随机抽样。

3. 系统随机抽样：也称机械随机抽样或等距随机抽样，是先将总体的全部单元顺序排列，采用简单随机抽样，从总体中抽取第一个样本点(起始单元)，按照某种固定规则依次抽取其余样本点，构成样本。

4. 分层随机抽样：也称类型随机抽样，先将总体分为互不重叠且穷尽的若干个子总体，每个单元属于且仅属于一个子总体，这样的子总体称为层。在每一个层中，独立进行简单随机抽样，各层样本组成总样本，这样的抽样过程称为分层随机抽样，所得总样本为分层随机样本。在分层随机抽样中，若总样本量固定，在各层样本量的分配不同，将对估计量的精度产生一定影响。常用的各层样本量分配有以下三种方式：①各层样本量固定。②按比例分配，即每层样本量与层大小成比例。③最优分配。在给定的费用下，使得估计量的方差达到最小，或者给定估计量方差使得总费用最小的各层样本量的分配称为最优分配。

4.3 概率抽样的知识结构图

概率抽样的知识结构图如图 4.1 所示。

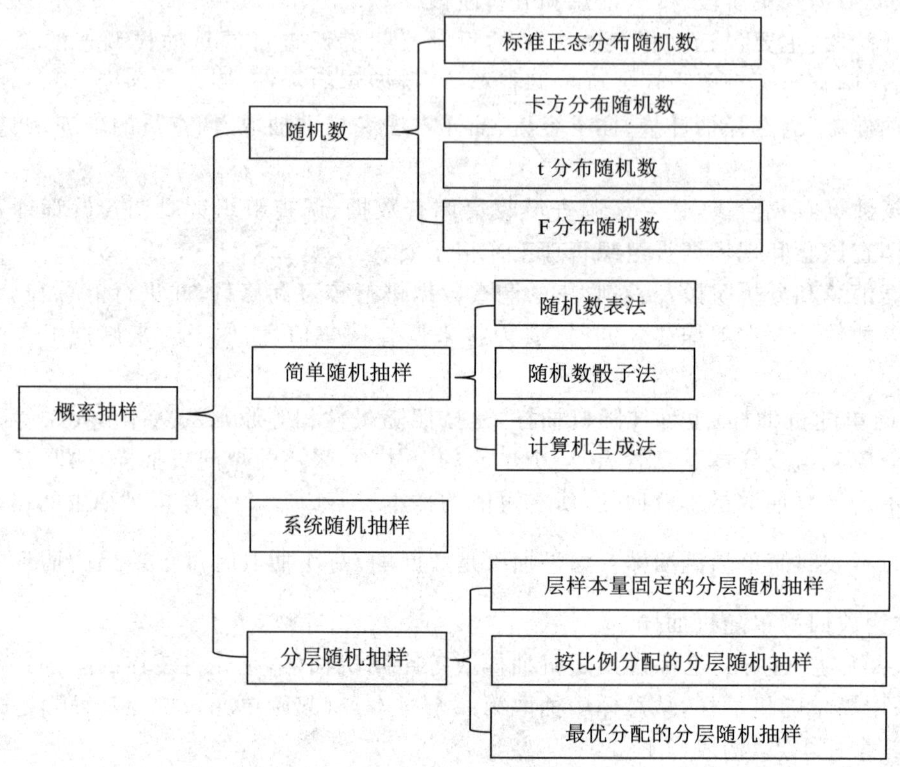

图 4.1 概率抽样的知识结构图

4.4 概率抽样的知识点与 Python 语言实现

1. 知识点:标准正态分布随机数

生成 50 个服从标准正态分布的随机数。

解:由题目可知,标准正态分布的密度函数为

$$\varphi(x)=\frac{1}{\sqrt{2\pi}}e^{-\frac{x^2}{2}}$$

其中,$-\infty<x<+\infty$。标准正态分布的分布函数为

$$\Phi(x)=\int_{-\infty}^{x}\varphi(t)dt=\int_{-\infty}^{x}\frac{1}{\sqrt{2\pi}}e^{-\frac{t^2}{2}}dt$$

其中,$-\infty<x<+\infty$。

生成服从标准正态分布的 50 个随机数的过程为:

步骤一：生成服从(0,1)区间的均匀分布的 1 个随机数，记为 r。如 $r=0.2207$。

步骤二：令 $\Phi(x)=r$，计算 $x=\Phi^{-1}(r)$，即为服从标准正态分布的 1 个随机数。其中，$\Phi^{-1}(\cdot)$ 是 $\Phi(\cdot)$ 的反函数。如 $-0.7698=\Phi^{-1}(0.2207)$ 为服从标准正态分布的 1 个随机数。

步骤三：步骤一和步骤二重复 50 次，得到服从标准正态分布的 50 个随机数，依次为：1.76405、0.40016、0.97874、2.24089、1.86756、−0.97728、0.95009、−0.15136、−0.10322、0.41060、0.14404、1.45427、0.76104、0.12168、0.44386、0.33367、1.49408、−0.20516、0.31307、−0.85410、−2.55299、0.65362、0.86444、−0.74217、2.26975、−1.45437、0.04576、−0.18718、1.53278、1.46936、0.15495、0.37816、−0.88779、−1.98080、−0.34791、0.15635、1.23029、1.20238、−0.38733、−0.30230、−1.04855、−1.42002、−1.70627、1.95078、−0.50965、−0.43807、−1.25280、0.77749、−1.61390、−0.21274。

最后，绘制上述标准正态分布随机数的直方图。得到如图 4.2。

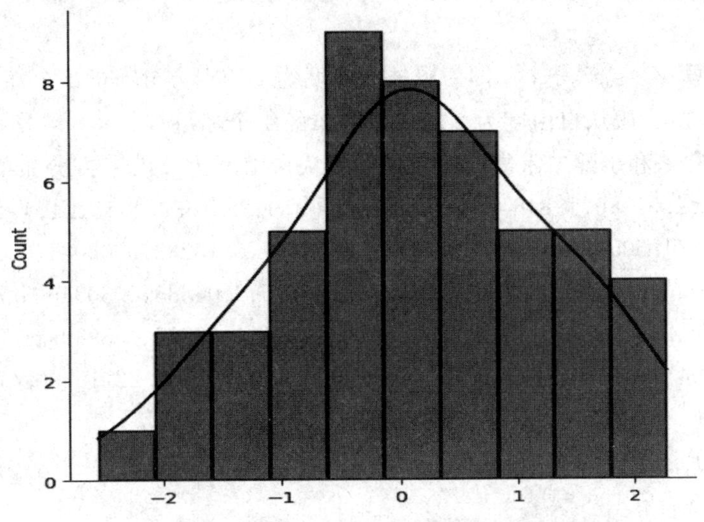

图 4.2　标准正态分布随机数的直方图

Python 语言实现：为了每次运行的结果一致，例题代码中设置了随机数种子，如果想得到不同的随机数，可以将这一行代码注释，下文同。

```
import numpy as np
import seaborn as sns
import matplotlib.pyplot as plt
plt.figure(dpi=400)
np.random.seed(0)
random_zt=np.random.randn(50)
print(np.round(random_zt,5))
sns.set_palette('hls')
sns.displot(random_zt,color='black',bins=10,kde=True)
```

Python 代码执行的结果

```
[1.76405    0.40016    0.97874    2.24089    1.86756   -0.97728    0.95009   -0.15136
 -0.10322    0.41060    0.14404    1.45427    0.76104    0.12168    0.44386    0.33367
  1.49408   -0.20516    0.31307   -0.85410   -2.55299    0.65362    0.86444   -0.74217
  2.26975   -1.45437    0.04576   -0.18718    1.53278    1.46936    0.15495    0.37816
 -0.88779   -1.98080   -0.34791    0.15635    1.23029    1.20238   -0.38733   -0.30230
 -1.04855   -1.42002   -1.70627    1.95078   -0.50965   -0.43807   -1.25280    0.77749
 -1.6139  -0.21274]
```

2. 知识点:卡方分布随机数

生成 50 个服从自由度为 2 的卡方分布的随机数。

解:由题目可知,卡方分布的自由度为 2,设 X_1,X_2 是相互独立的随机变量,且 $X_i \sim N(0,1)$,则 $X_1^2+X_2^2$ 服从自由度为 2 的卡方分布。

生成服从自由度为 2 的卡方分布的 50 个随机数的过程为:

步骤一:生成服从标准正态分布的 2 个随机数,记为 x_1,x_2。如 $x_1=0.7640,x_2=-2.1806$。

步骤二:计算 $\chi^2=x_1^2+x_2^2$,即为服从自由度为 2 的卡方分布的 1 个随机数。如 $\chi^2=x_1^2+x_2^2=5.3387$ 为服从自由度为 2 的卡方分布的 1 个随机数。

步骤三:步骤一和步骤二重复 50 次,得到服从自由度为 2 的卡方分布的 50 个随机数,依次为 1.59175、2.51186、1.84645、1.57440、1.10210、2.07632、1.15104、4.44705、6.62982、0.96720、3.13779、1.50535、1.67887、5.19651、0.14737、0.18232、0.04085、3.57498、3.01157、4.08063、7.69044、3.21048、1.23786、3.03307、0.25175、2.04286、0.30946、5.78884、1.47565、1.07113、0.61456、2.97651、1.21816、1.68067、0.03794、1.92276、1.89399、1.91910、5.75583、2.29028、0.89104、1.14906、2.39222、0.12423、2.19782、2.22119、0.47241、0.27606、0.75792、0.90420。

最后,绘制上述卡方分布随机数的直方图。得到如图 4.3。

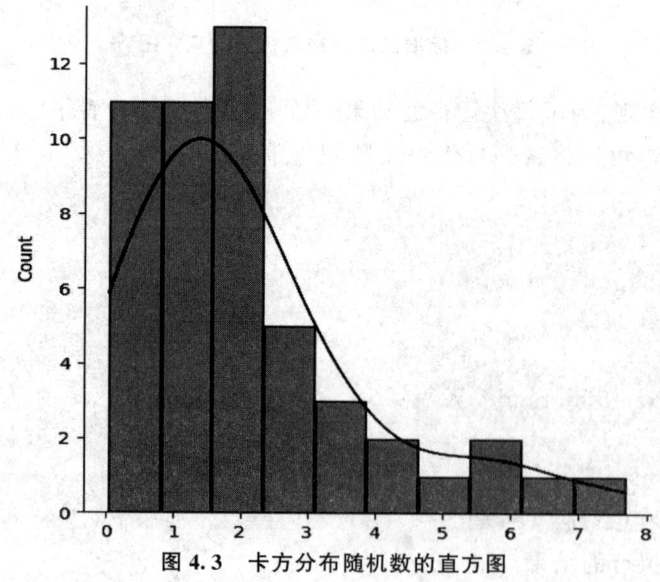

图 4.3 卡方分布随机数的直方图

Python 语言实现：

```
import numpy as np
from scipy.stats import chi2
import seaborn as sns
import matplotlib.pyplot as plt
plt.figure(dpi=400)
np.random.seed(0)
random_kf=np.random.chisquare(df=2,size=50)
print(np.round(random_kf,5))
sns.set_palette('hls')
sns.displot(random_kf,color='black',bins=10,kde=True)
```

Python 代码执行的结果：

```
[1.59175  2.51186  1.84645  1.57440  1.10210  2.07632  1.15104  4.44705  6.62982
 0.96720  3.13779  1.50535  1.67887  5.19651  0.14737  0.18232  0.04085  3.57498
 3.01157  4.08063  7.69044  3.21048  1.23786  3.03307  0.25175  2.04286  0.30946
 5.78884  1.47565  1.07113  0.61456  2.97651  1.21816  1.68067  0.03794  1.92276
 1.89399  1.91910  5.75583  2.29028  0.89104  1.14906  2.39222  0.12423  2.19782
 2.22119  0.47241  0.27606  0.75792  0.90420 ]
```

3. 知识点：t 分布随机数

生成 50 个服从自由度为 2 的 t 分布随机数。

解：由题目可知，t 分布的自由度为 2，设 X_1,X_2 是相互独立的随机变量，且 $X_1 \sim N(0,1), X_2 \sim \chi^2(2)$，则 $t = X_1/\sqrt{X_2^2/2}$ 服从自由度为 2 的 t 分布。

生成服从自由度为 2 的 t 分布的 50 个随机数的过程为：

步骤一：生成服从标准正态分布的 1 个随机数，记为 x_1。如 $x_1 = 0.96514$。生成服从自由度为 2 的卡方分布的 1 个随机数，记为 x_2，如 $x_2 = 2.00446$。

步骤二：计算 $t = x_1/\sqrt{x_2^2/2}$，即为服从自由度为 2 的 t 分布的 1 个随机数。如 $t = 0.68094$ 为服从自由度为 2 的 t 分布的 1 个随机数。

步骤三：步骤一和步骤二重复 50 次，得到服从自由度为 2 的 t 分布的 50 个随机数，依次为：−0.46435、0.39559、−1.47546、0.54744、1.23528、−0.39895、−1.02533、−1.51165、−0.80716、0.35202、1.89752、−5.21972、0.33803、1.02304、−0.50285、−0.53765、−0.09205、0.61494、−0.82190、1.29078、−0.08198、−0.95511、−1.21512、0.71192、−2.23807、−0.47061、−1.28331、−0.81219、−2.06059、−0.45705、−0.77497、−1.53998、−1.67079、−1.63403、0.26583、−0.05509、1.79758、−1.06699、−0.29077、−2.50847、−0.64970、1.97312、−1.47161、6.39763、0.69114、3.72087、0.75542、1.07116、−2.06081、−2.06396。

最后，绘制上述 t 分布随机数的直方图。得到如图 4.4。

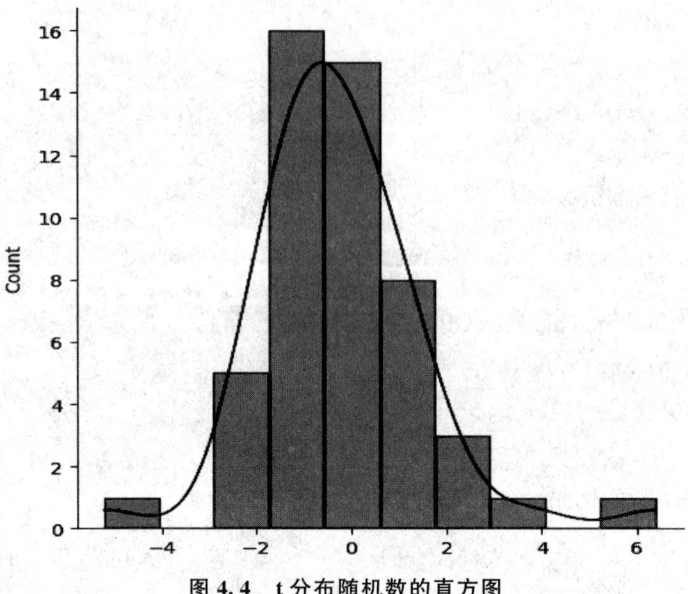

图 4.4　t 分布随机数的直方图

Python 语言实现：

```
import numpy as np
import seaborn as sns
import matplotlib.pyplot as plt
plt.figure(dpi=400)
np.random.seed(1000)
random_t=np.random.standard_t(df=2,size=50)
print(np.round(random_t,5))
sns.set_palette('hls')
sns.displot(random_t,color='black',bins=10,kde=True)
```

Python 代码执行的结果：

```
[-0.46435  0.39559 -1.47546  0.54744  1.23528 -0.39895 -1.02533 -1.51165 -0.80716
  0.35202  1.89752 -5.21972  0.33803  1.02304 -0.50285 -0.53765 -0.09205  0.61494
 -0.82190  1.29078 -0.08198 -0.95511 -1.21512  0.71192 -2.23807 -0.47061 -1.28331
 -0.81219 -2.06059 -0.45705 -0.77497 -1.53998 -1.67079 -1.63403  0.26583 -0.05509
  1.79758 -1.06699 -0.29077 -2.50847 -0.64970  1.97312 -1.47161  6.39763  0.69114
  3.72087  0.75542  1.07116 -2.06081 -2.06396 ]
```

4. 知识点:F 分布随机数

生成 50 个服从自由度为 2 和 4 的 F 分布随机数。

解:由题目可知,F 分布的自由度为 2 和 4,设 X_1, X_2 是相互独立的随机变量,且 $X_1 \sim \chi^2(2), X_2 \sim \chi^2(4)$,则 $F = \dfrac{X_1/2}{X_2/4}$ 服从自由度为 2 和 4 的 F 分布。

生成服从自由度为 2 和 4 的 F 分布的 50 个随机数的过程为：

步骤一：生成服从自由度为 2 的卡方分布的 1 个随机数，记为 x_1。如 $x_1 = 0.71496$。生成服从自由度为 4 的卡方分布的 1 个随机数，记为 x_2。如 $x_2 = 0.62438$。

步骤二：计算 $F = \frac{X_1/2}{X_2/4}$，即为服从自由度为 2 和 4 的 F 分布的 1 个随机数。如 F＝2.29014 为服从自由度为 2 和 4 的 F 分布的 1 个随机数。

步骤三：步骤一和步骤二重复 50 次，得到服从自由度为 2 和 4 的 F 分布的 50 个随机数，依次为：0.56463、0.24049、0.29561、1.53297、0.06209、3.03765、1.00765、0.15112、4.17567、1.17482、0.00871、1.26848、0.17125、2.12506、0.38834、1.98136、5.96712、1.47823、1.29514、1.90524、0.12261、3.18530、3.29097、1.64856、0.53650、0.81863、0.05096、0.28418、1.21332、0.11876、0.31816、6.82808、0.71477、0.76250、4.36981、0.53813、0.76716、4.17958、1.21039、1.95442、0.80237、1.24311、3.04720、1.19616、0.43228、1.14205、0.64134、0.11610、1.55768、0.15264。

最后，绘制上述 F 分布随机数直方图。得到如图 4.5。

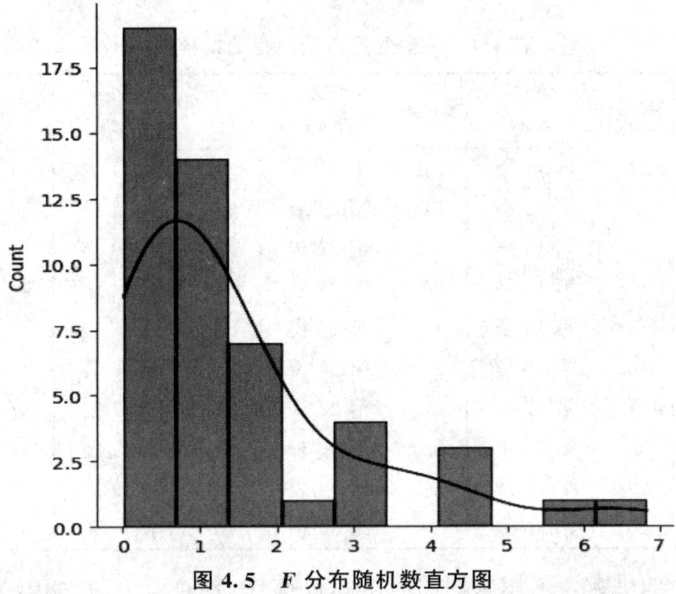

图 4.5　*F* 分布随机数直方图

Python 语言实现：

```
import numpy as np
import seaborn as sns
import matplotlib. pyplot as plt
plt. figure(dpi=400)
np. random. seed(0)
random_f=np. random. f(dfnum=2,dfden=4,size=50)
print(np. round(random_f,5))
sns. set_palette('hls')
sns. displot(random_f,color='black',bins=10,kde=True)
```

Python 代码执行的结果：

```
[0.56463   0.24049   0.29561   1.53297   0.06209   3.03765   1.00765   0.15112   4.17567
 1.17482   0.00871   1.26848   0.17125   2.12506   0.38834   1.98136   5.96712   1.47823
 1.29514   1.90524   0.12261   3.18530   3.29097   1.64856   0.53650   0.81863   0.05096
 0.28418   1.21332   0.11876   0.31816   6.82808   0.71477   0.76250   4.36981   0.53813
 0.76716   4.17958   1.21039   1.95442   0.80237   1.24311   3.04720   1.19616   0.43228
 1.14205   0.64134   0.11610   1.55768   0.15264 ]
```

5. 知识点：简单随机抽样（放回）

一工厂生产袋装牛奶，检查该工厂生产的 250 克袋装牛奶的质量是否达标。现从 50 袋牛奶中有放回随机抽取 10 袋进行检验。请列出所抽取的样本。

解：由题目可知，总体为工厂生产的 50 袋 250 克袋装牛奶，单元总数 $N=50$，样本量 $n=10$。抽样方法为有放回简单随机抽样。抽取样本的过程如下：

步骤一：构造抽样框：将 50 袋牛奶排序，并依次为每袋牛奶赋予一个编号，如表 4.1 所示。

表 4.1　牛奶生产情况调查的抽样框

编号	袋装牛奶	编号	袋装牛奶	编号	袋装牛奶	编号	袋装牛奶	编号	袋装牛奶
1	第 1 袋	11	第 11 袋	21	第 21 袋	31	第 31 袋	41	第 41 袋
2	第 2 袋	12	第 12 袋	22	第 22 袋	32	第 32 袋	42	第 42 袋
3	第 3 袋	13	第 13 袋	23	第 23 袋	33	第 33 袋	43	第 43 袋
4	第 4 袋	14	第 14 袋	24	第 24 袋	34	第 34 袋	44	第 44 袋
5	第 5 袋	15	第 15 袋	25	第 25 袋	35	第 35 袋	45	第 45 袋
6	第 6 袋	16	第 16 袋	26	第 26 袋	36	第 36 袋	46	第 46 袋
7	第 7 袋	17	第 17 袋	27	第 27 袋	37	第 37 袋	47	第 47 袋
8	第 8 袋	18	第 18 袋	28	第 28 袋	38	第 38 袋	48	第 48 袋
9	第 9 袋	19	第 19 袋	29	第 29 袋	39	第 39 袋	49	第 49 袋
10	第 10 袋	20	第 20 袋	30	第 30 袋	40	第 40 袋	50	第 50 袋

步骤二：产生随机数。采用放回的简单随机抽样，样本量为 $n=10$。利用计算机，产生 10 个随机数，分别为：40　15　45　8　22　43　18　11　40　7

步骤三：选取样本。从抽样框中抽取随机数对应编号的单元，即如表 4.2 所示。

表 4.2　牛奶生产情况调查的样本

编号	袋装牛奶	编号	袋装牛奶
40	第 40 袋	43	第 43 袋
15	第 15 袋	18	第 18 袋
45	第 45 袋	11	第 11 袋
8	第 8 袋	40	第 40 袋
22	第 22 袋	7	第 7 袋

Python 语言实现：

```
import numpy as np
N=50
data=range(N)
np.random.seed(2)
print(np.random.choice(data,size=10,replace=True))
```

Python 代码执行的结果为：

```
[40  15  45  8  22  43  18  11  40  7]
```

6. 知识点：简单随机抽样(不放回)

某小区欲了解其居民假期出行情况，小区共有 100 户居民。现预采用不放回简单随机抽样，抽取 25 户居民调查假期出行情况。请列出所抽取的样本。

解：由题目可知，总体为本小区的 100 户居民，单元总数 $N=100$，样本量 $n=25$。抽样方法为不放回简单随机抽样。抽取样本的过程如下：

步骤一：构造抽样框。将每户居民按门牌号进行排序，并赋予每户一个编号，如表 4.3 所示。

表 4.3　小区居民假期出行情况调查的抽样框

编号	居民户门牌号	编号	居民户门牌号
1	1201	95	1295
2	1202	96	1296
3	1203	97	1297
4	1204	98	1298
5	1205	99	1299
…	…	100	1300

步骤二：产生随机数。采用不放回的简单随机抽样，样本量 $n=25$。利用计算机程序，产生 25 个随机数，分别为

26　86　2　55　75　93　16　73　54　95　53　92　78

13　7　30　22　24　33　8　43　62　3　71　45

步骤三：选取样本。从抽样框中抽取随机数对应编号的单元，如表 4.4 所示。

表 4.4　居民假期出行情况调查样本

编号	门牌号	编号	门牌号	编号	门牌号	编号	门牌号	编号	门牌号
26	1226	93	1293	53	1253	30	1230	43	1243
86	1286	16	1216	92	1292	22	1222	62	1262
2	1202	73	1273	78	1278	24	1224	3	1203
55	1255	54	1254	13	1213	33	1233	71	1271
75	1275	95	1295	7	1207	8	1208	45	1245

Python 语言实现：

```
import numpy as np
population=100
data=range(population)
np.random.seed(0)
print(np.random.choice(data,size=25,replace=False))
```

Python 代码执行的结果为：

```
[26 86 2 55 75 93 16 73 54 95 53 92 78 13 7 30 22 24 33 8 43 62 3 71 45]
```

7. 知识点：系统抽样——直线等距抽样

欲调查某工厂工人的工作环境满意度，工厂共有工人 100 名。采用直线等距抽样方法抽取样本量 $n=10$ 的样本，试列出样本单元。

解：由题目可知，总体为某工厂的全部工人，总量 $N=100$，样本量为 $n=10$。抽样方法为系统抽样。抽取样本的过程如下：

步骤一：构造抽样框。将工厂的每名工人按照工号进行排序，并赋予每名工人一个编号，如表 4.5 所示。

表 4.5 工人情况调查的抽样框

编号	工人工号	编号	工人工号
1	130＃＃＃0001	95	130＃＃＃0095
2	130＃＃＃0002	96	130＃＃＃0096
3	130＃＃＃0003	97	130＃＃＃0097
4	130＃＃＃0004	98	130＃＃＃0098
5	130＃＃＃0005	99	130＃＃＃0099
…	…	100	130＃＃＃0100

步骤二：计算抽样间距。总体按照编号排序后，将总体分为 k 段，在本题中 $k=10$，即

$$k=N/n=100/10=10$$

步骤三：产生随机数。采用直线等距抽样，样本量为 $n=10$。利用计算机，产生 1 个随机数，例如当随机数 $r=6$，抽取的编号分别为

6　16　26　36　46　56　66　76　86　96

步骤四：选取样本。从抽样框中抽取随机数对应编号的单元，如表 4.6 所示。

表 4.6 工人情况调查的样本

编号	工人工号	编号	工人工号
6	130＃＃＃0006	56	130＃＃＃0056
16	130＃＃＃0016	66	130＃＃＃0066
26	130＃＃＃0026	76	130＃＃＃0076
36	130＃＃＃0036	86	130＃＃＃0086
46	130＃＃＃0046	96	130＃＃＃0096

Python 语言实现：

```
N=100
n=10
np.random.seed(0)
start=np.random.randint(1,11)
step=round(N/n)
sample=[element for element in range(start, N, step)]
print (sample)
```

Python 代码执行的结果为：

```
[6  16  26  36  46  56  66  76  86  96]
```

8. 知识点：系统抽样——循环等距抽样

某班级有 50 名学生，欲调查该班级学生获取奖学金等级情况，若样本量 $n=7$，随机起点 $r=9$，请用循环等距抽样方法列出样本单元序号。

解：由题目可知，总体为某班级学生，总量 $N=50$，需用循环等距抽样方法抽取样本量 $n=7$ 的样本。

步骤一：构造抽样框。每名学生按学号排序，并赋予每位学生一个编号，如表 4.7 所示。

表 4.7　学生情况调查的抽样框

编号	学生学号	编号	学生学号	编号	学生学号	编号	学生学号	编号	学生学号
1	2020001	11	2020011	21	2020021	31	2020031	41	2020041
2	2020002	12	2020012	22	2020022	32	2020032	42	2020042
3	2020003	13	2020013	23	2020023	33	2020033	43	2020043
4	2020004	14	2020014	24	2020024	34	2020034	44	2020044
5	2020005	15	2020015	25	2020025	35	2020035	45	2020045
6	2020006	16	2020016	26	2020026	36	2020036	46	2020046
7	2020007	17	2020017	27	2020027	37	2020037	47	2020047
8	2020008	18	2020018	28	2020028	38	2020038	48	2020048
9	2020009	19	2020019	29	2020029	39	2020039	49	2020049
10	2020010	20	2020020	30	2020030	40	2020040	50	2020050

步骤二：计算抽样间隔。当总体总数不能被样本数整除时，将总体各单位按顺序排成首尾相接的循环圆形，将圆形分为 k 段，间隔取最接近 k 的整数。

$$k=N/n=50/7$$

步骤三：产生随机数。采用循环等距抽样，样本量为 $n=7$。利用计算机，产生随机数，例如第一个随机数 $r=9$，抽取的编号为

9　16　23　30　37　44　1

步骤四：选取样本。从抽样框中抽取随机数对应编号的单元，如表 4.8 所示。

表 4.8　学生情况调查的样本

编号	学生学号	编号	学生学号
9	2020009	37	2020037
16	2020016	44	2020044
23	2020023	1	2020001
30	2020030		

Python 语言实现：

```
import numpy as np
N = 50
n=7
step = round(N/n)
start_num = 9
sample = np.linspace(start = start_num, num = n, stop = start_num + n *
step, endpoint = False)
sample = sample % N
sample[sample == 0] = N
print(sample)
```

Python 代码执行的结果为：

```
[9 16 23 30 37 44 1]
```

9. 知识点：分层抽样（样本量按比例分配）

某高校有 4 个学院每个学院 25 名学生，现欲从 100 名学生中抽取 20 名学生参加一项活动。为了每位学生被抽中的概率相同，请采用分层抽样的方法满足上述要求。

解：由题目可知，总体为某高校四个学院学生，总量 $N=100$。以学院为分层标志，共分为 4 层，每层分别有 25 名学生。现需要抽样 $n=20$ 的样本，按照每层样本数固定，每层抽 5 名学生。具体抽取过程如下：

步骤一：构造抽样框。将学生按照学院及学生学号排序，并为每位学生赋予一个编号，如表 4.9 所示。

表 4.9　各院学生参加活动的抽样框

层数	层内编号	学生学号	层数	层内编号	学生学号	层数	层内编号	学生学号	层数	层内编号	学生学号
1	1	2022001	2	1	2022026	3	1	2022051	4	1	2022076
1	2	2022002	2	2	2022027	3	2	2022052	4	2	2022077
1	3	2022003	2	3	2022028	3	3	2022053	4	3	2022078
1	4	2022004	2	4	2022029	3	4	2022054	4	4	2022079
1	5	2022005	2	5	2022030	3	5	2022055	4	5	2022080
…	…	…	…	…	…	…	…	…	…	…	…
1	20	2022020	2	20	2022045	3	20	2022070	4	20	2022095
1	21	2022021	2	21	2022046	3	21	2022071	4	21	2022096
1	22	2022022	2	22	2022047	3	22	2022072	4	22	2022097
1	23	2022023	2	23	2022048	3	23	2022073	4	23	2022098
1	24	2022024	2	24	2022049	3	24	2022074	4	24	2022099
1	25	2022025	2	25	2022050	3	25	2022075	4	25	2022100

步骤二：划分抽样层。学生分布在四个学院中，所以将全体学生按学院划分为 4 个

层，每个层分别有 25 名学生，即 $N_h=25$。

步骤三：产生随机数。采用分层随机抽样，每层抽取 5 个样本，即各层样本量 $n_h=5$，总样本量为 $n=20$。利用计算机，产生 20 个随机数，分别为：

1：6　3　20　17　12；　　2：15　13　8　5　19；

3：18　10　20　23　15；　　4：22　8　2　6　3

步骤四：选取样本。从抽样框中抽取随机数对应编号的单元，如表 4.10 所示。

表 4.10　各学院学生参加活动的样本

学院	层内编号	学生学号	学院	层内编号	学生学号	学院	层内编号	学生学号	学院	层内编号	学生学号
1	3	2022003	2	5	2022030	3	10	2022061	4	2	2022077
1	6	2022006	2	8	2022033	3	15	2022065	4	3	2022078
1	12	2022012	2	13	2022038	3	18	2022068	4	6	2022081
1	17	2022017	2	15	2022040	3	20	2022070	4	8	2022083
1	20	2022020	2	19	2022044	3	23	2022073	4	22	2022097

Python 语言实现：需要数据文件“exam4. 9. xlsx”

```
import pandas aspd
import numpy as np
data=pd. read_excel("exam4. 9. xlsx")
np. random. seed(0)
sample_df = data. groupby('学院', group_keys=False). apply(lambda x: x. sample
(5))
print(sample_df[["学院", "随机数"]]. to_string(index = False))
```

Python 代码执行的结果为：

学院	随机数	学院	随机数
1	6	3	18
1	3	3	10
1	20	3	20
1	17	3	23
1	12	3	15
2	15	4	22
2	13	4	8
2	8	4	2
2	5	4	6
2	19	4	3

10. 知识点:分层抽样(样本量按比例分量)

某小区欲从 10 个居民代表中抽取 5 个人作为代表参加会议,其中女性占 60%,男性占 40%。请采用分层抽样的方法满足上述要求。

解:由题目可知,总体为某小区居民代表,总量 $N=10$。欲抽取样本量 $n=5$,按照性别划分为男、女两层,需要依据男、女人数按比例抽取。具体抽取过程如下:

步骤一:构造抽样框。将居民代表排序,并依次为每一位代表赋予一个编号,如表 4.11 所示。

步骤二:划分抽样层。题中表明,按男女比例抽取样本,故将居民代表分为两层,即男性为一层,女性为另一层,依据女性和男性所占比例之比 6∶4 可知,$N_1=6$,$N_2=4$。

表 4.11 居民代表性别情况的抽样框

层数	编号	性别	居民	层数	编号	性别	居民
1	1	female	居民 1	2	1	male	居民 7
1	2	female	居民 2	2	2	male	居民 8
1	3	female	居民 3	2	3	male	居民 9
1	4	female	居民 4	2	4	male	居民 10
1	5	female	居民 5				
1	6	female	居民 6				

步骤三:产生随机数。采用分层随机抽样,按比例在层内抽取样本,样本量 $n=5$,其中 female 层样本量 $n_1=3$,male 层样本量 $n_2=2$。利用计算机,产生 5 个随机数,分别为

Female:3　2　5 ; male:4　3

步骤四:选取样本。从抽样框中抽取随机数对应编号的单元,如表 4.12 所示。

表 4.12 居民代表性别情况的样本

性别	随机数	居民
female	3	居民 3
female	2	居民 2
female	5	居民 5
male	4	居民 10
male	3	居民 9

Python 语言实现:

```
import pandas as pd
def typeicalSampling(group, typeicalFracDict):
    name=group.name
    frac=typeicalFracDict[name]
    return group.sample(frac=frac,random_state=1)
def group_sample(data_set,lable,typeicalFracDict):
    gbr=data_set.groupby(by=[lable])
    result=data_set.groupby(lable,group_keys=False).apply(typeicalSampling,
typeicalFracDict)
    return result
data={'层数':['1','1','1','1','1','1','2','2','2','2'],
'性别':['female','female','female','female','female','female','male','male','male','male'],
     '编号':['1','2','3','4','5','6','1','2','3','4',]}
data_set=pd.DataFrame(data)
label='性别'
typicalFracDict={'male':0.5,'female':0.5}
result=group_sample(data_set,label,typicalFracDict)
print(result.to_string(index=False))
```

Python 代码执行的结果为：

```
层数  性别    编号
1     female  3
1     female  2
1     female  5
2     male    4
2     male    3
```

4.5　应用示例:高校学生西部支教意愿调查

为深入学习习近平新时代中国特色社会主义思想，全面贯彻落实党的二十大精神，加快推进中华民族伟大复兴而团结奋斗。围绕党中央、国务院关于全面推进乡村振兴的战略部署，按照做好高校毕业生等重点群体就业工作的相关要求，积极引导和鼓励高校毕业生到基层工作、到乡村工作，有助于在青年中大力弘扬奉献、有爱、互助、进步的志愿精神，培育和践行社会主义核心价值观，主动融入国家发展大局。

大学生支教是指大学生利用寒暑假、毕业前的实习时间，或者应届毕业大学生毕业直接参加国家支持贫困山区教育计划，到贫困地区的支援教育的行为。为充分开发青年人力资源，促进青年在实践中锻炼成长，从 1998 年开始组织实施青年志愿者支教扶贫接力计划，为偏远地区提供优质的教育服务。

“好儿女志在四方，有志者奋斗无悔。希望越来越多的青年人以你们为榜样，到基层和人民中去建功立业，让青春之花绽放在祖国最需要的地方，在实现中国梦的伟大实践中书写别样精彩的人生”。2014 年五四青年节到来之际，习近平总书记在给河北保定学院西部支教毕业生群体代表的回信中这样鼓励大家。

某高校为响应支援西部教育事业的相关政策，更好开展宣传动员工作，欲调查愿意参加西部支援计划的学生比例。该高校共有学生 12865 名，采用简单随机抽样方法选取样本。调查的精度要求是以概率 95%保证相对误差不超过 10%。该校愿意参加西部支援计划的学生比例的样本抽取过程如下。

步骤一：编制抽样框。编号：将 12865 名学生按照学号依次编号为 1，2，…，12865。得到该校学生抽样框如表 4.13 所示。

表 4.13 高校学生抽样框

编号	学生学号
1	202200001
2	202200002
3	202200003
4	202200004
5	202200005
…	…
12863	202212863
12864	202212864
12865	202212865

步骤二：计算样本量。以概率 95%保证参加西部支教意愿的学生比例相对误差不超过 10%，通过计算得到，应抽取容量为 96 的简单随机样本。

步骤三：生成随机数。利用计算机产生随机数。确定 96 个随机数的过程具体见表 4.14 的“编号”列。

步骤四：选取样本。根据生成的随机数所对应的学生就是抽取的样本。

步骤五：现场收集数据，获得调查意愿问卷数据如表 4.14 所示。其中，“0”表示没有参加西部支援计划的意愿，“1”表示有参加西部支援计划的意愿。

步骤六：利用调查数据，估计愿意参加西部支援计划的学生比例。

根据抽取到的 96 名学生意愿可知，其中有意愿去西部进行支教的学生有 52 人，不愿意去西部支教的学生有 44 人。接下来估计该校愿意去西部支教学生的比例（假设抽样比可以忽略）。总体总值的比例估计为：

$$p=\frac{a}{n}=\frac{52}{96}=54.2\%$$

$$v(p)=\frac{1-f}{n-1}p(1-p)=0.003$$

$$s(p)=\sqrt{v(p)}=0.051$$

表 4.14　96 名学生的意愿程度

编号	学生学号	意愿	编号	学生学号	意愿	编号	学生学号	意愿
6311	202206311	1	7735	202207735	0	1031	202201031	1
12418	202212418	0	9171	202209171	0	3130	202203130	0
6890	202206890	0	1649	202201649	0	9298	202209298	1
663	202200663	1	5796	202205796	1	3632	202203632	0
4242	202204242	1	7113	202207113	0	3909	202203909	1
8376	202208376	0	5180	202205180	1	2334	202202334	1
7961	202207961	1	10008	202210008	1	8896	202208896	0
6634	202206634	1	10492	202210492	0	7339	202207339	0
12841	202212841	1	3350	202203350	0	1494	202201494	0
4969	202204969	0	9052	202209052	0	1318	202201318	1
7808	202207808	0	7815	202207815	0	5243	202205243	1
5866	202205866	1	7253	202207253	1	8322	202208322	0
9558	202209558	1	8541	202208541	1	8016	202208016	0
3578	202203578	0	4267	202204267	0	1786	202201786	1
8268	202208268	1	1020	202201020	1	4938	202204938	0
2281	202202281	1	8989	202208989	1	9031	202209031	1
4617	202204617	0	230	202200230	1	4769	202204769	0
2289	202202289	1	1528	202201528	0	11576	202211576	1
12383	202212383	0	11791	202211791	0	2044	202202044	0
1553	202201553	1	6534	202206534	0	8969	202208969	1
10131	202210131	1	11636	202211636	0	5451	202205451	0
4104	202204104	1	12862	202212862	1	8852	202208852	0
8725	202208725	1	10947	202210947	0	3329	202203329	0
11553	202211553	1	10244	202210244	1	9882	202209882	1
9861	202209861	1	18	202200018	1	8965	202208965	1
2407	202202407	0	10025	202210025	0	9627	202209627	1
5081	202205081	1	8086	202208086	0	4712	202204712	0
1618	202201618	0	5458	202205458	1	7290	202207290	1
11957	202211957	1	3996	202203996	1	1501	202201501	1
1208	202201208	0	11964	202211964	1	9769	202209769	1
11206	202211206	1	5328	202205328	0	6306	202206306	1
5409	202205409	0	11528	202211528	0	5194	202205194	1

因此，该校有意愿参加西部支教活动的学生比例为54.2%，标准差为5.1%。

Python语言实现：需要数据文件exam4.15.xlsx

```
import random
import pandas as pd
#计算样本量
import math
t=1.96;d=0.1;P=0.5
n_0=pow(t*P,2)/pow(d, 2)
n=math.ceil(n_0/(1+(n_0-1)/N) )
#生成随机数
random.seed(0)
N=12865
data=range(N)
list1=random.sample(data,n)
print(list1)
#估计支教意愿：
import pandas as pd
weatherfile="exam4.15.xlsx"
data=pd.read_excel(weatherfile,sheet_name='样本')
a=data.groupby(data['是否愿意(0—不愿意,1—愿意)']==1).count().to_dict('re-
cords')
number=a[1].get('是否愿意(0—不愿意,1—愿意)')
p=number/n
print('比例估计为:%.3f'%p)
p_var=p*(1-p)/(n-1)
p_s=p_var**0.5
print('方差:%.3f'%p_var)
print('标准差:%.3f'%p_s)
```

Python代码执行的结果为：

```
[6311, 12418, 6890, 663, 4242, 8376, 7961, 6634, 12841, 4969, 7808, 5866, 9558,
3578, 8268, 2281, 4617, 2289, 12383, 1553, 10131, 4104, 8725, 11553, 9861,
2407, 5081, 1618, 11957, 1208, 11206, 5409, 7735, 9171, 1649, 5796, 7113, 5180,
10008, 10492, 3350, 9052, 7815, 7253, 8541, 4267, 1020, 8989, 230, 1528, 11791,
6534, 11636, 12862, 10947, 10244, 18, 10025, 8086, 5458, 3996, 11964, 5328,
11528, 1031, 3130, 9298, 3632, 3909, 2334, 8896, 7339, 1494, 1318, 5243, 8322,
8016, 1786, 4938, 9031, 4769, 11576, 2044, 8969, 5451, 8852, 3329, 9882, 8965,
9627, 4712, 7290, 1501, 9769, 6306, 5194]
比例估计为：0.542
方差:0.003
标准差：0.051
```

4.6　小结

本章介绍数据获取的概率抽样方法。基于学生对概率抽样知识便于理解、易于操作的原则，本章在介绍概率抽样概念的基础上，重点讲解了简单随机抽样、系统随机抽样、分层随机抽样三种概率抽样方法。以知识点的形式，给出随机数及三种概率抽样方法应用的具体步骤和 Python 代码。为了方便演示概率抽样过程，以某高校学生西部支教意愿为案例背景，详细给出愿意参加西部支援计划案例的样本抽取过程，演示如何通过概率抽样方法解决实际问题，便于学生对概率抽样知识的理解与掌握。

4.7　习题

1. 在(0,1)线段上均匀的投掷一个球，观察其坐标到原点的距离，设投掷100次，根据坐标到原点的距离生成其服从标准正态分布的100个随机数。

2. 若3个相互独立的随机变量 X_1, X_2, X_3 均服从标准正态分布，则 $X_1^2+X_2^2+X_3^2$ 服从自由度为3的卡方分布，试生成50个服从以上卡方分布的随机数。

3. 设 X_1, X_2 是相互独立的随机变量，且 $X_1 \sim N(0,1)$，$X_2 \sim \chi^2(3)$，则 $t=X_1/\sqrt{X_2^2/3}$ 是服从自由度为3的t分布，试生成50个服从以上t分布的随机数。

4. 设 X_1, X_2 是相互独立的随机变量，且 $X_1 \sim \chi^2(3)$，$X_2 \sim \chi^2(6)$，则 $F=\dfrac{X_1/3}{X_2/6}$ 服从自由度为(3,6)的 F 分布，试生成50个服从自由度为(3,6)的F分布随机数。

5. 某公司为专门生产白糖的企业，所生产的白糖质量为400克/袋。该公司想要检查白糖的生产质量是否正常，现从100袋白糖中按照有放回简单随机抽样方法抽取20袋白糖作为样本进行检验。请列出所抽取的样本。

6. 某医院想要了解外科患者的营养情况。该医院外科近一周的患者共有200名。现打算采取不放回简单随机抽样方法，抽取50名患者作为样本，进行近期营养情况的调查。请列出所需抽取的样本。

7. 某校想要调查六年级的学生对老师教学的满意程度。该年级共有200名学生。采用直线等距抽样方法，抽取20名学生作为样本。请列出所需抽取的样本。

8. 某班组有23名工人，现抽取7人清扫户外积雪。请用循环等距抽样方法列出工人序号(随机起点 $r=3$)。

9. 某车间生产A、B、C三种型号产品。现质检员欲从90件产品中抽取15件产品进行质量检测，请采用分层抽样方法列出抽到的产品编号(要求抽到的三种产品数量相等)。

10. 某学校有语文老师15名、数学和英语老师各10名，现欲抽取7名老师讲授公开课，请采用样本量按比例分配的分层随机抽样法抽取老师满足上述要求。

第5章 参数估计

参数估计是统计数据分析的重要内容之一。基于概率样本，采用样本统计量来估计所关心的总体参数。本章主要介绍正态总体均值和方差的参数估计。

5.1 参数估计的基础概念

1. 统计量：是样本的函数，不包含任何未知参数。

2. 参数估计：采用样本统计量 $\hat{\theta}$（或统计量的函数）估计总体的未知参数 θ（或参数的函数）的过程。

3. 估计量：在参数估计中，用来估计未知参数的统计量被称为估计量。比如，样本均值、样本比例、样本方差等均为估计量。将样本观察值 $x_1, x_2, \cdots, x_n$ 代入估计量的具体取值称为估计值。

4. 点估计：是构造一个统计量 $\hat{\theta}(X_1, X_2, \cdots, X_n)$，估计总体的未知参数 θ。称统计量 $\hat{\theta}(X_1, X_2, \cdots, X_n)$ 为 θ 的点估计量。样本观察值 $x_1, x_2, \cdots, x_n$ 代入估计量 $\hat{\theta}(X_1, X_2, \cdots, X_n)$ 的具体数值被称为 θ 的点估计值。点估计方法主要有矩估计和最大似然估计。

5. 无偏性：设 $\hat{\theta} = T(X_1, X_2, \cdots, X_n)$ 是未知参数 θ 的一个点估计量。若估计量 $\hat{\theta}$ 的数学期望值等于待估参数 θ，即 $\hat{\theta}$ 满足

$$E(\hat{\theta}) = \theta \tag{5.1}$$

则称 $\hat{\theta}$ 是 θ 的无偏估计量。估计量 $\hat{\theta}$ 具有无偏性。

6. 有效性：设 $\hat{\theta}_1 = T_1(X_1, X_2, \cdots, X_n)$，$\hat{\theta}_2 = T_2(X_1, X_2, \cdots, X_n)$ 均为未知参数 θ 的无偏估计量。对于参数 θ 的一切可能取值，有

$$Var(\hat{\theta}_1) \leqslant Var(\hat{\theta}_2) \tag{5.2}$$

称无偏估计量 $\hat{\theta}_1$ 比 $\hat{\theta}_2$ 有效。

7. 一致性：对于容量为 n 的样本 $(X_1, X_2, \cdots, X_n)$，$\hat{\theta}_n = T_n(X_1, X_2, \cdots, X_n)$ 是参数 θ 的估计量。若对任意 $\varepsilon > 0$，

$$\lim_{n \to \infty} p\{|\hat{\theta}_n - \theta| < \varepsilon\} = 1 \tag{5.3}$$

称估计量序列 $\{\hat{\theta}_n\}$ 具有一致性，或 $\{\hat{\theta}_n\}$ 是 θ 的一致估计量序列。

8. 区间估计：设 $(X_1, X_2, \cdots, X_n)$ 是来自总体的样本。对于未知参数 θ，设两个统计量分别为 $\hat{\theta}_1 = T_1(X_1, X_2, \cdots, X_n)$ 和 $\hat{\theta}_2 = T_2(X_1, X_2, \cdots, X_n)$。给定概率 $\alpha(0 < \alpha < 1)$，若统计量 $\hat{\theta}_1$ 和 $\hat{\theta}_2$ 满足

$$P(\hat{\theta}_1 < \theta < \hat{\theta}_2) \geqslant 1-\alpha \tag{5.4}$$

则称随机区间 $(\hat{\theta}_1, \hat{\theta}_2)$ 是参数 θ 的置信水平为 $1-\alpha$ 的置信区间。$1-\alpha$ 称为置信度或置信水平。$\hat{\theta}_1$ 与 $\hat{\theta}_2$ 分别称为置信下限和置信上限。估计可靠性是估计结果正确的概率，用置信水平 $1-\alpha$ 表示。估计精度是估计误差控制的范围，用区间长度 $|\hat{\theta}_2-\hat{\theta}_1|$ 表示。

5.2　参数估计的原理与步骤

1. 矩估计的步骤

设 $(X_1, X_2, \cdots, X_n)$ 是来自总体 X 的样本，$\theta_1, \theta_2, \cdots, \theta_k$ 是总体的未知参数。k 个未知参数 $\theta_1, \theta_2, \cdots, \theta_k$ 的矩估计过程为：

步骤一：构造总体 X 的前 k 阶矩为 k 个未知数 $\theta_1, \theta_2, \cdots, \theta_k$ 的函数。

$$\mu_l = E(X^l)(l=1,2,\cdots,k)$$

建立 μ_l 为 k 个未知数 $\theta_1, \theta_2, \cdots, \theta_k$ 的方程，即

$$\begin{cases} \mu_1 = \mu_1(\theta_1, \theta_2, \cdots, \theta_k) \\ \mu_2 = \mu_2(\theta_1, \theta_2, \cdots, \theta_k) \\ \quad\vdots \\ \mu_k = \mu_k(\theta_1, \theta_2, \cdots, \theta_k) \end{cases} \tag{5.5}$$

步骤二：求解未知参数 $\theta_1, \theta_2, \cdots, \theta_k$。即未知参数 $\theta_1, \theta_2, \cdots, \theta_k$ 为总体的前 k 阶矩 $\mu_l(l=1,2,\cdots,k)$ 的函数，即

$$\begin{cases} \theta_1 = \theta_1(\mu_1, \mu_2, \cdots, \mu_k) \\ \theta_2 = \theta_2(\mu_1, \mu_2, \cdots, \mu_k) \\ \quad\vdots \\ \theta_k = \theta_k(\mu_1, \mu_2, \cdots, \mu_k) \end{cases} \tag{5.6}$$

步骤三：计算样本的前 k 阶样本矩，代替总体的前 k 阶矩。样本的前 k 阶样本矩为

$$A_l = \frac{1}{n}\sum_{i=1}^{n} X_i{}^l (l=1,2,\cdots,k)$$

用样本矩 $A_l(l=1,2,\cdots,k)$ 代替总体矩 $\mu_l(l=1,2,\cdots,k)$ 的估计量 $\hat{\mu}_l(l=1,2,\cdots,k)$，代入到 $\theta_1, \theta_2, \cdots, \theta_k$ 的函数中，得到 $\theta_1, \theta_2, \cdots, \theta_k$ 的估计量 $\hat{\theta}_1, \hat{\theta}_2, \cdots, \hat{\theta}_k$，即

$$\hat{\theta}_i = \theta_i(A_1, A_2, \cdots, A_k)(i=1,2,\cdots,k) \tag{5.7}$$

2. 最大似然估计的步骤

这里，只考虑连续型总体的情形。设连续型总体 X 的分布密度函数为 $f(x;\theta_1, \theta_2, \cdots, \theta_m)$，其中 $\theta_1, \theta_2, \cdots, \theta_m$ 为未知参数。最大似然估计的过程为：

步骤一：构造似然函数。设 $(x_1, x_2, \cdots, x_n)$ 为总体 X 的样本观测值，则似然函数为

$$L(\theta_1, \theta_2, \cdots, \theta_m) = \prod_{i=1}^{n} f(x_i;\theta_1, \theta_2, \cdots, \theta_m)$$

步骤二：构造对数似然函数。将似然函数取对数，得到对数似然函数 $\ln L(\theta_1, \theta_2, \cdots, \theta_m)$；

步骤三：建立似然方程组

$$\begin{cases} \dfrac{\partial \ln L(\theta_1,\theta_2,\cdots,\theta_m)}{\partial \theta_1}=0 \\ \cdots \\ \dfrac{\partial \ln L(\theta_1,\theta_2,\cdots,\theta_m)}{\partial \theta_m}=0 \end{cases} \tag{5.8}$$

步骤四：解对数似然方程组，得到未知参数的最大似然估计。若对数似然函数 $\ln L(\theta_1,\theta_2,\cdots,\theta_m)$ 在 $\hat{\theta}_1,\hat{\theta}_2,\cdots,\hat{\theta}_m$ 处取最大值，称 $\hat{\theta}_1,\hat{\theta}_2,\cdots,\hat{\theta}_m$ 为 $\theta_1,\theta_2,\cdots,\theta_m$ 的最大似然估计值，相应的统计量为最大似然估计量。

3. 区间估计的步骤

设 $(X_1,X_2,\cdots,X_n)$ 是来自总体 X 的样本，θ 是总体的未知参数。θ 的区间估计过程为：

步骤一：构造总体的未知参数 θ 的估计量。选择样本 $(X_1,X_2,\cdots,X_n)$ 的函数作为估计量 T。估计量需要具有优良的统计性质。

步骤二：构造枢轴量。选择统计量 T 和 θ 的函数 $S(T,\theta)$，其分布函数 F 与未知参数 θ 无关，函数 $S(T,\theta)$ 除了 θ 之外不再包含任何未知参数。

步骤三：依据给定的置信水平，选取分位数。选取分布函数 F 的下侧概率 $\alpha/2$ 对应的分位数 $\omega_{\alpha/2}$ 和下侧概率 $1-\alpha/2$ 对应的分位数 $\omega_{1-\alpha/2}$，即 $F(\omega_{\alpha/2})=\alpha/2$ 和 $F(\omega_{1-\alpha/2})=1-\alpha/2$。于是，

$$P(\omega_{\alpha/2} < S(T,\theta) < \omega_{1-\alpha/2})=1-\alpha \tag{5.9}$$

把不等式

$$\omega_{\alpha/2} < S(T,\theta) < \omega_{1-\alpha/2} \tag{5.10}$$

等价变换为

$$\hat{\theta}_1(T,\omega_{\alpha/2},\omega_{1-\alpha/2}) < \theta < \hat{\theta}_2(T,\omega_{\alpha/2},\omega_{1-\alpha/2}) \tag{5.11}$$

即参数 θ 的区间估计为 $(\hat{\theta}_1(T,\omega_{\alpha/2},\omega_{1-\alpha/2}),\hat{\theta}_2(T,\omega_{\alpha/2},\omega_{1-\alpha/2}))$。

5.3 参数估计的知识结构图

参数估计的知识结构图如图 5.1 所示。

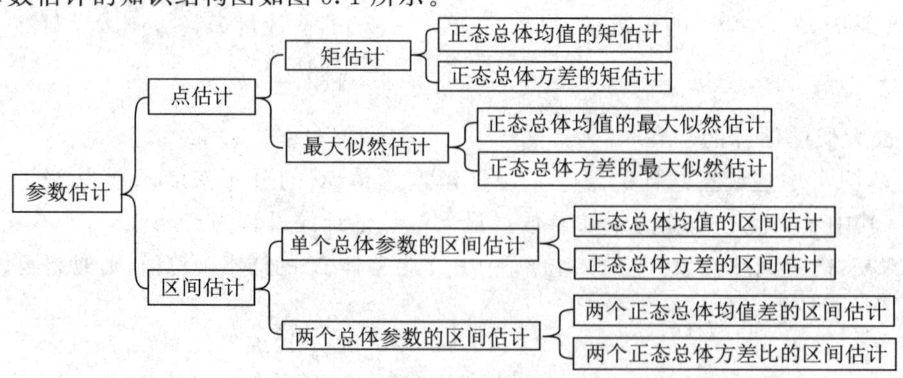

图 5.1 参数估计的知识结构图

5.4　参数估计的知识点与 Python 语言实践

1. 知识点：正态总体均值的矩估计

一批灯泡的使用寿命服从正态分布。现从这批灯泡中随机抽取 16 个，测得其使用寿命(单位：小时)如下：

1 510　1 450　1 480　1 460　1 520　1 480　1 490　1 460

1 480　1 510　1 530　1 470　1 500　1 520　1 510　1 470

试给出这批灯泡平均使用寿命的矩估计。

解：依据题意，总体服从正态分布。样本均值为总体均值 μ 的矩估计，记为 $\hat{\mu}$，有

$$\hat{\mu}=\frac{1}{n}\sum_{i=1}^{n}X_i=\bar{X}$$

代入样本数据，计算得

$$\begin{aligned}\bar{x}&=\frac{1}{n}\sum_{i=1}^{n}x_i\\&=\frac{23840}{16}=1490\end{aligned}$$

即这批灯泡平均使用寿命的矩估计为 1490 小时。

Python 语言实现：

```
import numpy as np
import scipy. stats as ss
x=[1510,1450,1480,1460,1520,1480,1490,1460,1480,1510,1530,1470,1500,
1520,1510,1470]
xbar=np. mean(x)
print ('样本均值=', xbar)
```

Python 代码的运行结果为：

```
样本均值=1490
```

2. 知识点：正态总体方差的矩估计

一批灯泡的使用寿命服从正态分布。现从这批灯泡中随机抽取 16 个，测得其使用寿命(单位：小时)如下：

1 510　1 450　1 480　1 460　1 520　1 480　1 490　1 460

1 480　1 510　1 530　1 470　1 500　1 520　1 510　1 470

试给出这批灯泡平均使用寿命方差的矩估计。

解：依据题意，总体服从正态分布。样本方差作为总体方差 σ^2 的矩估计，记为 $\hat{\sigma}^2$，有

$$\hat{\sigma}^2=\frac{1}{n-1}\sum_{i=1}^{n}(X_i-\bar{X})^2=S^2$$

代入样本数据，计算得

$$s^2=\frac{1}{n-1}\sum_{i=1}^{n}(x_i-\bar{x})^2$$
$$=\frac{9200}{15}=613.33$$

即这批灯泡平均使用寿命方差的矩估计为 613.33。

Python 语言实现：

```
import numpy as np
import scipy. stats as ss
x=[1510,1450,1480,1460,1520,1480,1490,1460,1480,1510,1530,1470,1500,
1520,1510,1470]
sq=np. var(x,ddof=1)
print（样本方差=%.2f%(sq))
```

Python 代码的运行结果为：

```
样本方差=613.33
```

3. 知识点：正态总体均值的最大似然估计

某工厂车床加工某种零件，零件的长度服从正态分布。现在加工过程中抽取 16 件，测得长度值（单位：毫米）为：

12.14　12.12　12.01　12.28　12.09　12.16　12.03　12.01
12.06　12.13　12.07　12.11　12.08　12.01　12.03　12.06

试给出车床加工该种零件长度均值的最大似然估计。

解：依据题意，总体 $X\sim N(\mu,\sigma^2)$，则 X 的概率密度函数为

$$X\sim f(x;\mu,\sigma)=\frac{1}{\sqrt{2\pi}\sigma}e^{-\frac{(x-\mu)^2}{2\sigma^2}},\ x\in R$$

其中，参数 μ 和 σ^2 未知。$(X_1,X_2,\cdots,X_n)$ 为 X 的样本，$(x_1,x_2,\cdots,x_n)$ 是 $(X_1,X_2,\cdots,X_n)$ 的样本观察值。车床加工该种零件长度均值的最大似然估计的过程如下。

步骤一：给出似然函数：

$$L(\mu,\sigma^2)=\prod_{i=1}^{n}\frac{1}{\sqrt{2\pi}\sigma}e^{-\frac{(x_i-\mu)^2}{2\sigma^2}}=(2\pi\sigma^2)^{-\frac{n}{2}}e^{-\frac{1}{2\sigma^2}\sum_{i=1}^{n}(x_i-\mu)^2}$$

步骤二：将对似然函数取对数，得到对数似然函数：

$$\ln L(\mu,\sigma^2)=-\frac{n}{2}(\ln 2\pi+\ln\sigma^2)-\frac{1}{2\sigma^2}\sum_{i=1}^{n}(x_i-\mu)^2$$

步骤三：建立对数似然方程。令对数似然函数关于参数 μ 的导数为 0，即

$$\frac{\partial}{\partial\mu}(\ln L)=\frac{1}{\sigma^2}\sum_{i=1}^{n}(x_i-\mu)=0$$

步骤四：解对数似然方程组，得到

$$\hat{\mu}=\frac{1}{n}\sum_{i=1}^{n}x_i=\bar{x}$$

因此，正态总体均值 μ 的最大似然估计量为

$$\hat{\mu}=\frac{1}{n}\sum_{i=1}^{n}X_i=\bar{X}$$

将样本观测值代入最大似然估计量，得到均值的估计值为

$$\bar{x}=\frac{1}{n}\sum_{i=1}^{n}x_i=\frac{193.39}{16}=12.087$$

Python 语言实现：

```
import numpy as np
import scipy.stats as ss
x=[12.14,12.12,12.01,12.28,12.09,12.16,12.03,12.01,12.06,12.13,12.07,
   12.11,12.08,12.01,12.03,12.06]
xbar=np.mean(x)
print('样本均值=%.3f'% xbar)
```

Python 代码的运行结果为：

```
样本均值=12.087
```

4. 知识点：正态总体方差的最大似然估计

某工厂车床加工某种零件，零件的长度服从正态分布。现在加工过程中抽取 16 件，测得长度值(单位：毫米)为：

12.14　12.12　12.01　12.28　12.09　12.16　12.03　12.01
12.06　12.13　12.07　12.11　12.08　12.01　12.03　12.06

试给出车床加工该种零件长度方差的最大似然估计。

解：依据题意，设 $X\sim N(\mu,\sigma^2)$，μ 和 σ^2 为未知参数，$(X_1,X_2,\cdots,X_n)$ 为 X 的一个样本，$(x_1,x_2,\cdots,x_n)$ 是 $(X_1,X_2,\cdots,X_n)$ 的一个样本观测值，有

$$X\sim f(x;\mu,\sigma)=\frac{1}{\sqrt{2\pi}\sigma}e^{-\frac{(x-\mu)^2}{2\sigma^2}},\ x\in R$$

步骤一：给出似然函数：

$$L(\mu,\sigma^2)=\prod_{i=1}^{n}\frac{1}{\sqrt{2\pi}\sigma}e^{-\frac{(x_i-\mu)^2}{2\sigma^2}}=(2\pi\sigma^2)^{-\frac{n}{2}}e^{-\frac{1}{2\sigma^2}\sum_{i=1}^{n}(x_i-\mu)^2}$$

步骤二：将对似然函数取对数，得到对数似然函数：

$$\ln L(\mu,\sigma^2)=-\frac{n}{2}(\ln 2\pi+\ln\sigma^2)-\frac{1}{2\sigma^2}\sum_{i=1}^{n}(x_i-\mu)^2$$

步骤三:建立对数似然方程。令对数似然函数关于参数 σ^2 的导数为 0,即

$$\frac{\partial}{\partial\sigma^2}(\ln L)=-\frac{n}{2\sigma^2}+\frac{1}{2\sigma^4}\sum_{i=1}^{n}(x_i-\mu)^2=0$$

步骤四:解对数似然方程组,得到

$$\hat{\sigma}^2=\frac{1}{n}\sum_{i=1}^{n}(x_i-\bar{x})^2$$

因此,正态总体方差 σ^2 的最大似然估计量为

$$\hat{\sigma}^2=\frac{1}{n}\sum_{i=1}^{n}(X_i-\bar{X})^2$$

将样本观测值代入最大似然估计量,得到正态总体方差 σ^2 的估计值为

$$\hat{\sigma}^2=\frac{1}{n}\sum_{i=1}^{n}(x_i-\bar{x})^2=\frac{0.0749}{16}=0.0047$$

Python 语言实现:

```
import numpy as np
import scipy. stats as ss
x=[12.14,12.12,12.01,12.28,12.09,12.16,12.03,12.01,12.06,12.13,12.07,
   12.11,12.08,12.01,12.03,12.06]
sq=np. var(x)
print (样本方差=%.4f% sq)
```

Python 代码的运行结果为:

```
样本方差=0.0047
```

5. 知识点:正态总体均值的区间估计(方差已知)

某企业加工的产品直径 X 是一随机变量,且服从方差为 0.6 的正态分布。从某日生产的大量产品中随机抽取 6 个,测得直径如下(单位:cm):14.6,15.1,14.9,14.8,15.2,15.1。试在置信水平 0.95 下,求该产品平均直径的置信区间。

解:依据题意,简单随机样本 $(X_1,X_2,\cdots,X_n)$ 来自正态总体 $N(\mu,\sigma^2)$,μ 是总体均值,σ^2 是总体方差。当 σ^2 已知时,$\bar{X}$ 服从正态分布 $N(\mu,\frac{\sigma^2}{n})$,从而 $\frac{\bar{X}-\mu}{\sigma/\sqrt{n}}$ 服从标准正态分布 $N(0,1)$。对给定的置信水平 $1-\alpha$,查 $N(0,1)$ 表可得与上侧概率 $\alpha/2$ 对应的分位点 $Z_{\alpha/2}$,使得

$$P\left\{-Z_{\alpha/2}<\frac{\bar{X}-\mu}{\sigma/\sqrt{n}}<Z_{\alpha/2}\right\}=1-\alpha$$

从而有,

$$P\left\{\bar{X}-Z_{\alpha/2}\frac{\sigma}{\sqrt{n}}<\mu<\bar{X}+Z_{\alpha/2}\frac{\sigma}{\sqrt{n}}\right\}=1-\alpha$$

则总体均值在置信水平 $1-\alpha$ 下的置信区间为:

$$\left(\bar{X}-Z_{\alpha/2}\frac{\sigma}{\sqrt{n}},\bar{X}+Z_{\alpha/2}\frac{\sigma}{\sqrt{n}}\right)$$

已知 $\sigma=0.6$，$n=6$，置信水平 $1-\alpha=0.95$，查标准正态分布表得 $Z_{\alpha/2}=1.96$。于是，总体均值在置信水平 95%下的置信下限为

$$\bar{x}-Z_{\alpha/2}\frac{\sigma}{\sqrt{n}}=14.95-1.96\times\sqrt{\frac{0.6}{6}}=14.3302$$

置信上限为

$$\bar{x}+Z_{\alpha/2}\frac{\sigma}{\sqrt{n}}=14.95+1.96\times\sqrt{\frac{0.6}{6}}=15.5698$$

故产品平均直径在置信水平 95%下的置信区间为(14.3302,15.5698)。

Python 语言实现：

```
import numpy as np
import scipy.stats as ss
n=6; p=0.025; sigma=np.sqrt(0.6)
x=[14.6,15.1,14.9,14.8,15.2,15.1]
xbar=np.mean(x)
low=xbar-ss.norm.ppf(q=1-p) * (sigma / np.sqrt(n))
up=xbar+ss.norm.ppf(q=1-p) * (sigma /np.sqrt(n))
print ('low=%.3f'%low)
print ('up=%.3f'%up)
```

Python 代码的运行结果为：

```
low=14.330
up=15.570
```

6. 知识点：正态总体均值的区间估计(方差未知)

某品牌的咖啡厂商生产袋装咖啡，设每袋重量服从正态分布 $N(\mu,\sigma^2)$。现从市场上抽取简单随机样本容量为 9 袋，测得每袋重量分别为(单位：g)：99.3，98.7，100.5，101.2，98.3，99.7，99.5，102.1，100.5。试求 μ 在置信水平 95%下的置信区间。

解：依据题意，简单随机样本 $(X_1,X_2,\cdots,X_n)$ 来自正态总体 $N(\mu,\sigma^2)$，μ 是总体均值，σ^2 是总体方差。当总体方差 σ^2 未知时，有

$$t=\frac{\bar{X}-\mu}{S/\sqrt{n}}\sim t(n-1)$$

对给定的置信水平 $1-\alpha$，查 t 分布表可得与上侧概率 $\alpha/2$ 对应的分位点 $t_{\alpha/2}(n-1)$，使得

$$P\left\{-t_{\alpha/2}(n-1)<\frac{\bar{X}-\mu}{S/\sqrt{n}}<t_{\alpha/2}(n-1)\right\}=1-\alpha$$

有，

$$P\left\{\bar{X}-t_{\alpha/2}(n-1)\frac{S}{\sqrt{n}}<\mu<\bar{X}+t_{\alpha/2}(n-1)\frac{S}{\sqrt{n}}\right\}=1-\alpha$$

则总体均值在置信水平 $1-\alpha$ 下的置信区间为：

$$\left(\bar{X}-t_{\alpha/2}(n-1)\frac{S}{\sqrt{n}},\ \bar{X}+t_{\alpha/2}(n-1)\frac{S}{\sqrt{n}}\right)$$

根据数据的结果计算，$\bar{x}=99.978$，$s^2=1.47$。置信水平 $1-\alpha=0.95$，查 t 分布表可得 $t_{\alpha/2}(n-1)=t_{0.025}(8)=2.306$。于是，总体均值在置信水平 $1-\alpha$ 下的置信下限为

$$\bar{x}-t_{\alpha/2}(n-1)\cdot\frac{s}{\sqrt{n}}=99.978-2.306\times\sqrt{\frac{1.47}{9}}=99.046$$

置信上限为

$$\bar{x}+t_{\alpha/2}(n-1)\cdot\frac{s}{\sqrt{n}}=99.978+2.306\times\sqrt{\frac{1.47}{9}}=100.910$$

故总体均值 μ 在置信水平 95%下的置信区间为(99.046,100.910)。

Python 语言实现：

```
import numpy as np
import scipy.stats as ss
from scipy.stats import t
n=9; p=0.025; s=np.sqrt(1.47)
x=[99.3,98.7,100.5,101.2,98.3,99.7,99.5,102.1,100.5]
xbar=np.mean(x)
low=xbar-ss.t.ppf(1-p,n-1) * (s /np.sqrt(n))
up=xbar+ss.t.ppf(1-p,n-1) * (s /np.sqrt(n))
print ('low=%.3f'%low)
print ('up=%.3f'%up)
```

Python 代码的运行结果为：

```
low=99.046
up=100.910
```

7. 知识点：正态总体方差的区间估计(均值未知)

食品厂从生产的罐头中随机抽取 16 个称量其重量，得样本方差 $s^2=0.0023$。设罐头重量服从正态分布，试求其方差在置信水平 95%下的置信区间。

解：当总体均值 μ 未知时，总体方差 σ^2 的估计量为 $S^2=\frac{1}{n-1}\sum(X_i-\bar{X})^2$，得到

$$\chi^2=\frac{(n-1)S^2}{\sigma^2}\sim\chi^2(n-1)$$

在自由度为 $n-1$ 的 χ^2 分布的两个尾部概率 $\alpha/2$，对应的临界值 $\chi^2_{\alpha/2}(n-1)$ 和 $\chi^2_{1-\alpha/2}(n-1)$。于是，

$$P\left\{\chi^2_{1-\alpha/2}(n-1)<\frac{(n-1)S^2}{\sigma^2}<\chi^2_{\alpha/2}(n-1)\right\}=1-\alpha$$

经过变换有，

$$P\left(\frac{(n-1)S^2}{\chi^2_{\alpha/2}(n-1)}<\sigma^2<\frac{(n-1)S^2}{\chi^2_{1-\alpha/2}(n-1)}\right)=1-\alpha$$

总体方差在置信水平 $1-\alpha$ 下的置信区间为

$$\left(\frac{(n-1)S^2}{\chi^2_{\alpha/2}(n-1)},\frac{(n-1)S^2}{\chi^2_{1-\alpha/2}(n-1)}\right)$$

已知 $n=16,s^2=0.0023,1-\alpha=0.9,\alpha=0.1$，查 χ^2 分布表得 $\chi^2_{\alpha/2}(n-1)=27.488$，$\chi^2_{1-\alpha/2}(n-1)=6.262$。于是，总体方差在置信水平 $1-\alpha$ 下的置信下限为

$$\frac{(n-1)s^2}{\chi^2_{\alpha/2}(n-1)}=\frac{15\times0.0023}{27.488}=0.0013$$

置信上限为

$$\frac{(n-1)s^2}{\chi^2_{1-\alpha/2}(n-1)}=\frac{15\times0.0023}{6.262}=0.0055$$

故总体方差在置信水平 95%下的置信区间为 (0.0013,0.0055)。

Python 语言实现：

```
from scipy. stats import chi2
n=16;sq=0.0023;p=0.025
low=((n-1) * sq)/ chi2. ppf(1-p, n-1)
up=((n-1) * sq)/ chi2. ppf(p, n-1)
print ('low=%.4f'%low)
print ('up=%.4f'%up)
```

Python 代码的运行结果为：

```
low=0.0013
up=0.0055
```

8. 知识点：两个正态总体均值差的区间估计(方差已知)

某地区教育管理部门想估计两所中学的学生高考成绩平均分数之差。为此在两所中学独立抽取两个随机样本，有关数据如表 5.1 所示。假定两所中学的学生高考成绩均服从正态分布，方差分别为 $\sigma_1^2=2140,\sigma_2^2=3250$，试求两所中学的学生高考成绩平均分数之差的置信区间 ($\alpha=0.05$)。

表 5.1　两所中学抽取的学生高考成绩(单位：分)

中学 1	628,583,510,554,612,523,530,615
中学 2	535,433,398,470,567,480,498,560,503,426

解：依据题意，当 σ_1^2 和 σ_2^2 已知时，选择样本均值差 $\bar{X}_1-\bar{X}_2$ 作为总体均值差 $\mu_1-\mu_2$ 的估计量。样本均值差 $\bar{X}_1-\bar{X}_2$ 的抽样分布服从期望值为 $\mu_1-\mu_2$、方差为 $\left(\frac{\sigma_1^2}{n_1}+\frac{\sigma_2^2}{n_2}\right)$ 的

正态分布。于是，

$$Z=\frac{(\bar{X}_1-\bar{X}_2)-(\mu_1-\mu_2)}{\sqrt{\frac{\sigma_1^2}{n_1}+\frac{\sigma_2^2}{n_2}}}\sim N(0,1)$$

给定置信水平 $1-\alpha$，查正态分布表，可得上概率 $\alpha/2$ 的分位点 $z_{\alpha/2}$，则

$$P\left\{-z_{\alpha/2}<\frac{(\bar{X}_1-\bar{X}_2)-(\mu_1-\mu_2)}{\sqrt{\frac{\sigma_1^2}{n_1}+\frac{\sigma_2^2}{n_2}}}<z_{\alpha/2}\right\}=1-\alpha$$

经过变换，

$$P\left\{(\bar{X}_1-\bar{X}_2)-z_{\alpha/2}\sqrt{\frac{\sigma_1^2}{n_1}+\frac{\sigma_2^2}{n_2}}<\mu_1-\mu_2<(\bar{X}_1-\bar{X}_2)+z_{\alpha/2}\sqrt{\frac{\sigma_1^2}{n_1}+\frac{\sigma_2^2}{n_2}}\right\}=1-\alpha$$

两总体均值差 $\mu_1-\mu_2$ 在置信水平 $1-\alpha$ 下的置信区间为

$$\left((\bar{X}_1-\bar{X}_2)-z_{\alpha/2}\sqrt{\frac{\sigma_1^2}{n_1}+\frac{\sigma_2^2}{n_2}},(\bar{X}_1-\bar{X}_2)+z_{\alpha/2}\sqrt{\frac{\sigma_1^2}{n_1}+\frac{\sigma_2^2}{n_2}}\right)$$

利用样本数据计算的两样本均值差 $\bar{x}_1-\bar{x}_2=569.375-487=82.375$。置信水平 $1-\alpha=0.95$，查标准正态分布表可得 $Z_{\alpha/2}=1.96$。两总体均值之差 $\mu_1-\mu_2$ 在置信水平 $1-\alpha$ 下的置信下限为

$$(\bar{x}_1-\bar{x}_2)-z_{\alpha/2}\sqrt{\frac{\sigma_1^2}{n_1}+\frac{\sigma_2^2}{n_2}}=82.375-1.96\times\sqrt{\frac{2140}{8}+\frac{3250}{10}}=34.667$$

置信上限为

$$(\bar{x}_1-\bar{x}_2)+z_{\alpha/2}\sqrt{\frac{\sigma_1^2}{n_1}+\frac{\sigma_2^2}{n_2}}=82.375+1.96\times\sqrt{\frac{2140}{8}+\frac{3250}{10}}=130.083$$

故两所中学的学生高考成绩平均分数之差的置信区间为(34.667,130.083)

Python 语言实现：

```
import numpy as np
import scipy.stats as ss
x=[628,583,510,554,612,523,530,615]
y=[535,433,398,470,567,480,498,560,503,426]
n1=len(x) ;n2=len(y)
xbar=np.mean(x) ; ybar=np.mean(y)
sigmaq1=2140 ;sigmaq2=3250 ;p=0.025
low=xbar-ybar-ss.norm.ppf(q=1-p) * np.sqrt(sigmaq1/n1+sigmaq2/n2)
up=xbar-ybar+ss.norm.ppf(q=1-p) * np.sqrt(sigmaq1/n1+sigmaq2/n2)
print ('low=%.3f'%low)
print ('up=%.3f'%up)
```

Python 代码的运行结果为：

```
low=34.667
up=130.083
```

9. 知识点:两个正态总体均值差的区间估计(方差相等但未知)

某地区教育管理部门想估计两所中学的学生高考成绩平均分数之差,为此在两所中学独立抽取两个随机样本,有关数据如表 5.1 所示。假定两所中学的学生高考成绩均服从正态分布,两所中学学生成绩的方差相同但未知。试求两所中学的学生高考成绩平均分数之差的置信区间 ($\alpha=0.05$)。

解:依据题意,两个总体的方差 σ_1^2 和 σ_2^2 未知但相等,即 $\sigma_1^2=\sigma_2^2$,联合样本方差 S_p^2 为

$$S_p^2=\frac{(n_1-1)S_1^2+(n_2-1)S_2^2}{n_1+n_2-2}$$

基于样本均值差 $\bar{X}_1-\bar{X}_2$ 的统计量服从自由度为 n_1+n_2-2 的 t 分布。于是,

$$t=\frac{(\bar{X}_1-\bar{X}_2)-(\mu_1-\mu_2)}{S_p\sqrt{\dfrac{1}{n_1}+\dfrac{1}{n_2}}}\sim t(n_1+n_2-2)$$

给定置信水平 $1-\alpha$,查 t 分布表,可得上侧概率 $\alpha/2$ 对应的分位数 $t_{\alpha/2}(n_1+n_2-2)$。则

$$P\left\{-t_{\alpha/2}(n_1+n_2-2)<\frac{(\bar{X}_1-\bar{X}_2)-(\mu_1-\mu_2)}{S_p\sqrt{\dfrac{1}{n_1}+\dfrac{1}{n_2}}}<t_{\alpha/2}(n_1+n_2-2)\right\}=1-\alpha$$

经过变换,

$$P\left\{(\bar{X}_1-\bar{X}_2)-t_{\alpha/2}(n_1+n_2-2)S_p\sqrt{\frac{1}{n_1}+\frac{1}{n_2}}<\mu_1-\mu_2<(\bar{X}_1-\bar{X}_2)+t_{\alpha/2}(n_1+n_2-2)S_p\sqrt{\frac{1}{n_1}+\frac{1}{n_2}}\right\}=1-\alpha$$

两总体均值差 $\mu_1-\mu_2$ 在置信水平 $1-\alpha$ 下的置信区间为:

$$\left((\bar{X}_1-\bar{X}_2)-t_{\alpha/2}(n_1+n_2-2)S_p\sqrt{\frac{1}{n_1}+\frac{1}{n_2}},\ (\bar{X}_1-\bar{X}_2)+t_{\alpha/2}(n_1+n_2-2)S_p\sqrt{\frac{1}{n_1}+\frac{1}{n_2}}\right)$$

利用题目的数据,计算的两样本均值之差 $\bar{x}_1-\bar{x}_2=569.375-487=82.375$。联合样本力差为

$$s_p^2=\frac{(n_1-1)s_1^2+(n_2-1)s_2^2}{n_1+n_2-2}=\frac{(8-1)\times 2140.554+(10-1)\times 3256.222}{8+10-2}=2768.117$$

给定置信水平 $1-\alpha=0.95$,$t_{0.05/2}(8+10-2)=2.1199$。两总体均值差 $\mu_1-\mu_2$ 在置信水平 $1-\alpha$ 下的置信下限为

$$(\bar{x}_1-\bar{x}_2)-t_{\alpha/2}(n_1+n_2-2)\sqrt{s_p^2\left(\frac{1}{n_1}+\frac{1}{n_2}\right)}$$

$$=82.375+2.1199\times\sqrt{2768.117\left(\frac{1}{8}+\frac{1}{10}\right)}=29.470$$

置信上限为

$$(\bar{x}_1-\bar{x}_2)+t_{\alpha/2}(n_1+n_2-2)\sqrt{s_p^2\left(\frac{1}{n_1}+\frac{1}{n_2}\right)}$$

$$=82.375+2.1199\times\sqrt{2768.117\left(\frac{1}{8}+\frac{1}{10}\right)}=135.280$$

故两所中学的学生高考成绩平均分数之差的置信区间为(29.470,135.280)

Python 语言实现：

```
import numpy as np
import scipy. stats as ss
x=[628,583,510,554,612,523,530,615]
y=[535,433,398,470,567,480,498,560,503,426]
n1=1.0 * len(x) ; n2=1.0 * len(y)
s1=np. var(x,ddof=1) ; s2=np. var(y,ddof=1)
xbar=np. mean(x) ; ybar=np. mean(y)
p=0.025
sq=((n1-1) * s1+(n2-1) * s2 )/(n1-1+n2-1)
low=xbar-ybar-ss. t. ppf(1-p,n1+n2-2) * np. sqrt(sq * (1/n1+1/n2))
up=xbar-ybar+ss. t. ppf(1-p,n1+n2-2) * np. sqrt(sq * (1/n1+1/n2))
print ('low=%. 3f'%low)
print ('up=%. 3f'%up)
```

Python 代码的运行结果为：

```
low=29.470
up=135.280
```

10. 知识点：两个正态总体方差比的区间估计(均值未知)

两台机床 A 和 B 分别加工某种轴承，轴承的直径分别服从正态分布 $N(\mu_1,\sigma_1^2)$ 和 $N(\mu_2,\sigma_2^2)$。从各自加工的轴承中分别抽取若干个轴承测其直径，结果如表 5.2 所示。

表 5.2 两台机床抽取的轴承直径(单位：毫米)

机床 A	20.5,19.8,19.7,20.4,20.1,20.0,19.0,19.9
机床 B	20.7,19.8,19.5,20.8,20.4,19.6,20.2

试求两台机床加工的轴承直径的方差比的 95%的置信区间。

解：依据题意，对于两个正态分布 $N(\mu_1,\sigma_1^2)$ 和 $N(\mu_2,\sigma_2^2)$ 的样本方差 S_1^2 和 S_2^2 相互

独立，有

$$\frac{(n_1-1)S_1{}^2}{\sigma_1{}^2}\sim\chi^2(n_1-1),\frac{(n_2-1)S_2{}^2}{\sigma_2{}^2}\sim\chi^2(n_2-1)$$

基于两个样本方差，构造统计量的抽样分布为 $F(n_1-1,n_2-2)$ 分布，即

$$F=\frac{S_1^2/\sigma_1^2}{S_2^2/\sigma_2^2}\sim F(n_1-1,n_2-1)$$

给定置信水平 $1-\alpha$，查 F 分布表，有 $F_{\alpha/2}$ 和 $F_{1-\alpha/2}$ 分别是分子自由度为 n_1-1 和分母自由度为 n_2-1 的 F 分布的上侧概率 $\alpha/2$ 和 $1-\alpha/2$ 对应的分位数。

$$P\left\{F_{1-\alpha/2}<\frac{S_1^2/\sigma_1^2}{S_2^2/\sigma_2^2}<F_{\alpha/2}\right\}=1-\alpha$$

经过变换，在置信水平 $1-\alpha$ 下的置信区间为

$$\frac{S_1^2/S_2^2}{F_{\alpha/2}}<\frac{\sigma_1^2}{\sigma_2^2}<\frac{S_1^2/S_2^2}{F_{1-\alpha/2}}$$

已知样本量分别为 n_1 和 n_2，样本方差分别为 $s_1^2=0.189$ 和 $s_2^2=0.234$。给定置信水平 $1-\alpha=0.95$，$F_{0.05/2}(7,6)=4.207$，$F_{1-0.05/2}(7,6)=1/F_{0.05/2}(6,7)=1/3.866=0.259$。两总体方差比 σ_1^2/σ_2^2 在置信水平 $1-\alpha$ 下的置信下限为

$$\frac{s_1^2/s_2^2}{F_{1-\alpha/2}(n_1-1,n_2-1)}=0.142$$

置信上限为

$$\frac{s_1^2/s_2^2}{F_{\alpha/2}(n_1-1,n_2-1)}=4.145$$

故两台机床加工的轴承直径的方差比在置信概率 95%下的置信区间为（0.142，4.145）。

Python 语言实现：

```
import numpy as np
from scipy. stats import f
x=[20.5, 19.8,19.7,20.4,20.1,20.0,19.0,19.9]
y=[20.7,19.8,19.5,20.8,20.4,19.6,20.2]
sq1=np. var(x) ;sq2=np. var(y)
n1=8 ;n2=7;p=0.025
low=sq1/sq2 * 1/f. ppf(1-p, n1-1, n2-1)
up=sq1/sq2 * 1/f. ppf( p, n1-1, n2-1)
print ('low=%.3f'%low)
print ('up=%.3f'%up)
```

Python 代码的运行结果为：

```
low=0.142
up=4.145
```

5.5 应用示例:中国省域碳排放强度均值估计

实现碳达峰、碳中和,是以习近平总书记为核心的党中央统筹国内国际两个大局作出的重大战略决策,是着力解决资源环境约束突出问题、实现中华民族永续发展的必然选择。党的二十大报告明确指出,要积极稳妥推进碳达峰、碳中和,积极参与应对气候变化全球治理。碳排放核算及相应数据分析成为准确把握碳排放的未来变化趋势,有效推动各项碳减排工作的重要基础。

本案例以中国省域单位 GDP 碳排放作为研究对象,各省域碳排放数据来自中国碳核算数据库(西藏由于数据缺失剔除),以 2000 年不变价格调整的 GDP 数据源自《中国统计年鉴》,如表 5.3 所示。

表 5.3 2000、2005、2010、2015 年中国各省域单位 GDP 碳排放

省 份	2000	2005	2010	2015	省 份	2000	2005	2010	2015
北 京	2.008	1.710	1.021	0.611	河 南	2.781	3.960	3.615	2.139
天 津	3.934	2.735	1.947	1.094	湖 北	3.606	2.911	2.555	1.387
河 北	5.114	4.763	3.822	2.859	湖 南	2.134	2.890	2.093	1.378
山 西	4.765	8.670	11.333	17.436	广 东	1.696	1.360	1.246	0.928
内蒙古	7.203	7.269	7.444	6.185	广 西	2.282	2.030	2.016	1.610
辽 宁	6.219	5.023	3.257	2.273	海 南	0.909	0.889	2.838	2.629
吉 林	4.918	4.536	3.483	2.161	重 庆	3.383	2.442	2.302	1.267
黑龙江	5.462	4.373	3.829	2.544	四 川	2.648	2.389	2.240	1.201
上 海	2.110	1.702	1.143	0.799	贵 州	5.947	8.613	8.237	6.066
江 苏	2.528	2.460	1.844	1.355	云 南	2.662	4.031	3.263	1.954
浙 江	1.631	2.360	1.897	1.301	陕 西	3.799	6.948	4.983	5.065
安 徽	4.221	3.582	3.141	2.616	甘 肃	6.719	5.961	4.872	3.589
福 建	1.434	1.584	1.517	1.190	青 海	4.761	4.537	4.348	3.091
江 西	2.572	2.599	2.081	1.606	宁 夏	0.276	14.881	16.800	13.392
山 东	3.135	4.285	3.255	2.352	新 疆	6.551	6.017	6.619	6.253

利用表 5.3 中我国各省域单位 GDP 碳排放数据,给出 2000、2005、2010、2015 年各省域碳排放强度均值的点估计,并计算在置信水平 95%下的各省域碳排放强度均值的置信区间。为了演示,不考虑各省域的规模效应。假设各省域单位 GDP 碳排放数值服从正态分布,样本量为 $n=30$。根据表 5.3 的数据,2000 年度各省域单位 GDP 碳排放的均值和方差计算结果为

$$\bar{x}=3.580, s^2=3.399$$

类似地,2005、2010、2015 年度各省域单位 GDP 碳排放的均值和方差计算结果见表 5.4。

表 5.4 各省域单位GDP碳排放的样本均值和样本方差

年度	样本均值	样本方差
2000	3.580	3.399
2005	4.250	8.360
2010	3.868	11.163
2015	3.278	13.639

基于已知条件，2000 年度各省域碳排放强度服从正态分布，样本均值为总体均值 μ_{2000} 的矩估计，记为 $\hat{\mu}_{2000}$，2000 年度各省域碳排放强度均值的矩估计为

$$\hat{\mu}_{2000}=\frac{1}{n}\sum_{i=1}^{n}X_i=\bar{X}$$

代入样本数据，计算得

$$\hat{\mu}_{2000}=3.580$$

即 2000 年度各省域碳排放强度均值的矩估计为 3.580。

对于 2000 年度各省域碳排放强度均值的置信区间，2000 年度各省域碳排放强度方差 σ^2 未知，有

$$t=\frac{\bar{X}-\mu}{S/\sqrt{n}}\sim t(n-1)$$

对给定的置信水平 $1-\alpha$，查 t 分布表可得上侧概率 $\alpha/2$ 对应的分位数 $t_{\alpha/2}(n-1)$，使得

$$P\left\{-t_{\alpha/2}(n-1)<\frac{\bar{X}-\mu}{S/\sqrt{n}}<t_{\alpha/2}(n-1)\right\}=1-\alpha$$

经过变换，得到在置信水平 $1-\alpha$ 下的置信区间为

$$\left(\bar{X}-t_{\alpha/2}(n-1)\frac{S}{\sqrt{n}},\ \bar{X}+t_{\alpha/2}(n-1)\frac{S}{\sqrt{n}}\right)$$

根据表 5.4 的计算结果，$\bar{x}=3.580$，$s^2=3.399$。置信水平 $1-\alpha=0.95$，查 t 分布表可得 $t_{\alpha/2}(n-1)=t_{0.025}(29)=2.045$。于是，2000 年度各省域单位 GDP 碳排放在置信水平 $1-\alpha=0.95$ 下的置信下限为

$$\bar{x}-t_{\alpha/2}(n-1)\cdot\frac{s}{\sqrt{n}}=3.580-2.045\times\sqrt{\frac{3.399}{30}}=2.8919$$

置信上限为

$$\bar{x}+t_{\alpha/2}(n-1)\cdot\frac{s}{\sqrt{n}}=3.580+2.045\times\sqrt{\frac{3.399}{30}}=4.2687$$

故 2000 年各省域排放强度均值的点估计值为 3.580，在置信概率 95%下的置信区间为(2.892，4.269)。

采用同样方法，2005、2010 和 2015 年各省域碳排放强度均值的点估计值为 4.250、3.868 与 3.278；在置信概率 95%下的置信区间分别为(3.1706，5.3300)、(2.7205，

5.2156)与(1.8987,4.6567),见表5.5。

表 5.5 各省域单位 GDP 碳排放的点估计和置信区间

年度	点估计	置信区间
2000	3.580	(2.8919,4.2687)
2005	4.250	(3.1706,5.3300)
2010	3.868	(2.7205,5.2156)
2015	3.278	(1.8987,4.6567)

通过对比研究发现,尽管我国各省域碳排放强度在观察期内变化趋势存在差异,但总体碳排放强度均值水平基本呈现下降态势,表明我国高度重视应对气候变化问题,积极实施推广应用清洁能源与实施重大生态工程等措施,碳减排成效显著。

Python 语言实现:

```
#导入需要的包
import numpy as np
from scipy import stats as ss
data1=[2.008, 3.934, 5.114, 4.765, 7.203, 6.219, 4.918, 5.462, 2.110, 2.528,
1.631, 4.221, 1.434, 2.572, 3.135, 2.781, 3.606, 2.134, 1.696, 2.282, 0.909,
3.383, 2.648, 5.947, 2.662, 3.799, 6.719, 4.761, 0.276, 6.551]
data2=[1.710,2.735,4.763,8.670,7.269,5.023, 4.536, 4.373, 1.702, 2.460,
2.360, 3.582, 1.584, 2.599, 4.285, 3.960, 2.911, 2.890, 1.360, 2.030, 0.889,
2.442, 2.389, 8.613, 4.031, 6.948, 5.961, 4.537, 14.881, 6.017]
data3=[1.021, 1.947, 3.822, 11.333, 7.444, 3.257, 3.483, 3.829, 1.143, 1.844,
1.897, 3.141, 1.517, 2.081, 3.255,3.615, 2.555, 2.093, 1.246, 2.016, 2.838,
2.302, 2.240, 8.237, 3.263, 4.983, 4.872, 4.348, 16.800, 6.619]
data4=[0.611, 1.094, 2.859, 17.436, 6.185, 2.273, 2.161, 2.544, 0.799, 1.355,
1.301, 2.616, 1.190, 1.606, 2.352,2.139, 1.387, 1.378, 0.928, 1.610, 2.629,
1.267, 1.201, 6.066, 1.954, 5.065, 3.589, 3.091, 13.392, 6.253]
def ttest_conf(data, confidence=0.95):
    # 自定义函数实现t分布下的置信区间
    r_mean=np.mean(data) #计算均值
    r_std=np.std(data,ddof=1) #注意,numpy计算标准差除以的是n,要使无偏,
则需加上ddof=1
    r_size=len(data) #计算样本容量
    alpha=1-confidence #显著性水平
    t_score=ss.t.isf(alpha / 2, df=(r_size-1)) #查表得到t分布的得分
    ME=t_score * r_std / np.sqrt(r_size)
```

```
    lower_limit=r_mean-ME      #置信下限
    upper_limit=r_mean+ME      #置信上限
    return [lower_limit, upper_limit]
print('''2000 年各省域碳排放强度的均值为:{0:3f}
2000 年各省域碳排放强度均值的 95%置信区间为:({1[0]:.4f},{1[1]:.4f})'''
.format(np.mean(data1),ttest_conf(data1)))
print('''2005 年各省域碳排放强度的均值为:{0:3f}
2005 年各省域碳排放强度均值的 95%置信区间为:({1[0]:.4f},{1[1]:.4f})'''
.format(np.mean(data2),ttest_conf(data2)))
print('''2010 年各省域碳排放强度的均值为:{0:3f}
2010 年各省域碳排放强度均值的 95%置信区间为:({1[0]:.4f},{1[1]:.4f})'''
.format(np.mean(data3),ttest_conf(data3)))
print('''2015 年各省域碳排放强度的均值为:{0:3f}
2015 年各省域碳排放强度均值的 95%置信区间为:({1[0]:.4f},{1[1]:.4f})'''
.format(np.mean(data4),ttest_conf(data4)))
```

Python 代码的运行结果为：

```
2000 年各省域碳排放强度的均值为:3.580
2000 年各省域碳排放强度均值的 95%置信区间为:(2.8919,4.2687)
2005 年各省域碳排放强度的均值为:4.250
2005 年各省域碳排放强度均值的 95%置信区间为:(3.1706,5.3300)
2010 年各省域碳排放强度的均值为:3.868
2010 年各省域碳排放强度均值的 95%置信区间为:(2.7205,5.2156)
2015 年各省域碳排放强度的均值为:3.278
2015 年各省域碳排放强度均值的 95%置信区间为:(1.8987,4.6567)
```

5.6　小结

样本统计量是样本的一个函数，因此是随机变量。所谓参数估计就是构造适当的样本统计量，来充当总体参数的估计量。参数估计方法包括点估计与区间估计，其中点估计主要有矩估计和最大似然估计。本章介绍的各种估计可归纳如下

估计对象	点估计	区间估计
总体均值	矩估计：$\hat{\mu}=\bar{X}=\frac{1}{n}\sum_{i=1}^{n}X_i$ 最大似然估计： $\hat{\mu}=\frac{1}{n}\sum_{i=1}^{n}X_i=\bar{X}$	总体方差已知：$\bar{X}\pm Z_{\alpha/2}\frac{\sigma}{\sqrt{n}}$ 总体方差未知：$\bar{X}\pm t_{\alpha/2}(n-1)\frac{S}{\sqrt{n}}$
总体方差	矩估计： $\hat{\sigma}^2=S^2=\frac{1}{n-1}\sum_{i=1}^{n}(X_i-\bar{X})^2$ 最大似然估计： $\hat{\sigma}^2=\frac{1}{n}\sum_{i=1}^{n}(X_i-\bar{X})^2$	总体均值未知： $\left(\frac{(n-1)S^2}{\chi^2_{\alpha/2}(n-1)},\frac{(n-1)S^2}{\chi^2_{1-\alpha/2}(n-1)}\right)$
两个正态总体均值之差	矩估计： $\hat{\mu}_1-\hat{\mu}_2=\bar{X}_1-\bar{X}_2$	方差已知：$(\bar{X}_1-\bar{X}_2)\pm z_{\alpha/2}\sqrt{\frac{\sigma_1^2}{n_1}+\frac{\sigma_2^2}{n_2}}$ 方差相等但未知： $(\bar{X}_1-\bar{X}_2)\pm t_{\alpha/2}(n_1+n_2-2)S_p\sqrt{\frac{1}{n_1}+\frac{1}{n_2}}$ 其中，$S_p=\sqrt{\frac{(n_1-1)S_1^2+(n_2-1)S_2^2}{n_1+n_2-2}}$
两个正态总体方差之比	矩估计： $\hat{\sigma}_1^2/\hat{\sigma}^2=S_1^2/S_2^2$	$\frac{S_1^2/S_2^2}{F_{\alpha/2}}<\frac{\sigma_1^2}{\sigma_2^2}<\frac{S_1^2/S_2^2}{F_{1-\alpha/2}}$

5.7 习题

1. 保险公司从投保人中随机抽取 36 人，计算 36 人的平均年龄 $\bar{x}=39.5$ 岁，已知投保人平均年龄近似服从正态分布，标准差为 7.2 岁，试求全体投保人平均年龄的置信水平为 99%的置信区间。

2. 某大学为了解学生每天上网的时间，在全校 7500 名学生中采取有放回的简单随机抽样抽取 36 人，调查他们每天上网的时间，得到下面的数据(单位：小时)：

3.3	3.1	6.2	5.8	2.3	4.1	5.4	4.5	3.2
4.4	2	5.4	2.6	6.4	1.8	3.5	5.7	2.3
2.1	1.9	1.2	5.1	4.3	4.2	3.6	0.8	1.5
4.7	1.4	1.2	2.9	3.5	2.4	0.5	3.6	2.5

试求该校大学生平均上网时间的置信区间，置信水平分别为 90%，95%和 99%。

3. 根据长期实验，飞机的最大飞行速度服从正态分布。现对某新型飞机进行了 16

次试飞，测得各次试飞时的最大飞行速度如下(单位：米/秒)。

422.2	417.2	425.6	425.8	423.1	418.7	428.2	438.3
434.0	412.3	431.5	413.5	441.3	423.0	420.3	436.8

试对该飞机最大飞行速度的数学期望值进行区间估计(置信水平为 0.95)。

4. 某企业生产的袋装食品采用自动打包机包装，每袋标准重量为 100 克。现从某天生产的一批产品中按有放回的简单随机抽样抽取 50 包进行检查，每包重量如下。

每包重量(克)	包数
96—98	2
98—100	3
100—102	34
102—104	7
104—106	4
合计	50

已知每包食品的重量服从正态分布，试求该种食品平均重量在置信概率 95%下的置信区间。

5. 食品厂从生产的罐头中随机抽取 15 个称量其重量(单位：克)，得到样本方差为 $s^2=1.65^2$，设罐头重量服从正态分布，试求其方差的置信水平为 90%的置信区间。

6. 顾客到银行办理业务时往往需要等待一段时间，而等待时间的长短与多种因素有关。比如，银行业务员办理业务的速度，顾客排队的方案等。为此，某银行准备采取两种排队方式进行试验，第一种排队方式是：所有顾客都进入一个等待队列；第二种排队方式是：顾客在三个业务窗口处列队三排等待。为比较哪种排队方式使顾客等待的时间更短，银行各随机抽取 10 名顾客，他们在办理业务时所等待的时间如下(单位：分钟)。

方式 1	6.5	6.6	6.7	6.8	7.1	7.3	7.4	7.7	7.7	7.7
方式 2	4.2	5.4	5.8	6.2	6.7	7.7	7.7	8.5	9.3	10.0

要求：

(1)试构建第一种排队方式等待时间在置信概率 95%下的置信区间。

(2)试构建第二种排队方式等待时间在置信概率 95%下的置信区间。

(3)根据(1)和(2)的结果，你认为哪种排队方式更好？

7. 从两个正态总体中分别抽取两个独立的随机样本，它们的均值和标准差如下表所示。

来自总体 1 的样本	来自总体 2 的样本
$\bar{x}_1 = 25$	$\bar{x}_2 = 23$
$s_1^2 = 16$	$s_2^2 = 20$

设 $n_1 = n_2 = 10$，$\sigma_1^2 = \sigma_2^2$，试求 $\mu_1 - \mu_2$ 在置信概率 95%下的置信区间。

8. 生产工序的方差是工序质量的一个重要度量。当方差较大时，需要对工序进行改进以减小方差。下面是两部机器生产的袋装茶重量的数据(单位:克)。

机器 1			机器 2		
3.45	3.22	3.90	3.22	3.28	3.35
3.20	2.98	3.70	3.38	3.19	3.30
3.22	3.75	3.28	3.30	3.20	3.05
3.50	3.38	3.35	3.30	3.29	3.33
2.95	3.45	3.20	3.34	3.35	3.27
3.16	3.48	3.12	3.28	3.16	3.28
3.20	3.18	3.25	3.30	3.34	3.25

试构建两个总体方差比 σ_1^2/σ_2^2 在置信概率 95%下的置信区间。

第 6 章　假设检验

假设检验是统计数据分析的重要方法之一。基于概率样本，构造检验统计量对所关心的总体参数进行统计检验。本章主要介绍正态总体均值和方差的假设检验。

6.1　假设检验的基础概念

1. 假设检验：对设定的假设成立与否进行统计检验的过程。假设检验包括参数假设检验和非参数假设检验。参数假设检验是在已知总体分布类型的情况下对总体参数的假设检验。非参数假设检验是在总体分布类型未知的情况下的假设检验。

2. 原假设与备择假设：对总体的未知分布或未知参数提出的，欲验证其是否成立的断言，称其为备择假设，用 H_1 表示。原假设与备择假设互斥，用 H_0 表示。假设检验对两个互斥的假设进行判断，决定是否接受备择假设 H_1。

3. 检验统计量：是样本的函数，用于检验备择假设是否成立。检验统计量在原假设 H_0 成立的条件下分布已知，且与任何未知参数无关。

4. 拒绝域和接受域：事先给定显著性水平，在原假设成立的条件下，依据检验统计量的分布确定临界值，将检验统计量取值范围划分为拒绝域和接受域两部分。拒绝域和接受域互补。检验统计量的样本观察值落在拒绝域中，认为有充分理由拒绝原假设。

5. 双侧检验和单侧检验：备择假设的参数取值范围是某数值的左侧区域或者某数值的右侧区域，称作左侧检验与右侧检验，都属于单侧检验。备择假设的参数取值范围是某数值的双侧区域，称作双侧检验。双侧检验和单侧检验的原假设和备择假设如表 6.1 所示。双侧检验和单侧检验关于显著性水平的分配如图 6.1 所示。

表 6.1　检验类型、原假设和备择假设

检验类型	原假设	备择假设
双侧	$H_0:\theta=\theta_0$	$H_1:\theta\neq\theta_0$
左侧	$H_0:\theta\geqslant\theta_0$	$H_1:\theta<\theta_0$
右侧	$H_0:\theta\leqslant\theta_0$	$H_1:\theta>\theta_0$

6. 显著性水平：在原假设成立的条件下，检验统计量的样本观测值落到拒绝域中，拒绝原假设。相应地，检验统计量落到拒绝域中的概率称为显著性水平。显著性水平应该根据实际问题而定，用 α 来表示。通常，显著性水平设定为 1%、5%、10% 等。

7. p — 值规则：检验统计量的样本观测值对应的 p — 值小于事前给定的显著性水平，认为有充分证据说明原假设不成立。如果检验统计量的样本观测值对应的 p — 值大于

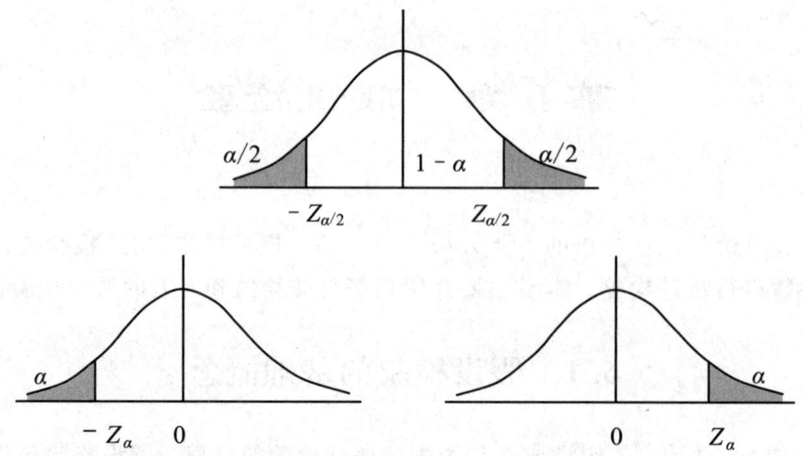

图 6.1 双侧检验和单侧检验关于显著性水平的分配

事前给定的显著性水平,认为没有充分证据说明原假设不成立。

8. 临界值规则:根据事前给定的显著性水平和检验统计量的分布,计算临界值,构造拒绝域。检验统计量的观测值落在拒绝域中,认为有充分证据说明原假设不成立。检验统计量的观测值没有落在拒绝域中,认为拒绝原假设的证据不充分。

9. 假设检验的两类错误:假设检验的错误包括两种类型。第一类错误也称为弃真错误,即拒绝真实的原假设。第一类错误发生的概率是事前给定的显著性水平,常用 α 表示。第二类错误也称为取伪错误,即没有拒绝错误的原假设。第二类错误发生的概率常用 β 表示。

6.2 假设检验的原理与步骤

1. 假设检验的原理:也称小概率事件原理,即小概率事件在一次试验中几乎不可能发生。若在一次试验中,小概率事件发生了,则对假设检验来说,认为有充分理由拒绝原假设。

2. 假设检验的步骤:

步骤一:提出假设。提出原假设 H_0 与备择假设 H_1;

步骤二:构造检验统计量 T,计算检验统计量 T 的样本观测值;

步骤三:在原假设成立的条件下给定显著性水平 α,计算临界值,构造拒绝域。

步骤四:做出判断。根据检验统计量 T 的样本观测值是否落在拒绝域中,做出是否有充分证据拒绝原假设 H_0 的判断。

6.3　假设检验的知识结构图

假设检验的知识结构图如图 6.2 所示。

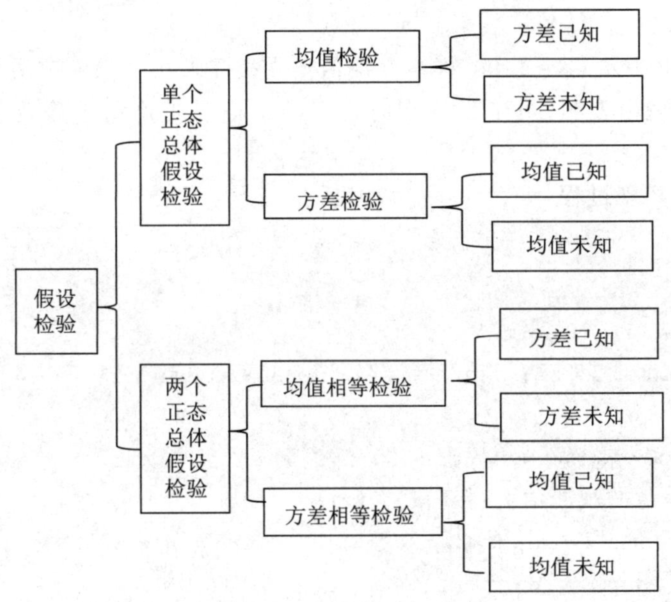

图 6.2　假设检验的知识结构图

6.4　假设检验的知识点与 Python 语言实践

1. 知识点：单个正态总体均值假设检验(总体方差已知)

某商品生产行业报告的员工平均小时工资为 24.57 元。简单随机选取 30 名员工，进行抽样调查，检验员工平均小时工资是否与某商品生产行业报告的平均小时工资 24.57 元不同。调查数据显示，员工平均小时工资为 23.89 元。假设总体服从正态分布，标准差为每小时 2.40 元。显著性水平为 0.05。

解：由题意知，总体服从正态分布，均值记为 μ，方差记为 σ^2。其中，标准差 σ 为每小时 2.40 元。样本量 n 为 30，样本均值 $\bar{x}$ 为 23.89 元。显著性水平 α 为 0.05。员工平均小时工资是否等于某商品生产行业报告的平均小时工资 24.57 元的检验过程如下。

步骤一：提出假设

$$H_0:\mu=24.57, H_1:\mu\neq 24.57$$

步骤二：在原假设成立条件下，构造检验统计量并计算统计量的样本观测值

$$Z=\frac{\bar{X}-\mu}{\sqrt{\sigma^2/n}}=\frac{\bar{X}-\mu}{\sigma/\sqrt{n}}$$

$$=\frac{23.89-24.57}{2.4/\sqrt{30}}=-1.552$$

在 H_0 成立条件下，$Z \sim N(0,1)$。

步骤三：确定临界值和拒绝域

在显著性水平 $\alpha=0.05$ 下，临界值 $Z_{0.025}=1.96$，拒绝域为 $(-\infty,-1.96]\cup[1.96,+\infty)$。

步骤四：做出判断

$|Z|=1.552<Z_{0.025}=1.96$，样本观测值落在接受域中。没有充分理由拒绝原假设 H_0，即没有充分理由表明，员工平均小时工资与某商品生产行业报告的平均小时工资 24.57 元显著不同。

python 语言实现过程：

```
import math
import numpy as np
from scipy.stats import norm
alpha=0.05; Mu0=24.57; Sigma=2.40; n=30; xmean=23.89
pow(16, 0.5)
z=(xmean-Mu0)/pow(pow(Sigma,2)/n,0.5)
print("检验统计量的观测值为:%.3f"%(z))
Z_alpha1=abs(norm.isf(alpha/2))
Z_alpha2=-Z_alpha1
print("临界值1为:%.3f 临界值2为:%.3f"%(Z_alpha1,Z_alpha2))
print("拒绝域为:Z>=%.3f 或 Z<=%.3f"%(Z_alpha1,Z_alpha2))
if abs(z)>Z_alpha1:
    print("拒绝原假设,认为员工平均小时工资与某商品生产行业报告的平均小时工资24.57元显著不同。")
else:
    print("接受原假设,认为员工平均小时工资与某商品生产行业报告的平均小时工资24.57元没有显著不同。")
```

Python 运行结果：

```
检验统计量的观测值为:-1.552
临界值1为:1.960 临界值2为:-1.960
拒绝域为:Z>=1.960 或 Z<=-1.960
接受原假设,认为员工平均小时工资与某商品生产行业报告的平均小时工资24.57元没有显著不同。
```

2. 知识点：单个正态总体均值假设检验（总体方差未知）

某商品生产行业员工的平均小时工资为 24.57 元。简单随机选取 30 名员工，进行抽样调查，检验员工平均小时工资是否与某商品生产行业报告的平均小时工资 24.57 元有所不同。调查数据显示，员工平均小时工资为 23.89 元，样本标准差为 2.20 元，假设总体服从正态分布，显著性水平为 0.05。

解：由题意知，总体分布为正态分布，总体均值记为 μ，样本均值记为 $\bar{x}$，样本方差记为 s^2。其中，样本量 n 为 30，总体方差 σ^2 未知，用样本方差 s^2 代替，样本标准差为每小时 2.20 元，样本均值 $\bar{x}$ 为 23.89 元。显著性水平 α 为 0.05。员工平均小时工资是否等于某商品生产行业报告的平均 24.57 元的检验过程如下。

步骤一：提出假设

$$H_0: \mu = 24.57, H_1: \mu \neq 24.57$$

步骤二：在原假设成立条件下，构造检验统计量并计算统计量的样本观测值

$$t = \frac{\bar{X} - \mu}{s/\sqrt{n-1}} = \frac{23.89 - 24.57}{2.2/\sqrt{30-1}} = -1.665$$

在 H_0 成立条件下，$t \sim t(n-1)$。

步骤三：确定临界值和拒绝域

在显著性水平 $\alpha = 0.05$ 下，临界值 $t_{0.025}(29) = 2.045$，拒绝域为 $(-\infty, -2.045] \cup [2.045, +\infty)$。

步骤四：做出判断

$|t| = 1.665 < 2.045$，样本观测值落到接受域中。没有充分理由拒绝原假设 H_0，即没有充分理由表明，员工平均小时工资与某商品生产行业报告的平均小时工资 24.57 元显著不同。

python 语言实现过程：

```
import math
import numpy as np
alpha=0.05; Mu0=24.57; s=2.20; n=30; xmean=23.89
pow(16, 0.5)
t_=(xmean-Mu0)/(s/pow(n-1,0.5))
print("检验样本统计量的观测值为：%.3f"%(t_))
from scipy.stats import t
T_alpha1=abs(t.ppf(alpha/2,n-1))
T_alpha2=-T_alpha1
print("临界值 1 为：%.3f 临界值 2 为：%.3f"%(T_alpha1,T_alpha2))
print("拒绝域为：T>=%.3f 或 T<=%.3f"%(T_alpha1,T_alpha2))
if abs(t_)>T_alpha1:
    print("拒绝原假设，认为员工平均小时工资与某商品生产行业报告的平均小时工资 24.57 元显著不同。")
else:
    print("接受原假设，认为员工平均小时工资与某商品生产行业报告的平均小时工资 24.57 元没有显著不同。")
```

Python 运行结果：

```
检验统计量的观测值为：－1.665
临界值1为:2.045 临界值2为：－2.045
拒绝域为:T>＝2.045 或 T<＝－2.045
接受原假设,认为员工平均小时工资与某商品生产行业报告的平均小时工资24.57元没有显著不同。
```

3. 知识点:单个正态总体方差假设检验(总体均值已知)

某品牌化肥袋装质量 X 服从均值为 $50kg$ 的正态分布,要求其质量的方差不超过 $0.25kg^2$。现从某天生产的袋装化肥中随机抽取16袋,测得质量分别为

50.2,50.5,49.7,48.9,49.8,50.5,50.1,50.3,49.8,49.7,49.5,50.6,50.4,49.5,50.2,48.9,

试在显著性水平0.05下,检验该天生产的袋装化肥质量的方差是否满足要求。假设总体服从正态分布。

解:由题意知,总体分布为正态分布,总体均值 $\mu=50kg$,总体方差 $\sigma^2=0.25kg^2$,样本量 $n=16$。显著性水平 α 为0.05。该天生产的袋装化肥质量的方差不超过 $0.25kg^2$ 的检验过程如下。

步骤一:提出假设

$$H_0:\sigma^2\leqslant 0.25, H_1:\sigma^2>0.25$$

步骤二:在原假设成立条件下,构造检验统计量并计算统计量的样本观测值

$$\chi^2=\frac{\sum_{i=1}^{n}(X_i-\mu)^2}{\sigma^2}=17.520$$

在 H_0 成立条件下,$\chi^2\sim\chi^2(n)$。

步骤三:确定临界值和拒绝域

在显著性水平 $\alpha=0.05$ 下,临界值 $\chi^2_{0.05}(16)=26.296$,拒绝域为 $[26.296,+\infty)$。

步骤四:做出判断

$\chi^2=17.520<26.296$,检验统计量的样本观测值未落入拒绝域,没有充分理由拒绝原假设 H_0,即在显著性水平0.05下,没有充分理由认为该天生产的袋装化肥质量的方差不满足要求。

Python 语言实现过程:

```
from scipy import stats
import numpy as np
data=np.array([50.2,50.5,49.7,48.9,49.8,50.5,50.1,50.3,49.8,
49.7,49.5,50.6,50.4,49.5,50.2,48.9])
n=16; mu=50; alpha=0.05; sigma0=0.25; S2=0.35
Chisq=sum((data-mu)*(data-mu))/sigma0
print("卡方统计量的观测值为:%.3f"%(Chisq))
Chisq_alpha=stats.chi2.ppf(1-alpha,n)
print("临界值为:%.3f"%(Chisq_alpha))
print("拒绝域为:Chisq>=%.3f"%(Chisq_alpha))
if Chisq>=Chisq_alpha:
```

```
    print("拒绝原假设,认为该天生产的化肥重量的方差不满足要求。")
else:
    print("接受原假设,认为该天生产的化肥重量的方差满足要求。")
```

Python 输出结果:

```
卡方统计量的观测值为:17.520
临界值为:26.296
拒绝域为:Chisq>=26.296
接受原假设,认为该天生产的化肥重量的方差满足要求。
```

4. 知识点:单个正态总体方差假设检验(总体均值未知)

某品牌化肥袋装质量 X 服从正态分布,要求其质量的方差不超过 $0.25kg^2$。现从某天生产的袋装化肥中随机抽取16袋,测得样本方差为 $0.35kg^2$,试在显著性水平0.05下检验该天生产的袋装化肥质量的方差是否满足要求。假设总体服从正态分布。

解:由题意知,总体分布为正态分布,总体均值 μ 未知,总体方差 $\sigma^2=0.25kg^2$,样本方差为 $0.35kg^2$,显著性水平 α 为0.05。该天生产的袋装化肥质量的方差不超过 $0.25kg^2$ 的检验过程如下。

步骤一:提出假设

$$H_0:\sigma^2 \leqslant 0.25, H_1:\sigma^2 > 0.25$$

步骤二:在原假设成立的条件下,构造检验统计量并计算统计量的样本观测值

$$\chi^2=\frac{(n-1)S^2}{\sigma^2}$$

$$=\frac{15\times 0.35}{0.25}=21$$

在 H_0 成立条件下,$\chi^2 \sim \chi^2(n-1)$。

步骤三:确定临界值和拒绝域

在显著性水平 $\alpha=0.05$ 下,临界值 $\chi^2_{0.05}(15)=24.996$,拒绝域为 $[24.996,+\infty)$。

步骤四:做出判断

$\chi^2=21<24.996$,检验统计量的样本观测值落入接受域,没有充分理由拒绝原假设 H_0,即没有充分理由认为在显著性水平0.05下该天生产的袋装化肥质量的方差不满足要求。

Python 语言实现过程:

```
from scipy import stats
n=16; alpha=0.05; sigma0=0.25; S2=0.35
Chisq=(n-1)*S2/sigma0
print("卡方统计量的观测值为:%.3f"%(Chisq))
Chisq_alpha=stats.chi2.ppf(1-alpha,n-1)
print("临界值为:%.3f"%(Chisq_alpha))
print("拒绝域为:Chisq>=%.3f"%(Chisq_alpha))
if Chisq>=Chisq_alpha:
    print('拒绝原假设,认为该天生产的化肥质量的方差不满足要求。')
```

```
else:
    print('接受原假设,认为该天生产的化肥质量的方差满足要求')
```

Python 运行结果:

```
卡方统计量的观测值为:21.000
临界值为:24.996
拒绝域为:Chisq>=24.996
接受原假设,认为该天生产的化肥质量的方差满足要求
```

5. 知识点:两个正态总体均值相等假设检验(总体方差已知)

某工厂为了比较两种装配方法的效率,分别组织了两组员工,每组 9 人,第一组采用新的装配方法,第二组采用旧的装配方法。假设两组员工装配设备的时间均服从正态分布,两个总体的方差分别为 9 秒^2 和 10 秒^2。现有 18 个员工的装配设备的时间如表 6.2 所示。根据这些数据,是否有理由认为新的装配方法更节约时间?显著性水平取 0.05。

表 6.2 装配时间(单位:秒)

新装配方法	35	31	29	25	34	40	27	32	31
旧装配方法	32	37	35	38	41	44	35	31	34

解:由题意知,两个总体分布均为正态分布,总体方差 $\sigma_1^2=9$ 秒^2,$\sigma_2^2=10$ 秒^2,总体均值分别为 μ_1,μ_2,显著性水平 α 为 0.05。新装配方法比旧装配方法更节约时间的检验过程如下。

步骤一:提出假设

$$H_0:\mu_1 \geqslant \mu_2, H_1:\mu_1 < \mu_2$$

步骤二:在原假设成立条件下,构造检验统计量并计算统计量的样本观测值

$$Z=\frac{\bar{X}_1-\bar{X}_2}{\sqrt{\dfrac{\sigma_1^2}{n_1}+\dfrac{\sigma_2^2}{n_2}}}=\frac{31.556-36.333}{\sqrt{\dfrac{9}{9}+\dfrac{10}{9}}}=-3.288$$

在 H_0 成立条件下,$Z \sim N(0,1)$。

步骤三:确定临界值和拒绝域

在显著性水平 $\alpha=0.05$ 下,临界值 $Z_{0.05}=-1.645$,拒绝域为 $(-\infty,-1.645]$。

步骤四:做出判断

$Z=-3.288<-1.645$,检验统计量的样本观测值落在拒绝域,有充分理由拒绝原假设 H_0,有充分理由认为新装配方法更节约时间。

Python 语言实现过程:

```
from scipy import stats
import numpy as np
import math
alpha=0.05; n1=n2=9; sigma1=9; sigma2=10;
X1=np.array([35,31,29,25,34,40,27,32,31])
X2=np.array([32,37,35,38,41,44,35,31,34])
X1bar=np.mean(X1)
X2bar=np.mean(X2)
Z=(X1bar-X2bar)/math.sqrt(sigma1/n1+sigma2/n2)
print("Z 统计量的观测值为:%.3f"%(Z))
Z_alpha=stats.norm.ppf(alpha)
print("临界值为:%.3f"%(Z_alpha))
print("拒绝域为:Z<=%.3f"%(Z_alpha))
if Z<=Z_alpha:
    print('拒绝原假设,认为新的装配方法更节约时间。')
else:
    print('接受原假设,认为新的装配方法没有更节约时间。')
```

Python 运行结果：

```
Z 统计量的观测值为:-3.288
临界值为:-1.645
拒绝域为:Z<=-1.645
拒绝原假设,认为新的装配方法更节约时间。
```

6. 知识点：两个正态总体均值相等假设检验（总体方差未知但相等）

某工厂为了比较两种装配方法的效率，分别组织了两组员工，每组 9 人，第一组采用新的装配方法，第二组采用旧的装配方法。假设两组员工装配设备的时间均服从正态分布，两总体的方差相等但未知。现有 18 个员工装配设备的时间见表 6.3 所示。根据这些数据，是否有理由认为新的装配方法更节约时间？显著性水平取 0.05。

表 6.3　装配时间（单位：秒）

新装配方法	35	31	29	25	34	40	27	32	31
旧装配方法	32	37	35	38	41	44	35	31	34

解：根据题意知，两个总体分布均为正态分布，总体方差 $\sigma_1^2=\sigma_2^2$，但未知，总体均值分别为 μ_1,μ_2，显著性水平 α 为 0.05。新装配方法比旧装配方法更节约时间的检验过程如下。

步骤一：提出假设

$$H_0:\mu_1 \geqslant \mu_2, H_1:\mu_1 < \mu_2$$

步骤二：在原假设成立的条件下，构造检验统计量并计算统计量的样本观测值

$$t=\frac{\bar{X}_1-\bar{X}_2}{\sqrt{\frac{(n_1-1)S_1^2+(n_2-1)S_2^2}{n_1+n_2-2}}\times\sqrt{\frac{1}{9}+\frac{1}{9}}}=-2.436$$

在 H_0 成立条件下，$t\sim t(n_1+n_2-2)$。

步骤三：确定临界值和拒绝域

在显著性水平 $\alpha=0.05$ 下，临界值 $t_{0.05}=1.746$，拒绝域为 $(-\infty,-1.746]$。

步骤四：做出判断

$t=-2.436<-1.746$，检验统计量的样本观测值落在拒绝域，有充分理由拒绝原假设 H_0，有充分理由认为新的装配方法更节约时间。

Python 语言实现过程：

```
from scipy import stats
import numpy as np
import math
alpha=0.05; n1=n2=9; sigma1=9; sigma2=10;
X1=np.array([35,31,29,25,34,40,27,32,31])
X2=np.array([32,37,35,38,41,44,35,31,34])
X1bar=np.mean(X1); X2bar=np.mean(X2)
S1=np.var(X1); S2=np.var(X2)
t=(X1bar-X2bar)/(math.sqrt((n1-1)*S1/+(n2-1)*S2/(n1+n2-2))*
math.sqrt(2/9))
print("t统计量的观测值为:%.3f"%(t))
t_alpha=stats.t.ppf(alpha,n1+n2-2)
print("临界值为:%.3f"%(t_alpha))
print("拒绝域为:t<=%.3f"%(t_alpha))
if t<=t_alpha:
    print('拒绝原假设,认为新的装配方法更节约时间。')
else:
    print('接受原假设,认为新的装配方法没有更节约时间。')
```

Python 运行结果：

```
t统计量的观测值为:-2.436
临界值为:-1.746
拒绝域为:t<=-1.746
拒绝原假设,认为新的装配方法更节约时间。
```

7. 知识点：两个正态总体方差相等假设检验（总体均值已知）

现有甲、乙两台机床加工某种零件，零件的直径服从均值为 16 毫米的正态分布，总体方差反映了加工精度。现从两台机床加工的零件中分别抽取 7 件产品和 8 件产品，测得其直径数据如表 6.4 所示。试比较两台机床的加工精度有无差别。显著性水平取 0.05。

表 6.4　零件直径(单位:毫米)

甲	16.5	16.4	15.8	15.5	16.7	15.6	15.8	
乙	15.9	16.0	16.4	16.1	16.5	15.8	15.7	15.0

解:根据题意知,两个总体分布均为正态分布,方差分别为 σ_1^2, σ_2^2,总体均值分别为 $\mu_1 = \mu_2 = 16, n_1 = 7, n_2 = 8$,显著性水平 α 为 0.05。两台机床加工零件直径方差相等的检验过程如下。

步骤一:提出假设

$$H_0: \sigma_1^2 = \sigma_2^2, H_1: \sigma_1^2 \neq \sigma_2^2$$

步骤二:在原假设成立条件下,构造检验统计量并计算统计量的样本观测值

$$F = \frac{\sum_{i=1}^{n_1}(X_i - \mu_1)^2/n_1}{\sum_{j=1}^{n_2}(Y_j - \mu_2)^2/n_2} = \frac{0.169}{0.195} = 0.867$$

在 H_0 成立条件下,$F \sim F(n_1, n_2)$。

步骤三:确定临界值和拒绝域

在显著性水平 $\alpha = 0.05$ 下,临界值 $F_{0.975}(7,8) = 4.529, F_{0.025}(7,8) = 0.204$,拒绝域为 $(0, 0.204] \cup [4.529, +\infty)$。

步骤四:做出判断

$0.204 < F = 0.867 < 4.529$,检验统计量的样本观测值落入接受域,没有充分理由拒绝原假设 H_0,没有充分理由认为两台机床的加工精度有显著差异。

Python 语言实现过程:

```
from scipy import stats
import numpy as np
alpha=0.05; n1=7; n2=8; mu1=mu2=16
X1=np.array([16.2,16.4,15.8,15.5,16.7,15.6,15.8])
X2=np.array([15.9,16.0,16.4,16.1,16.5,15.8,15.7,15.0])
S1=sum(pow(X1-mu1,2))/n1
S2=sum(pow(X2-mu2,2))/n2
F=S1/S2
print("F 统计量的观测值为:%.3f"%(F))
F_alpha1=stats.f.ppf(alpha/2,n1,n2)
F_alpha2=stats.f.ppf(1-alpha/2,n1,n2)
print("临界值 1 为:%.3f 临界值 2 为:%.3f"%(F_alpha1,F_alpha2))
print("拒绝域为:F<=%.3f 或 F>=%.3f"%(F_alpha1,F_alpha2))
if F<=F_alpha1 or F>=F_alpha2:
    print('拒绝原假设,认为两台机床的加工精度有显著差异。')
else:
    print('接受原假设,认为两台机床的加工精度没有显著差异。')
```

Python 运行结果：

```
F 统计量的观测值为：0.867
临界值 1 为：0.204 临界值 2 为：4.529
拒绝域为：F<=0.204 或 F>=4.529
接受原假设，认为两台机床的加工精度没有显著差异
```

8. 知识点：两个正态总体方差相等假设检验（总体均值未知）

现有甲、乙两台机床加工某种零件，零件的直径均服从正态分布，总体方差反映了加工精度。现从各自加工的零件中分别抽取 7 件产品和 8 件产品，测得其直径数据如表 6.5 所示。试比较两台机床的加工精度有无差别。显著性水平取 0.05。

表 6.5 零件直径（单位：毫米）

甲	16.5	16.4	15.8	15.5	16.7	15.6	15.8	
乙	15.9	16.0	16.4	16.1	16.5	15.8	15.7	15.0

解：由题意知，两个总体分布均为正态分布，方差分别为 σ_1^2,σ_2^2，总体均值分别为 μ_1，μ_2，未知，显著性水平 α 为 0.05。两台机床加工零件直径方差相等的检验过程如下。

步骤一：提出假设

$$H_0:\sigma_1^2=\sigma_2^2, H_1:\sigma_1^2\neq\sigma_2^2$$

步骤二：在原假设成立条件下，构造检验统计量并计算统计量的样本观测值

$$F=\frac{S_1^2}{S_2^2}=\frac{0.197}{0.189}=1.042$$

在 H_0 成立条件下，$F\sim F(n_1-1,n_2-1)$。

步骤三：确定临界值和拒绝域

在显著性水平 $\alpha=0.05$ 下，临界值 $F_{0.975}(6,7)=5.119$，$F_{0.025}(6,7)=0.176$，拒绝域为 $(0,0.176]\cup[5.119,+\infty)$。

步骤四：做出判断

$0.176<F=1.261<5.119$，检验统计量的样本观测值落入接受域，没有充分理由拒绝原假设 H_0，没有充分理由认为两台机床的加工精度有显著差异。

Python 语言实现过程：

```
from scipy import stats
import numpy as np
alpha=0.05; n1=7; n2=8
X1=np.array([16.2,16.4,15.8,15.5,16.7,15.6,15.8])
X2=np.array([15.9,16.0,16.4,16.1,16.5,15.8,15.7,15.0])
S1=np.var(X1); S2=np.var(X2)
F=S1/S2
print("F 统计量的观测值为：%.3f"%(F))
```

```
F_alpha1=stats.f.ppf(alpha/2,n1-1,n2-1)
F_alpha2=stats.f.ppf(1-alpha/2,n1-1,n2-1)
print("临界值1为:%.3f 临界值2为:%.3f"%(F_alpha1,F_alpha2))
print("拒绝域为:F<=%.3f 或 F>=%.3f"%(F_alpha1,F_alpha2))
if F<=F_alpha1 or F>=F_alpha2:
    print('拒绝原假设,认为两台机床的加工精度有显著差异。')
else:
    print('接受原假设,认为两台机床的加工精度没有显著差异。')
```

Python 运行结果：

```
F统计量的观测值为:1.039
临界值1为:0.176 临界值2为:5.119
拒绝域为:F<=0.176 或 F>=5.119
接受原假设,认为两台机床的加工精度没有显著差异。
```

6.5　应用示例：核酸检测重复实施的统计解释

习近平总书记在党的二十大报告中强调，“面对突如其来的新冠肺炎疫情，我们坚持人民至上，生命至上，坚持外防输入、内防反弹，坚持动态清零不动摇，开展抗击疫情人民战争，总体战、阻击战，最大限度保护了人民生命安全和身体健康，统筹疫情防控和经济社会发展取得重大积极成果。”下面以核酸检测重复实施为例，深入解析假设检验的理论和应用价值。

人体感染新冠病毒后病毒在体内繁殖需要一定时间，若在核酸检测的时点体内病毒浓度不够，低于检测限值，就可能检测不到。隐匿性是指少部分感染者存在间歇排毒的现象，在采样的时点可能正好处于不排毒时期，也可能检测不到。在某种意义上，病毒传播是一个动态过程，核酸检测是在一个时间点上完成进行的。新冠病毒检测结果具有随机性。

目前，受限于医学发展的水平，并没有非常完美的医疗手段能够快速准确检测新冠病毒的存在。新冠病毒检测结果也具有随机性。在统计学意义上，新冠病毒检测结果也会发生第一类错误和第二类错误。第一类错误是被检测者为非感染者，检测结果是阳性，称为假阳性。第二类错误是被检测者为感染者，检测结果是阴性，称为假阴性。因此，为了更精确地识别感染者，更精准实施防控，尽早发现感染人群，切断病毒传播链条，需要开展多轮次的全员核酸检测。

下面设定假想数据，利用假设检验方法演示多轮核酸检测的过程（分析思路借鉴：检测阳性后的多次检验必要性－贝叶斯定理的应用[①]）。在第一轮检测的过程中，原假设和备择假设分别为：

① https://www.zhihu.com

H_0：核酸检测者为非感染者

H_1：核酸检测者为感染者

设非感染者的检测结果为阳性的概率为 α，即第一类错误发生的概率为 α，设感染者的检测结果为阴性的概率为 β，即第二类错误发生的概率为 β。所有可能的核酸检测结果如表 6.6 所示。

表 6.6 假设检验结果的错误概率分类

检测结果	被检测者	
	非感染者（H_0 为真）	感染者（H_0 为假）
阴性	真阴性，正确判断 概率 $1-\alpha$	假阴性，第二类错误 概率 β
阳性	假阳性，第一类错误 概率 α	真阳性，正确判断 概率 $1-\beta$

计算第一次检测结果为阳性，二次或三次检测结果为阳性，实际上是感染者的概率。假定采用核酸检测试剂，感染者的检测结果为阳性的准确率为 99%，非感染者的检测结果为阳性的误报率为 5%，即 $1-\beta=99\%$，$\alpha=5\%$。

在第一轮核酸检测中，记 A_1 事件为非感染者，B_1 事件为检测结果为阴性。$\bar{A}_1$ 事件为感染者，$\bar{B}_1$ 事件为检测结果为阳性，$P(\bar{B}_1 \mid \bar{A}_1)=99\%$，$P(\bar{B}_1 \mid A_1)=5\%$。感染率的估计方法是，假设累计确诊新冠病例 7 万人，按 10 亿人口计算，感染率的估计值为 7 万人/10 亿人，即 0.007%。于是，$P(\bar{A}_1)=0.007\%$，$P(A_1)=1-P(\bar{A}_1)=99.993\%$。于是，相应概率如表 6.7 所示。

表 6.7 第一轮核酸检测的概率

检测结果	被检测者	
	非感染者 A_1	感染者 $\bar{A}_1$
阴性 B_1	$P(B_1 \mid A_1)=95\%$	$P(B_1 \mid \bar{A}_1)=1\%$
阳性 $\bar{B}_1$	$P(\bar{B}_1 \mid A_1)=5\%$	$P(\bar{B}_1 \mid \bar{A}_1)=99\%$
概率	$P(A_1)=99.993\%$	$P(\bar{A}_1)=0.007\%$

在检测结果为阳性的条件下，被检测者是感染者的概率估计为：

$$P(\bar{A}_1 \mid \bar{B}_1)=\frac{P(\bar{A}_1)P(\bar{B}_1 \mid \bar{A}_1)}{P(\bar{A}_1)P(\bar{B}_1 \mid \bar{A}_1)+P(A_1)P(\bar{B}_1 \mid A_1)}$$

$$=\frac{0.007\%\times 99\%}{0.007\%\times 99\%+99.993\%\times 5\%}=0.14\%$$

尽管核酸检测试剂的准确性高达 99%。感染者比例很低，即使检测结果为阳性，实际上是感染者的概率只有 0.14%。

针对第一次检测结果为阳性的群体，进行第二次核酸检测。此时，送检样本都是第一次检测结果为阳性的样本，检测者是感染者的概率估计为 $P(\bar{A}_1 \mid \bar{B}_1)=0.14\%$，将其作为 $P(\bar{A}_2)$ 的估计值，其中，记 A_2 事件为第二轮核酸检测的非感染者，B_2 事件为第二轮核酸检测结果为阴性。相应概率如表 6.8 所示。

表 6.8 第二轮核酸检测的概率

检测结果	被检测者	
	非感染者 A_2	感染者 $\bar{A}_2$
阴性 B_2	$P(B_2 \mid A_2)=95\%$	$P(B_2 \mid \bar{A}_2)=1\%$
阳性 $\bar{B}_2$	$P(\bar{B}_2 \mid A_2)=5\%$	$P(\bar{B}_2 \mid \bar{A}_2)=99\%$
概率	$P(A_2)=99.86\%$	$P(\bar{A}_2)=0.14\%$

在第二轮核酸检测中，在检测结果为阳性的条件下，被检测者是感染者的概率估计为：

$$P(\bar{A}_2 \mid \bar{B}_2)=\frac{P(\bar{A}_2)P(\bar{B}_2 \mid \bar{A}_2)}{P(\bar{A}_2)P(\bar{B}_2 \mid \bar{A}_2)+P(A_2)P(\bar{B}_2 \mid A_2)}$$

$$=\frac{0.14\%\times 99\%}{0.14\%\times 99\%+99.86\%\times 5\%}=2.7\%$$

这个概率值 2.7%是第一次检测结果 0.14%的 19.29 倍。检测结果的准确性大幅度提高。

采用同样方法，第三轮检测中，在检测结果为阳性的条件下，被检测者是感染者的概率估计为 35.46%。第四轮检测中，在检测结果为阳性的条件下，被检测者是感染者的概率估计为 91.58%。

从上述分析可知，影响检测结果的两个重要因素是群体中的感染者比率和检验方法的误报率。如果检验方法的误报率为 0，则在检测结果为阳性的条件下，被检测者是感染者的概率估计为 100%。此时，只要检验结果是阳性，检测者就是感染者。

本案例希望读者更好理解假设检验的方法及局限性。这里的贝叶斯方法，请读者查阅相关文献。

6.6 小结

本章说明如何对单个正态总体和两个正态总体的均值和方差进行假设检验。首先，介绍假设检验的基础概念、原理与步骤。其次，假定样本取自正态总体的条件下，结合例题进行相应的假设检验方法介绍和 Python 语言实践。具体知识点包括如下：

对于单个正态总体，介绍了总体方差已知和总体方差未知情形下总体均值的假设检验以及总体均值已知和总体均值未知情形下总体方差的假设检验。对于两个正态总体，介绍了总体方差都已知和总体方差未知但相等情形下的均值相等的假设检验，以及总体均值已知和总体均值未知情形的两总体方差相等的假设检验。

在总体不服从正态分布的情形下，只有当样本容量足够大时，上述假设检验方法才有效。最后，基于核酸检测重复实施的实际案例，对假设检验进一步诠释，明确其理论和应用价值。

6.7 习题

1. 某品牌奶粉制造商所生产的大号罐装奶粉标签上，标明装有 3 磅奶粉。每罐奶粉重量服从正态分布，标准差为 0.18 磅。但质检部门知道生产线无法精确地将 3 磅奶粉装入每罐中。质检部门选取 36 罐奶粉作为一个随机样本，测得其平均重量为 2.92 磅。试问在显著性水平 0.05 下，该厂商的罐装奶粉重量的期望值是否真是厂商所宣称的 3 磅。

2. 假设某产品的重量服从正态分布，标准重量是 800 克。现在从一批产品中随机抽取 30 件，测得平均重量为 820 克，标准差为 60 克。试以显著性水平 0.05 检验这批产品的平均重量是不是 800 克。

3. 某微波炉厂商宣称某地区居民户一周微波炉使用时间 X 服从均值为 50 分钟的正态分布，其标准差为 0.35 分钟。现从该地区随机抽取 20 户使用微波炉的居民，询问每户一周使用微波炉的时间。调查结果为：(单位：分钟)

30　45　90　50　70　40　52　60　35　28

75　55　20　15　44　46　80　70　90　25

试在显著性水平 0.05 下，检验 20 户居民使用微波炉时间的方差是否与厂商宣称的一致。

4. 某品牌饮料瓶装容量 X 服从正态分布，质量要求其重量的标准差不超过 0.15 毫升。现从某天生产的饮料中随机抽取 20 瓶，测得样本标准差为 0.2 毫升，试在显著性水平 0.05 下，检验该天生产的饮料瓶装容量的方差是否满足要求。

5. 假设甲、乙两高校大一学生的英语四级考试成绩均服从正态分布，总体标准差分别为 15 分、10 分。现用简单随机抽样法分别从甲、乙两高校各抽取 200 名参加英语四级考试的大一学生进行调查。调查数据显示，两高校大一学生的英语四级平均成绩分别为 70 分、72 分。试在显著性水平 0.05 下检验两高校大一的英语教学水平是否有差异。

6. 甲商场经营模式为线上线下混合模式，乙商场为传统线下经营模式。假设两商场顾客年龄均服从正态分布，两总体的方差相等但未知。现用简单随机抽样法分别从甲、乙两商场各抽取 200 名顾客进行年龄调查，调查数据显示，两商场顾客年龄分别为 40 岁、35 岁，标准差分别为 4 岁、3 岁。试在显著性水平 0.05 下检验两商场的顾客年龄是否有差异。

7. 某工厂现有两种装配方法组装 A 产品，产品组装时间服从均值为 5 分钟的正态分布，组装时间的方差反映了装配方法的差异性。现从两种装配方法所组装的产品中分别随机抽取 6 件产品，调查得到其组装时间如下表(单位：分钟)所示。试比较两种装配方法的组装时间有无差别。显著性水平为0.05。

装配方法1	6	5	7	6.3	6	6.4
装配方法2	5.4	5.2	6.5	5.9	6	5.8

8. 某公司A、B两部门的员工培训时间服从正态分布。培训时间的方差反映了A、B两部门人事管理模式的差异性。现从两部门中分别随机抽取6人，调查得到其培训时间(单位：小时)如下表所示。试比较两部门的员工培训时间有无差别。显著性水平为0.05。

A部门	8	4	7	6.5	6	8
B部门	6	5	9	7.5	6	6

第7章 非参数检验

非参数检验是基于概率样本，对所关心的总体参数或总体分布函数类型进行统计检验。本章主要介绍一些常用的非参数检验方法。

7.1 非参数检验的基础概念

1. 非参数检验：又称为自由分布检验，是事先不知道总体分布函数类型的假设检验。

2. 单总体符号检验：总体中位数为已知数值的检验。

3. 两总体符号检验：利用配对样本，检验两总体分布的位置特征差异。配对样本指每一个观测单元(个体)有两个观测值。

4. 威尔科克森配对符号秩检验：把观测值和已知数值之绝对差值的秩按照不同符号分别加总，作为检验统计量，检验两个总体均值是否相同。

5. 秩：给定容量为 n 的样本，将观测值由小到大依次排列为 $x_{(1)}<x_{(2)}<\cdots<x_{(n)}$，称 $x_{(i)}$ 的角标 i 为观测值 $x_{(i)}$ 的秩，$i=1,2,\cdots,n$。

6. 秩和检验：检验两个独立样本是否来自具有相同位置特征的总体。

7. 皮尔逊 χ^2 统计量：为各组格的实际频数 f_0 与理论频数 f_e 的相对平方偏差的总和。χ^2 统计量的计算公式为

$$\chi^2_{(n)}=\sum\frac{(f_0-f_e)^2}{f_e}\sim\chi^2(v) \tag{7.1}$$

其中，v 为组格数－待估参数个数－1，n 为样本量。统计量 $\chi^2_{(n)}$ 的观测值越小，说明实际频数与理论频数越接近；反之，统计量 $\chi^2_{(n)}$ 的观测值越大，说明实际频数与理论频数相差越大。χ^2 统计量常用于分类数据的拟合优度检验和独立性检验。

8. 列联表独立性检验：根据列联表资料，判断两个分组变量相关或相互独立的假设检验。列联表是按两个分组变量对样本作双向复合分组而得到的频数分布表。

9. 分布拟合检验：检验样本观测值是否来自给定的分布。

10. 斯皮尔曼等级相关系数：设简单随机样本容量为 n，每个单元的两个变量 X,Y 的取值为 n 个等级，分别记为 $1,2,\cdots,n$。样本的 n 个单元一一对应 X 的 n 个等级，也一一对应 Y 的 n 个等级。斯皮尔曼等级相关系数的计算公式为：

$$r_s=1-\frac{6\sum d_i^2}{n(n^2-1)} \tag{7.2}$$

其中，d_i 为第 i 个单元属于 X 的等级与属于 Y 的等级的差值。

7.2　非参数检验的基本原理与步骤

非参数检验的过程如下：

步骤一：提出原假设和备择假设。

步骤二：构造检验统计量并计算检验统计量的观测值。

步骤三：根据显著性水平和样本量，确定临界值和拒绝域。

步骤四：做出判断。若检验统计量的观测值落入拒绝域内，则有充分理由拒绝原假设。

7.3　非参数检验的知识结构图

本章的知识内容见图 7.1。

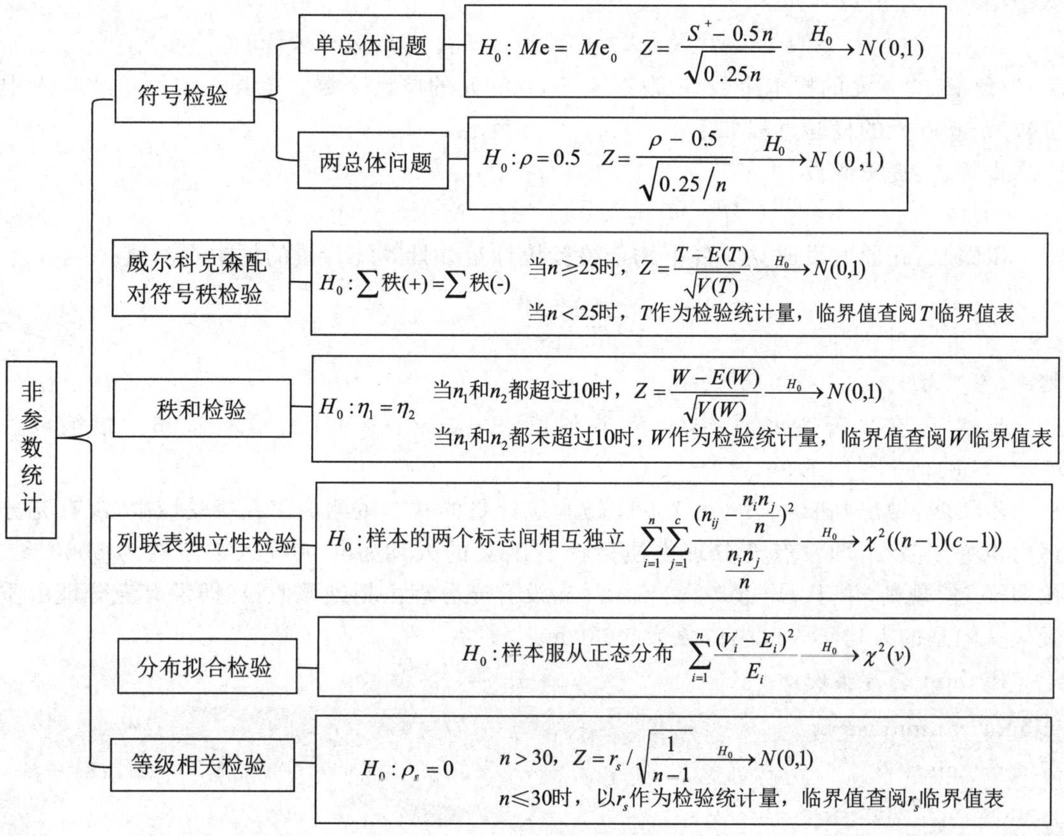

图 7.1　非参数检验的知识结构图

7.4 非参数检验的知识点与Python语言实践

1. 知识点:单总体符号检验

为检验某贫困县经过多年脱贫攻坚后的脱贫成效,采用概率抽样调查该县每年人均纯收入,样本量为20,人均每年纯收入数据如表7.1所示。试用符号检验法判断人均每年纯收入中位数是否为5000元?(显著性水平为0.05)

表7.1 某贫困县人均年纯收入样本数据

4780	4820	4688	5072	4605	4743	5159	5709	4401	4240
5104	5293	5352	4568	5032	4480	5235	6294	4184	4274

解:由题目可知,总体为某贫困县的每年人均纯收入,样本量为20,判断总体的中位数 M_e 是否为5000。定义

$$S^{+}=count\{X_i:X_i-5000>0,i=1,2,3,\cdots,n\}$$

S^{+}为大于5000元的样本个数;n为不等于5000元的单元个数。该县人均每年纯收入中位数为5000元的检验过程如下。

步骤一:提出假设

$$H_0:M_e=5000 \qquad H_1:M_e\neq 5000$$

步骤二:在原假设成立条件下构造检验统计量并计算统计量的样本观测值

$$Z=\frac{S^{+}-0.5n}{\sqrt{0.25n}}=-0.447$$

其中,S^{+}为9。

步骤三:在显著性水平0.05下,临界值 $z_{0.025}=-1.96$,$z_{0.975}=1.96$。拒绝域为$(-\infty,-1.96]\cup[1.96,\infty)$。

步骤四:做出判断:$|z|<1.96$,检验统计量的样本观测值落在接受域中,没有充分理由拒绝原假设,即没有充分理由质疑该贫困县的人均每年纯收入中位数为5000元。按照p-值规则,由于p-值$0.824>0.05$,没有充分理由拒绝原假设,即没有充分理由质疑该贫困县的人均年收入中位数为5000元。

Python语言实现:

```
import numpy as np
import math
import scipy. stats as stats
from scipy. stats import norm
data=[4780,4820,4688,5072,4605,4743,5159,5709,4401,4240,5104,5239,5352,
4568,5032,4480,5235,6294,4184,4274]
data=np. array(data)
x=data-5000
```

```
v=np.sum(x>0)
n=np.sum(x!=0)
z=(v-0.5*n)/math.sqrt(0.25*n)
print("z=%.3f"%z)
k=min(len(data[data>5000]), len(data[data<5000]))
pvalue=2*stats.binom.cdf(k, len(data), 0.5)
print("pvalue=%.3f"%pvalue)
if abs(z) <norm.isf(0.025):
    print('接受原假设')
else:
    print('拒绝原假设')
```

Python 代码执行的结果为：

```
z=-0.447
pvalue=0.824
接受原假设
```

2. 知识点：两总体的符号检验

某工厂想要检验某项技术改革的效果，随机选取了 12 台车床，观测技术改革前和改革后样本车床生产产品的平均使用寿命，测量结果如表 7.2 所示。

表 7.2　技术改革前后样本车床生产产品的平均使用寿命(单位：月)

编号	1	2	3	4	5	6	7	8	9	10	11	12
改革前	12.5	12.8	11.8	13.1	13.3	12.3	13.5	13.2	13.6	13.2	12.8	11.9
改革后	13.2	12.6	12.2	13.6	12.9	13.2	13.6	13.5	14.2	13.7	13.6	12.0

在显著性水平 0.05 下，检验技术改革对车床生产产品的使用寿命是否产生影响。

解：由题目可知，将实施改革前车床生产产品的使用寿命记作 X，观测值为 x_i；实施改革后车床生产产品的使用寿命记作 Y，观测值为 y_i。实施前后车床生产产品的使用寿命变化记作 $d_i=y_i-x_i$。在配对样本的符号检验中，关注配对观测的差值为升(+)、降(−)或无变化(0)。样本量 $n=12$，令 ρ 表示配对观测的差值为正号的频率。技术改革对车床生产产品的使用寿命有无影响的检验过程如下。

步骤一：提出假设

$H_0:\rho=0.5$，即技术改革对车床生产产品的使用寿命无影响

$H_1:\rho\neq 0.5$，即技术改革对车床生产产品的使用寿命有影响

步骤二：计算配对样本中正负号的数目及出现正号的频率，如表 7.3 所示

表 7.3　样本符号变化汇总表

编号	1	2	3	4	5	6	7	8	9	10	11	12
改革前	12.5	12.8	11.8	13.1	13.3	12.3	13.5	13.2	13.6	13.2	12.8	11.9
改革后	13.2	12.6	12.2	13.6	12.9	13.2	13.6	13.5	14.2	13.7	13.6	12
差异符号	正	负	正	正	负	正	正	正	正	正	正	正

$$\rho=\frac{10}{12}=0.83$$

检验统计量的样本观测值为

$$Z=\frac{\rho-0.5}{\sqrt{0.25/n}}=2.309$$

步骤三：当原假设成立时，检验统计量 Z 近似服从正态分布。在显著性水平 0.05 下，拒绝域为 $(-\infty,-1.96]\cup[1.96,\infty)$。

步骤四：做出判断：$|z|>1.96$，检验统计量的样本观测值落到拒绝域中，有充分理由拒绝原假设，即有充分理由认为技术改革对车床生产产品的使用寿命有显著影响。

Python 语言实现：

```
import pandas as pd
import numpy as np
import math
from scipy.stats import norm
#输入数据
x1 = pd.Series([12.5,12.8,11.8,13.1,13.3,12.3,13.5,13.2,13.6,13.2,12.8,
11.9])
y1=pd.Series([13.2,12.6,12.2,13.6,12.9,13.2,13.6,13.5,14.2,13.7,13.6,12])
d=y1-x1
v=np.sum(d>0)
n=np.sum(d!=0)
p=v/n
z=(p-0.5)/math.sqrt(0.25/n)
print("z=%.3f"%z)
if abs(z) <norm.isf(0.025):
    print('接受原假设')
else:
    print('拒绝原假设')
```

Python 代码执行的结果为：

```
z=2.309
拒绝原假设
```

3. 知识点：威尔科克森配对符号秩检验

某工厂想要检验某项技术改革的效果，随机选取了 12 台车床，观测技术改革前和改革后样本车床生产产品的平均使用寿命，测量结果如表 7.4 所示。

表 7.4　技术改革前后样本车床生产产品的平均使用寿命(单位：月)

编号	1	2	3	4	5	6	7	8	9	10	11	12
改革前	12.5	12.8	11.8	13.1	13.3	12.3	13.5	13.2	13.6	13.2	12.8	11.9
改革后	13.2	12.6	12.2	13.6	12.9	13.2	13.6	13.5	14.2	13.7	13.6	12.0

在显著性水平 0.05 下，采用威尔科克森配对符号秩检验法判断技术改革对车床生产产品的使用寿命是否产生影响。

解：将实施改革前车床生产产品的使用寿命记作 X，观察值为 x_i；实施改革后车床生产产品的使用寿命记作 Y，观察值为 y_i。实施改革前后车床生产产品的使用寿命变化记作 $d_i=y_i-x_i$。样本量 $n=12$。按照 $|d_i|$ 递增的顺序排列，依次赋秩 1 至 n。$|d_i|$ 为 0 的项忽略不计。$|d_i|$ 相同项的秩为相应秩的简单算术平均数。对每个秩次按照 d_i 的正负号赋予正负号，分别计算正号秩和 $\sum$ 秩(+)及负号秩和 $\sum$ 秩(−)。计算过程如表 7.5 所示。

表 7.5　威尔科克森配对符号秩检验的计算过程

编号	改革前 x_i	改革后 y_i	$d_i=y_i-x_i$	绝对差 $\lvert d\rvert$	秩次 R
1	12.5	13.2	0.7	0.7	10
2	12.8	12.6	−0.2	0.2	3
3	11.8	12.2	0.4	0.4	5
4	13.1	13.6	0.5	0.5	7.5
5	13.3	12.9	−0.4	0.4	6
6	12.3	13.2	0.9	0.9	12
7	13.5	13.6	0.1	0.1	1.5
8	13.2	13.5	0.3	0.3	4
9	13.6	14.2	0.6	0.6	9
10	13.2	13.7	0.5	0.5	7.5
11	12.8	13.6	0.8	0.8	11
12	11.9	12.0	0.1	0.1	1.5
符号秩次		$\sum$ 秩(+) =69		$\sum$ 秩(−) =9	

技术改革对车床生产产品的使用寿命有无影响的检验过程如下所示。

步骤一：提出假设

H_0：$\sum$ 秩(+) $=\sum$ 秩(−)，即技术改革对车床生产产品的使用寿命无影响；

H_1：$\sum$ 秩(+) $\neq$ $\sum$ 秩(−)，即技术改革对车床生产产品的使用寿命有影响。

步骤二：计算威尔科克森统计量。计算秩和 $\sum$ 秩(+) $=69$，$\sum$ 秩(−) $=9$。选择两个秩和中较小的作为威尔科克森 T 统计量，即

$$T=\sum 秩(-)=9$$

步骤三：确定临界值。样本量 $n<25$。在显著性水平为 0.05 的条件下，临界值为 $T_{0.025}(12)=13$，拒绝域为 $\{|T|\leqslant 13\}$

步骤四：做出判断：由于 $|T|\leqslant 13$，检验统计量的样本观察值落在拒绝域中，有充分理由拒绝原假设，即认为技术改革实施前后车床生产产品的平均使用寿命有显著变化。

Python 语言实现：

```
import pandas as pd
import numpy as np
import scipy. stats as stats
x1 = pd. Series ([12. 5,12. 8,11. 8,13. 1,13. 3,12. 3,13. 5,13. 2,13. 6,13. 2,12. 8,
11. 9])
y1=pd. Series([13. 2,12. 6,12. 2,13. 6,12. 9,13. 2,13. 7,13. 5,14. 2,13. 7,13. 6,12])
a=stats. wilcoxon(x1,y1,correction=False, alternative='two-sided')
print("statistic=%. f, pvalue=%. 3f"%( a. statistic,a. pvalue))
if (a[1]<0. 05):
    print("拒绝原假设")
else:
    print("接受原假设")
```

Python 代码执行的结果为：

```
statistic=9,pvalue=0. 016
拒绝原假设
```

4. 知识点：秩和检验

分别从甲、乙两个班级中随机抽取 7 名同学和 9 名同学。这些同学的期中考试成绩如表 7.6 所示。

表 7.6　两个班级学生的考试成绩(单位：分)

甲	85.0	94.8	86.5	81.6	88.3	77.6	86.3		
乙	82.7	82.0	82.5	81.4	90.0	81.0	72.0	83.2	77.0

假定两个班级成绩分布具有相同的形状，在显著性水平 0.05 下，运用秩和双侧检验方法，判断两个班级的期中考试成绩中位数是否存在显著差异。

解：由题目可知，甲、乙两班的样本量 $n_1=7$，$n_2=9$。因为 $n_1<n_2$，甲班级为总体 1，乙班级为总体 2。令 η_1 和 η_2 分别表示甲乙班级期中考试成绩分布的中位数。检验过程如下。

步骤一:提出假设

$H_0:\eta_1=\eta_2$,甲乙班级的期中考试成绩中位数不存在显著差异

$H_1:\eta_1\neq\eta_2$,甲乙班级的期中考试成绩中位数存在显著差异

步骤二:计算秩和检验统计量的观测值。将两个样本混合,按照递增顺序排列,计算甲班样本的秩和,得到 $W=75$。n_1 和 n_2 都未超过 10,直接将 W 统计量作为检验统计量。

步骤三:在显著性水平 0.05 下计算临界值。样本量 $n_1=7,n_2=9$,临界值为 $W_1=40,W_2=79$。拒绝域为:$(0,40]\cup[79,+\infty)$。

步骤四:做出判断:$40<W=75<79$,检验统计量的样本观测值落在接受域中,没有充分理由拒绝原假设,即没有充分理由认为甲乙班级的期中考试成绩中位数有显著差异。

Python 语言实现:

```
import numpy as np
import scipy.stats as stats
import matplotlib.pyplot as plt
#输入数据
a=np.array([85,94.8,86.5,81.6,88.3,77.6,86.3])
b=np.array([82.7,82,82.5,81.4,90,81,72,83.2,77])
c=np.hstack((a,b))
c.sort()
t, p=stats.ranksums(a, b)
print('t=%.3f, p=%.3f'% (t, p))
if p > 0.05:
    print('接受原假设')
else:
    print('拒绝原假设')
```

Python 代码执行的结果为:

```
t=1.641, p=0.101
接受原假设
```

5. 知识点:列联表资料的独立性检验

为了解居民收入水平和碳中和政策关注度的关系,某协会对高收入与低收入人群共计 149 人进行调查,记录其是否关注碳中和政策,调查数据如表 7.7 所示。

表 7.7　收入与碳中和政策关注状况的列联表(单位:人)

收入等级	关注碳中和政策状况	
	不关注	关注
高收入	45	28
低收入	40	36

试在显著性水平 0.05 下检验收入和关注碳中和政策是否相互独立。

解:由题目可知,样本容量为 149 人。根据表 7.7 可得表 7.8。

表 7.8　收入与碳中和政策关注状况的列联表汇总(单位:人)

收入等级	关注碳中和政策状况		合计
	关注	不关注	
高收入	45	28	73
低收入	40	36	76
合计	85	64	149

收入和关注碳中和政策状况是否相互独立的检验过程如下。

步骤一:提出假设

H_0:收入与关注碳中和政策相互独立

H_1:收入与关注碳中和政策不独立

步骤二:计算检验统计量的观测值。总样本量 $n=149$,n_{ij} 表示第 i 行第 j 列的数值,$n_{i.}$ 表示第 i 行的行和,$n_{.j}$ 表示第 j 列的列和。

$$\chi^2=\sum_{i=1}^{2}\sum_{j=1}^{2}\frac{\left(n_{ij}-\frac{n_{i.}n_{.j}}{n}\right)^2}{\frac{n_{i.}n_{.j}}{n}}=1.234$$

步骤三:在显著性水平 0.05 下计算临界值。在原假设成立的条件下,检验统计量 χ^2 服从自由度 1 的卡方分布。于是,临界值为 $\chi^2_{0.05}=3.841$。拒绝域为[3.841,+∞)。

步骤四:做出判断。由于 1.234<3.841,检验统计量的样本观测值落在接受域中,没有充分理由拒绝原假设,即没有充分理由否定收入水平与关注碳中和政策状况相互独立。

Python 语言实现:

```
import numpy as np
from scipy.stats import chi2_contingency
d=np.array([[45,40],[28,36]])
chi2, p,dof, ex=chi2_contingency(d,correction=False)
print("检验统计量=%.3f, pvalue=%.3f,自由度=%d,预期频率=%s"% (chi2, p, dof, np.around(ex,3)) )
if p> 0.05:
    print('接受原假设,收入与关注碳中和政策状况独立。')
else:
    print('拒绝原假设,收入与关注碳中和政策状况不独立。')
```

Python 代码执行的结果为:

检验统计量＝1.234，pvalue＝0.267，自由度＝1，预期频率＝[[41.644 43.356]
[31.356 32.644]]
接受原假设,收入与关注碳中和政策状况独立。

6. 知识点:拟合优度检验

采用有放回简单随机抽样,从某年级学生中抽取 50 名学生,调查学习的总成绩,数据如表 7.9 所示。

表 7.9　某年级学生成绩抽样结果(单位:分)

602	588	573	534	552	482	644	390	443	522
463	511	520	631	558	562	579	622	428	472
553	438	499	505	530	592	583	503	519	531
662	402	528	631	379	523	534	566	541	467
436	480	580	538	599	642	560	573	533	600

试在显著性水平 0.05 下,运用拟合优度检验判断学生成绩是否服从正态分布。

解:由题目可知,样本量为 50。根据表 7.9 的数据,可以得到表 7.10。

表 7.10　样本结果计算表

组号	分数分组	实际频数 V_i	标准化组限 $z=\frac{\text{原组限}-\bar{y}}{s}$	概率 $\hat{p}_i$	理论频数 $E_i=n\hat{p}_i$	$\frac{(V_i-E_i)^2}{E_i}$
1	$-\infty$～450	7	$-\infty$～-1.2449	0.1066	5.3292	1.6128
2	450～500	6	-1.2449～-0.5044	0.2004	10.0200	1.6128
3	500～550	15	-0.5044～0.2361	0.2863	14.3163	0.0326
4	550～600	14	0.2361～0.9766	0.2423	12.1148	0.2934
5	600～$+\infty$	8	0.9766～$+\infty$	0.1644	8.2197	0.0059
合计	—	50	—	1	50.0000	2.4687

学生成绩服从正态分布的检验过程如下。

步骤一:提出假设

H_0:学生成绩服从正态分布

H_1:学生成绩不服从正态分布

步骤二:在原假设成立的条件下,构造检验统计量,并计算统计量的样本观测值

$$\chi^2=\sum_{i=1}^{5}\frac{(V_i-E_i)^2}{E_i}=2.4687$$

其中,V_i 表示实际频数,E_i 表示理论频数,样本量 $n=50$。

步骤三:在显著性水平 0.05 下计算检验统计量的临界值。在原假设成立的条件下,χ^2 服从自由度 5－2－1＝2 的卡方分布。确定单侧临界值为 $\chi^2_{0.05}(2)=5.9915$,拒绝域

为[5.9915,∞)。

步骤四：做出判断。$\chi^2(50)=2.4687<5.9915$，检验统计量的样本观测值落在接受域中，没有充分理由拒绝原假设，即没有充分理由认为学生成绩不服从正态分布。

Python 语言实现：

```
import numpy as np
import scipy
from scipy import stats
import pandas as pd
from scipy.stats import norm
from scipy.stats import chisquare
data=pd.Series([602,588,573,534,552,482,644,390,443,522,463,511,520,631,
558,562,579,622,428,472,553,438,499,505,530,592,583,503,519,531,662,402,
528,631,379,523,534,566,541,467,436,480,580,538,599,642,560,573,533,600])
u = np.mean(data) # 计算样本均值
std = np.std(data,ddof=1) # 计算样本标准差
print("u=%.2f"%u,"std=%.2f"%std)
threshold=[-float('inf'),450,500,550,600,float('inf')] #分组
observation=np.array([np.sum(data<450),np.sum((data<500) & (data>
=450)),np.sum((data<550) & (data>=500)),np.sum((data<600) & (data>
=550)),np.sum(data>=600)]) # 实际频数
expcumfreq=pd.Series(norm.cdf((threshold-u)/std))
expfreq0=expcumfreq.diff(periods=1)
expfreq = np.array(expfreq0[1:len(expfreq0)]) # 理论频率
expectation=50 * expfreq # 理论频数
Pearsontest=chisquare(f_obs=np.array(observation), f_exp=np.array(expectation))
print("statistic=%.4f,pvalue=%.4f"%(Pearsontest.statistic,Pearsontest.pvalue))
if (Pearsontest.pvalue<0.05):
    print("拒绝原假设,某年级学生的学习总成绩不服从正态分布。")
else:
    print("接受原假设,没有充分理由认为某年级学生的学习总成绩不服从正态分布。")
```

Python 代码执行的结果为：

```
u=534.06 std=67.52
statistic=2.4687,pvalue=0.6503
接受原假设
```

7. 知识点：斯皮尔曼等级相关系数

表 7.11 给出 12 家企业的月人均工资和购买扶贫产品金额的排序情况。试计算等级相关系数，并检验两者是否存在等级相关性(双尾检验，显著性水平 0.05)。

表7.11　月人均工资水平和购买扶贫产品金额抽样结果表

企　业	A	B	C	D	E	F	G	H	I	J	K	L
人均月薪排序	4	6	12	2	7	1	9	11	3	8	5	10
购买扶贫产品金额排序	7	4	9	3	8	5	11	12	1	6	2	10

解:由题目可知,样本量 $n=12$。斯皮尔曼等级相关系数 r_s 的计算公式为

$$r_s=1-\frac{6\sum d_i^2}{n(n^2-1)}$$

其中,d_i 为第 i 个样本的人均月薪等级与购买扶贫产品金额等级的差值。12家企业的月人均工资和购买扶贫产品金额之间是否存在等级相关性的检验过程如下。

步骤一:提出假设

$H_0:\rho_s=0$,即月人均工资和购买扶贫产品金额之间不存在等级相关性;

$H_1:\rho_s\neq 0$,即月人均工资和购买扶贫产品金额之间存在等级相关性。

步骤二:计算检验统计量的观测值

$$r_s=1-\frac{6\sum d_i^2}{n(n^2-1)}=0.783$$

样本量 $n\leqslant 30$ 时,选择斯皮尔曼等级相关系数 r_s 作为检验统计量。

步骤三:样本量 $n=12$,样本量小。在显著性水平0.05下,满足条件 $P\{|r_s|\geqslant|r|\}\leqslant 0.05$ 的最小 r 值为0.580,拒绝域为 $[-1,-0.580]\cup[0.580,1]$。

步骤四:做出判断。$r_s=0.783>0.580$,检验统计量的样本观测值落在拒绝域,有充分理由拒绝原假设,即有充分理由认为企业人均月薪和购买扶贫产品金额之间存在显著的等级相关性。

Python语言实现:

```
import pandas as pd
import numpy as np
import scipy
from scipy. stats import spearmanr from scipy
x1=pd. Series([4,6,12,2,7,1,9,11,3,8,5,10])
y1=pd. Series([7,4,9,3,8,5,11,12,1,6,2,10])
coef,p=spearmanr(x1,y1)
print('coef=%.3f, p=%.3f'% (coef, p))
if p > 0.05:
    print('接受原假设')
else:
    print('拒绝原假设')
```

Python代码执行的结果为:

```
coef=0.783, p=0.003
拒绝原假设
```

7.5 应用示例:"一带一路"对欧洲国家进出口贸易影响分析

党的二十大报告指出中国坚持对外开放的基本国策,坚定奉行互利共赢的开放战略,不断以中国新发展为世界提供新机遇,推动建设开放型世界经济,更好惠及各国人民。2013年秋,习近平主席提出共建"一带一路"重大倡议。自倡议提出后,"一带一路"建设秉持共商共建共享原则,坚持开放、绿色、廉洁理念,努力实现高标准、可持续、惠民生目标,成为各国共同的机遇之路、繁荣之路。贸易畅通是共建"一带一路"的重要内容。在"一带一路"倡议提出的初期,针对"一带一路"政策对各国贸易的影响研究主要分为两个观点:一些学者认为"一带一路"倡议能够带动各国贸易增长,而另一些学者则认为它的实施具有很大的挑战,前路困难重重。

为检验上述观点,根据国家统计局数据选取了来自欧洲共49个国家(及地区)作为研究对象,其中有25个国家已与中国达成了"一带一路"合作。运用"2011—2019年中国同欧洲各国进出口贸易总额"数据,对参与"一带一路"和未参与"一带一路"的欧洲国家在2015年前后同中国贸易进出口总额是否存在显著差异进行非参数检验,对比分析"一带一路"对贸易推动的影响。表7.12给出了2011—2019年中国同欧洲"一带一路"国家进出口总额。表7.13给出了2011—2019年中国同欧洲非"一带一路"国家进出口总额。

表7.12 2011—2019年中国同欧洲"一带一路"国家进出口总额(单位:亿美元)

国家	2011	2012	2013	2014	2015	2016	2017	2018	2019
意大利	512.69	417.21	433.26	480.38	446.54	431.02	496.98	542.34	549.44
卢森堡	19.04	22.19	20.65	22.53	26.32	15.61	10.09	11.18	18.32
希腊	43.03	40.20	36.52	45.31	39.50	44.86	51.81	70.61	84.65
葡萄牙	39.63	40.16	39.06	48.00	43.56	55.87	55.84	59.99	66.89
阿尔巴尼亚	4.36	4.87	5.59	5.68	5.58	6.35	6.50	6.48	7.04
奥地利	69.88	67.64	70.68	82.48	74.66	72.69	83.93	97.51	106.71
保加利亚	14.65	18.93	20.74	21.63	17.92	16.47	21.38	25.87	27.19
匈牙利	92.58	80.61	84.07	90.24	80.73	88.89	101.27	108.82	102.18
马耳他	31.81	31.30	32.40	37.84	28.21	19.66	25.07	17.81	15.18
波兰	129.88	143.83	148.07	171.92	170.87	176.38	212.27	245.22	278.22
罗马尼亚	44.00	37.77	40.30	47.44	44.57	49.04	56.02	66.75	68.99
爱沙尼亚	13.36	13.69	13.09	13.72	11.88	11.76	12.67	12.77	12.21
拉脱维亚	12.56	13.82	14.73	14.64	11.67	11.95	13.25	13.79	12.89
立陶宛	14.23	17.20	18.11	18.16	13.50	14.56	18.55	20.93	21.34
白俄罗斯	13.04	15.83	14.53	18.49	17.60	15.25	14.49	17.13	27.14
摩尔多瓦	1.10	1.43	1.31	1.40	1.21	1.01	1.32	1.47	1.76
俄罗斯	792.73	882.11	892.59	952.70	680.16	696.16	842.21	1071.07	1109.40
乌克兰	104.10	103.55	111.22	85.90	70.72	67.11	73.80	96.64	119.09
斯洛文尼亚	18.77	18.23	21.36	23.23	23.81	27.07	33.82	50.15	39.28
克罗地亚	16.20	13.74	14.94	11.28	10.97	11.79	13.43	15.39	15.42
捷克	99.87	87.30	94.53	109.80	110.07	110.13	124.89	163.09	176.01
斯洛伐克	59.70	60.78	65.43	62.05	50.32	52.73	53.14	77.81	88.93
波黑	0.71	0.70	1.12	3.21	1.14	1.08	1.36	1.87	1.92
塞尔维亚	4.74	5.14	6.12	5.37	5.49	5.95	7.57	9.52	13.94
黑山	1.02	1.68	1.03	2.11	1.58	1.41	1.99	2.20	1.57

数据来源:中国国家统计局数据汇总

表 7.13 2011—2019 年中国同欧洲非“一带一路”国家进出口总额(单位:亿美元)

国家	2011	2012	2013	2014	2015	2016	2017	2018	2019
比利时	291.05	263.41	254.08	272.76	232.14	216.10	232.88	240.23	251.00
丹麦	92.60	94.45	90.87	106.05	102.47	96.51	107.23	116.81	117.08
英国	586.78	631.02	700.21	808.68	785.01	744.02	790.42	804.14	863.56
德国	1691.44	1611.31	1614.98	1777.16	1567.78	1513.68	1680.75	1838.14	1848.76
法国	520.62	510.17	498.24	557.65	513.70	471.89	544.62	628.75	655.73
爱尔兰	58.66	58.96	66.70	65.35	71.10	80.77	110.31	145.09	167.48
荷兰	681.60	675.99	701.40	742.69	682.31	672.69	784.04	851.67	851.81
西班牙	272.73	245.71	249.00	277.01	274.40	274.56	309.43	337.03	355.01
安道尔	0.06	0.27	0.02	0.02	0.01	0.01	0.01	0.02	0.03
芬兰	111.81	112.73	97.37	91.50	70.26	63.34	71.05	78.67	77.00
直布罗陀	0.29	1.15	0.48	0.08	1.97	0.07	0.04	0.03	0.04
冰岛	1.52	1.84	2.22	2.04	1.91	2.29	2.22	4.21	2.58
列支敦士登	0.92	0.87	1.33	1.22	1.32	1.49	1.73	1.76	1.84
摩纳哥	0.35	0.89	0.38	0.25	0.18	0.21	0.21	1.31	0.40
挪威	74.08	60.87	62.05	71.99	70.03	58.36	56.18	60.73	73.59
圣马力诺	0.02	0.02	0.04	0.06	0.08	0.11	0.09	0.08	0.07
瑞典	136.84	133.37	137.86	139.59	135.15	124.77	149.10	171.46	176.82
瑞士	309.09	263.09	595.88	435.29	442.63	430.03	360.53	425.32	318.16
格鲁吉亚	7.99	7.74	9.17	9.62	8.12	7.99	9.8	11.49	14.83
亚美尼亚	1.70	1.47	1.93	2.90	3.21	3.92	4.47	5.15	7.54
阿塞拜疆	10.86	12.84	11.02	9.42	6.62	7.58	9.64	8.98	14.86
马其顿	2.46	2.29	1.71	1.67	2.19	1.37	1.65	1.54	2.82
梵蒂冈城国	0.00	0.001	0.00	0.00	0.00	0.003	0.001	0.00	0.002
法罗群岛	0.28	0.51	0.76	1.07	1.87	1.05	1.02	1.29	1.60

数据来源:中国国家统计局数据汇总

针对参与“一带一路”和未参与“一带一路”的欧洲国家在2015年前后同中国贸易进出口总额是否存在显著差异,这里选择威尔科克森符号秩检验分析“一带一路”对贸易推动的影响。

1. 中国同欧洲“一带一路”国家进出口总额分析

采用威尔科克森符号秩检验,分析欧洲已签署“一带一路”国家在2015年前后进出口贸易总额差异的显著性。以2015年为分界点,分别计算2011—2015年中国同各国进出口总额的平均值和2016—2019年进出口总额平均值,代表2015年前后中国同这些国家的贸易进出口情况,计算结果如表7.14所示。

表 7.14 中国同欧洲"一带一路"国家进出口总额均值(单位:亿美元)

国家	2011—2015 年进出口总额均值	2016—2019 年进出口总额均值
意大利	458.02	504.94
卢森堡	22.14	13.80
希腊	40.91	62.98
葡萄牙	42.08	59.65
阿尔巴尼亚	5.22	6.59
奥地利	73.07	90.21
保加利亚	18.77	22.73
匈牙利	85.65	100.29
马耳他	32.31	19.43
波兰	152.91	228.02
罗马尼亚	42.82	60.20
爱沙尼亚	13.15	12.35
拉脱维亚	13.48	12.97
立陶宛	16.24	18.85
白俄罗斯	15.90	18.50
摩尔多瓦	1.29	1.39
俄罗斯	840.06	929.71
乌克兰	95.10	89.16
斯洛文尼亚	21.08	37.58
克罗地亚	13.43	14.01
捷克	100.31	143.53
斯洛伐克	59.65	68.15
波黑	1.38	1.56
塞尔维亚	5.37	9.24
黑山	1.48	1.79

根据表 7.14 计算出的均值,作为配对样本,对 25 个已签署"一带一路"的国家在 2015 年前后同中国的贸易进出口情况进行威尔科克森符号秩检验,过程如下。

步骤一:提出假设

H_0:$\sum$ 秩(+) $\leqslant$ $\sum$ 秩(−);

H_1:$\sum$ 秩(+) $>$ $\sum$ 秩(−)。

步骤二:计算威尔科克森统计量的观测值,计算过程见表 7.15。

表 7.15 中国与欧洲“一带一路”国家进出口额威尔科克森配对符号秩检验数据

国家	X_i	Y_i	d_i	$\|d_i\|$	秩次 r
意大利	458.02	504.94	46.92	46.92	23
卢森堡	22.14	13.80	−8.34	8.34	13
希腊	40.91	62.98	22.07	22.07	21
葡萄牙	42.08	59.65	17.56	17.56	20
阿尔巴尼亚	5.22	6.59	1.38	1.38	7
奥地利	73.07	90.21	17.14	17.14	18
保加利亚	18.77	22.73	3.95	3.95	11
匈牙利	85.65	100.29	14.64	14.64	16
马耳他	32.31	19.43	−12.88	12.88	15
波兰	152.91	228.02	75.11	75.11	24
罗马尼亚	42.82	60.20	17.38	17.38	19
爱沙尼亚	13.15	12.35	−0.80	0.80	6
拉脱维亚	13.48	12.97	−0.51	0.51	4
立陶宛	16.24	18.85	2.61	2.61	9
白俄罗斯	15.90	18.50	2.61	2.61	8
摩尔多瓦	1.29	1.39	0.10	0.10	1
俄罗斯	840.06	929.71	89.65	89.65	25
乌克兰	95.10	89.16	−5.94	5.94	12
斯洛文尼亚	21.08	37.58	16.50	16.50	17
克罗地亚	13.43	14.01	0.58	0.58	5
捷克	100.31	143.53	43.22	43.22	22
斯洛伐克	59.65	68.15	8.50	8.50	14
波黑	1.38	1.56	0.18	0.18	2
塞尔维亚	5.37	9.24	3.87	3.87	10
黑山	1.48	1.79	0.31	0.31	3

秩和 $\sum$ 秩(+) =275，$\sum$ 秩(−) =50。选择两个秩和中较小的作为威尔科克森 T 统计量，即

$$T - \sum 秩(-) = 50$$

样本量 $n=25$，样本量小。这里，将威尔科克森 T 统计量作为检验统计量。

步骤三：在显著性水平 0.01 下，单侧检验临界值 $T_{0.01}(25)=76$，拒绝域为 $\{T \mid T \leqslant 76\}$。

步骤四：做出判断：$T=50<76$，检验统计量的样本观测值落入拒绝域，有充分理由拒绝原假设，即中国同已经加入“一带一路”的欧洲各国之间的进出口贸易与 2015 年之

前相比显著增加。

2. 中国同欧洲非“一带一路”国家进出口总额分析

采用威尔科克森符号秩检验分析欧洲未签署“一带一路”国家在2015年前后进出口贸易总额差异的显著性。以2015年为分界点，分别计算2011－2015年中国同各国进出口总额的平均值和2016－2019年进出口总额平均值，代表2015年前后中国同这些国家的贸易进出口情况。均值的计算结果如表7.16所示。

表7.16　中国同欧洲非“一带一路”国家进出口总额均值(单位:亿美元)

国家	2011－2015年进出口总额均值	2016－2019年进出口总额均值
比利时	262.69	235.05
丹麦	97.29	109.41
英国	702.34	800.54
德国	1652.54	1720.33
法国	520.08	575.25
爱尔兰	64.15	125.91
荷兰	696.80	790.05
西班牙	263.77	319.01
安道尔	0.08	0.02
芬兰	96.74	72.51
直布罗陀	0.79	0.05
冰岛	1.91	2.82
列支敦士登	1.13	1.70
摩纳哥	0.41	0.53
挪威	67.80	62.21
圣马力诺	0.05	0.09
瑞典	136.56	155.54
瑞士	409.20	383.51
格鲁吉亚	8.53	11.03
亚美尼亚	2.24	5.27
阿塞拜疆	10.15	10.27
马其顿	2.07	1.84
梵蒂冈城国	0.0002	0.0015
法罗群岛	0.90	1.24

根据表7.16计算出的均值，作为配对样本，对24个未签署“一带一路”的国家在2015年前后同中国的贸易进出口情况进行威尔科克森符号秩检验。

步骤一：提出假设：

$H_0: \sum 秩(+) \leqslant \sum 秩(-)$

$H_1: \sum 秩(+) > \sum 秩(-)$

步骤二:计算威尔科克森统计量的观测值。计算结果见表 7.17。

表 7.17　中国同欧洲非"一带一路"国家进出口总额威尔科克森配对符号秩检验结果表

国家	X_i	Y_i	d_i	$\lvert d \rvert$	秩次 r
比利时	262.69	235.05	−27.63	27.63	18
丹麦	97.29	109.41	12.12	12.12	14
英国	702.34	800.54	98.20	98.20	24
德国	1652.54	1720.33	67.80	67.80	22
法国	520.08	575.25	55.17	55.17	19
爱尔兰	64.15	125.91	61.76	61.76	21
荷兰	696.80	790.05	93.26	93.26	23
西班牙	263.77	319.01	55.24	55.24	20
安道尔	0.08	0.02	−0.06	0.06	3
芬兰	96.74	72.51	−24.22	24.22	16
直布罗陀	0.79	0.05	−0.75	0.75	9
冰岛	1.91	2.82	0.92	0.92	10
列支敦士登	1.13	1.70	0.57	0.57	8
摩纳哥	0.41	0.53	0.12	0.12	5
挪威	67.80	62.21	−5.59	5.59	13
圣马力诺	0.05	0.09	0.04	0.04	2
瑞典	136.56	155.54	18.97	18.97	15
瑞士	409.20	383.51	−25.69	25.69	17
格鲁吉亚	8.53	11.03	2.50	2.50	11
亚美尼亚	2.24	5.27	3.03	3.03	12
阿塞拜疆	10.15	10.27	0.11	0.11	4
马其顿	2.07	1.84	−0.22	0.22	6
梵蒂冈城国	0.00	0.00	0.00	0.00	1
法罗群岛	0.90	1.24	0.34	0.34	7

秩和 $\sum 秩(+) = 218$，$\sum 秩(-) = 82$。选择两个秩和中较小的作为威尔科克森 T 统计量,即

$$T = \sum 秩(-) = 82$$

样本量 $n = 24$，样本量小。这里,将威尔科克森 T 统计量作为检验统计量。

步骤三:在显著性水平 0.01 下,单侧检验临界值 $T_{0.01}(24) = 69$，拒绝域为 $\{T \mid T \leqslant 69\}$。

步骤四：做出判断：$T = 82 > 69$，检验统计量的样本观测值落入接受域，没有充分理由拒绝原假设，即没有充分理由说明中国同欧洲非“一带一路”国家2015年后进出口总额均值有显著增加。

综上所述，通过对比研究发现，参与“一带一路”合作的欧洲国家自2015年以来同中国的进出口贸易额显著增加。未参与“一带一路”合作的欧洲国家同中国的贸易额没有显著增加。这说明共建“一带一路”倡议在各国贸易畅通方面取得了明显成效，参与国进出口总额显著增加。共建“一带一路”促进了沿线国家和地区贸易投资自由化便利化，降低了交易成本和营商成本，释放了发展潜力，进一步提升了各国参与经济全球化的广度和深度，给世界经济贸易的发展带来了极大的好处。

Python语言实现：

```
import pandas as pd
import numpy as np
import scipy. stats as stats
belt2011 = pd. Series ( [512.69, 19.04, 43.03, 39.63, 4.36, 69.88, 14.65, 92.58,
31.81, 129.88, 44, 13.36, 12.56, 14.23, 13.04, 1.1, 792.73, 104.1, 18.77, 16.2,
99.87,59.7,0.71,4.74,1.02])
belt2012=pd. Series([417.21,22.19,40.2,40.16,4.87,67.64,18.93,80.61,31.3,
143.83,37.77,13.69,13.82,17.2,15.83,1.43,882.11,103.55,18.23,13.74,87.3,
60.78,0.7,5.14,1.68])
belt2013=pd. Series([433.26,20.65,36.52,39.06,5.59,70.68,20.74,84.07,32.4,
148.07,40.3,13.09,14.73,18.11,14.53,1.31,892.59,111.22,21.36,14.94,94.53,
65.43,1.12,6.12,1.03])
belt2014= pd. Series ([480.38,22.53,45.31,48,5.68,82.48,21.63,90.24,37.84,
171.92,47.44,13.72,14.64,18.16,18.49,1.4,952.7,85.9,23.23,11.28,109.8,
62.05,3.21,5.37,2.11])
belt2015=pd. Series([446.54,26.32,39.5,43.56,5.58,74.66,17.92,80.73,28.21,
170.87,44.57,11.88,11.67,13.5,17.6,1.21,680.16,70.72,23.81,10.97,110.07,
50.32,1.14,5.49,1.58])
belt2016=pd. Series([431.02,15.61,44.86,55.87,6.35,72.69,16.47,88.89,19.66,
176.38, 49.04, 11.76, 11.95, 14.56, 15.25, 1.01, 696.16, 67.11, 27.07, 11.79,
110.13,52.73,1.08,5.95,1.41])
belt2017=pd. Series([496.98,10.09,51.81,55.84,6.5,83.93,21.38,101.27,25.07,
212.27, 56.02,12.67,13.25,18.55,14.49,1.32,842.21,73.8,33.82,13.43,124.89,
53.14,1.36,7.57,1.99])
belt2018= pd. Series ([542.34, 11.18, 70.61, 59.99, 6.48, 97.51, 25.87, 108.82,
17.81, 245.22, 66.75, 12.77, 13.79, 20.93, 17.13, 1.47, 1071.07, 96.64, 50.15,
15.39,163.09,77.81,1.87,9.52,2.2])
belt2019 = pd. Series ([549.44, 18.32, 84.65, 66.89, 7.04, 106.71, 27.19, 102.18,
15.18, 278.22, 68.99, 12.21, 12.89, 21.34, 27.14, 1.76, 1109.4, 119.09, 39.28,
15.42,176.01,88.93,1.92,13.94,1.57])
```

```
unbelt2011 = pd. Series ([291. 05, 92. 6, 586. 78, 1691. 44, 520. 62, 58. 66, 681. 6,
272. 73,0. 06,111. 81,0. 29,1. 52,0. 92,0. 35,74. 08,0. 02,136. 84,309. 09,7. 99, 1. 7,
10. 86,2. 46,0,0. 28])
unbelt2012 = pd. Series ([263. 41, 94. 45, 631. 02, 1611. 31, 510. 17, 58. 96, 675. 99,
245. 71, 0. 27, 112. 73, 1. 15, 1. 84, 0. 87, 0. 89, 60. 87, 0. 02, 133. 37, 263. 09, 7. 74,
1. 47,12. 84,2. 29,0. 001,0. 51])
unbelt2013 = pd. Series ([254. 08,90. 87,700. 21,1614. 98,498. 24,66. 7,701. 4,249,
0. 02,97. 37,0. 48,2. 22,1. 33,0. 38,62. 05,0. 04,137. 86,595. 88,9. 17, 1. 93,11. 02,
1. 71,0,0. 76])
unbelt2014 = pd. Series ([272. 76, 106. 05, 808. 68, 1777. 16, 557. 65, 65. 35, 742. 69,
277. 01,0. 02,91. 5,0. 08,2. 04,1. 22,0. 25,71. 99,0. 06,139. 59,435. 29,9. 62,2. 9,
9. 42,1. 67,0,1. 07])
unbelt2015 = pd. Series ([232. 14, 102. 47, 785. 01, 1567. 78, 513. 7, 71. 1, 682. 31,
274. 4,0. 01,70. 26,1. 97,1. 91,1. 32,0. 18,70. 03,0. 08,135. 15,442. 63,8. 12,3. 21,
6. 62,2. 19,0,1. 87])
unbelt2016 = pd. Series ([216. 1, 96. 51, 744. 02, 1513. 68, 471. 89, 80. 77, 672. 69,
274. 56,0. 01,63. 34,0. 07,2. 29,1. 49,0. 21,58. 36,0. 11,124. 77,430. 03,7. 99,3. 92,
7. 58,1. 37,0. 003,1. 05])
unbelt2017 = pd. Series ([232. 88,107. 23,790. 42,1680. 75,544. 62,110. 31,784. 04,
309. 43,0. 01,71. 05,0. 04,2. 22,1. 73,0. 21,56. 18,0. 09,149. 1,360. 53,9. 8,4. 47,
9. 64,1. 65,0. 001,1. 02])
unbelt2018 = pd. Series ([240. 23,116. 81,804. 14,1838. 14,628. 75,145. 09,851. 67,
337. 03,0. 02, 78. 67, 0. 03, 4. 21, 1. 76, 1. 31, 60. 73, 0. 08, 171. 46, 425. 32, 11. 49,
5. 15,8. 98,1. 54,0,1. 29])
unbelt2019 = pd. Series ([251, 117. 08, 863. 56, 1848. 76, 655. 73, 167. 48, 851. 81,
355. 01,0. 03,77,0. 04,2. 58,1. 84,0. 4,73. 59,0. 07,176. 82,318. 16,14. 83,7. 54,
14. 86,2. 82,0. 002,1. 6])
belt1=list(zip(belt2011,belt2012,belt2013,belt2014,belt2015))
belt2=list(zip(belt2016,belt2017,belt2018,belt2019))
beltbefore=np. mean(belt1,1)
beltafter=np. mean(belt2,1)
unbelt1=list(zip(unbelt2011,unbelt2012,unbelt2013,unbelt2014,unbelt2015))
unbelt2=list(zip(unbelt2016,unbelt2017,unbelt2018,unbelt2019))
unbeltbefore=np. mean(unbelt1,1)
unbeltafter=np. mean(unbelt2,1)
belttest=stats. wilcoxon(beltbefore,beltafter,correction=False, alternative='two-
sided')
unbelttest=stats. wilcoxon(unbeltbefore, unbeltafter, correction=False, alternative
='two-sided')
print("一带一路国家")
print("statistic=%. f,pvalue=%. 3f"%(belttest. statistic,belttest. pvalue))
```

```
if (belttest.pvalue<0.05):
    print("拒绝原假设,2015 年前后进出口总额均值有显著差异。")
else:
    print("接受原假设,没有充分理由 2015 年前后进出口总额均值有显著差异。")
print("非'一带一路'国家")
print("statistic=%.f,pvalue=%.3f"%(unbelttest.statistic,unbelttest.pvalue))
if (unbelttest.pvalue<0.05):
    print("拒绝原假设,2015 年前后进出口总额均值有显著差异。")
else:
    print("接受原假设,没有充分理由 2015 年前后进出口总额均值有显著差异")
```

Python 代码执行的结果为:

```
"一带一路"国家
statistic=50,pvalue=0.002
拒绝原假设,2015 年前后进出口总额均值有显著差异。
非"一带一路"国家
statistic=82,pvalue=0.053
接受原假设,没有充分理由 2015 年前后进出口总额均值有显著差异。
```

7.6 小结

非参数检验,又被称为自由分布检验,是统计分析方法的重要组成部分。非参数检验是不需要事先对总体分布的形状加以限制的情况下进行的假设检验。这里所谓的"非参数"只是指在检验的过程中,对检验统计量服从的分布及参数做出限制,并不意味着在检验中"不涉及参数"或者"不对参数进行检验"。

与参数检验相比,非参数检验具有如下几方面优点。首先,非参数检验条件比较宽松,适应性强,适合于处理诸如非正态的、方差不等的或分布形状未知的资料。其次,非参数检验方法比较灵活,用途广泛,可应用于处理定类、定序、定距和定比数据。最后,非参数检验计算相对简单,结果较为直观。当然,非参数检验也存在一些缺点。较为突出的一个方面是其对原始数据中包含的信息利用不够充分,检验的功效相对较弱。所以参数检验和非参数检验是针对不同情况提出的两种统计方法,他们各有优缺点,可互为补充。

7.7 习题

1. 从某保险公司火灾保险业务中,随机抽取 15 张索赔保单,索赔额如下(单位:千元)

12.3	13.8	9.4	5.3	7.6
8	15.5	12.3	4.4	16.8
9.3	11.4	9.2	6.2	18.3

试在显著性水平 0.05 下，用单总体符号检验法检验该总体中位数是否为 9。

2. 某 APP 运营商对其产品进行升级，为检验产品升级是否提高了客户使用满意度，请 50 位 APP 用户对产品升级前后的使用满意度进行打分。满意度共分为 5 级，满意度从 1 到 5 依次下降，其中 1 表示非常满意，5 表示非常不满意。通过对 50 位用户的满意度调查结果进行整理得到如下结果。

升级后打分－升级前打分之差的符号	用户人数(名)
＋	28
－	10
0	12

试在显著性水平 0.05 下，通过符号检验评价升级后产品满意度是否有所上升。

3. 某企业想要检验广告宣传是否对产品销量具有显著的提升效果，随机选取了某市 14 家零售店，观察投放广告前后零售店对于该产品每周销售总量的变化，统计数据如下表所示。

零售店编号	1	2	3	4	5	6	7	8	9	10	11	12	13	14
投放广告前	14	18	11	8	6	22	15	13	17	13	12	10	17	8
投放广告后	13	20	12	9	7	21	19	19	17	16	14	12	16	10

(1)试在显著性水平 0.05 下，通过两总体符号检验方法判断广告宣传是否对产品销量具有显著的提升效果。

(2)试在显著性水平 0.05 下，通过威尔科克森配对符号秩检验法判断广告宣传是否对产品销量具有显著的提升效果。

4. 某工厂有甲、乙两个车间组装同一种产品，为检验两个车间工人每日组装产品效率是否存在显著差异，分别从甲、乙两个车间随机抽取了部分工人，记录其每日组装的产品件数，统计结果如下表所示。

车间甲	22	28	30	20	18	26	22	21
车间乙	15	20	28	26	29	20	19	

假定两个车间员工每日组装产品件数的分布具有相同的形状。在显著性水平 0.05 下，运用秩和检验方法检验判断两个车间的工人每日组装产品件数中位数是否存在显著差异。

5. 从两个地区同一行业中分别简单随机抽取 11 家和 14 家企业。这些企业的上一年产值分别如下(单位：万元)。甲地区为：103，95，130，145，128，157，189，85，128，117，

192。乙地区为:79,132,103,80,92,158,164,112,97,147,126,153,93,104。

假设该行业在两地区的上年产值分布形状相同。试在显著性水平0.05下,使用秩和检验方法判断该行业两个地区的上一年产值中位数是否存在显著差别。

6. 为检验携带某种致病基因的情况是否与生活在不同纬度之间相互独立,某医疗机构从全球选取了367名志愿者进行基因检测,得到检测数据如下表所示。

纬度	是否携带某致病基因	
	携带	不携带
高纬度	74	57
中纬度	66	53
低纬度	48	69

试在显著性水平0.05下检验某种致病基因的携带状况与生活在不同纬度之间是否相互独立。

7. 男性和女性对于某种疾病症状严重程度的临床试验数据如下。

性别	患病后症状程度		
	严重	一般	较轻
男性	36	43	41
女性	40	35	42

试在显著性水平0.05下检验性别与患病后症状严重程度是否相互独立。

8. 某渔业养殖户对养殖的鱼进行重量检查,从养鱼池中一次性抽取50只鱼测量重量并记录,测量结果如下(单位:千克)。

2.4	2.1	2.6	2.8	2.1	2.3	2.9	2.6	2.7	3.1
3.2	2.6	2.2	2.2	2.4	2.8	2.9	2.3	3.3	2.7
2.8	3.1	3.3	2.5	2.3	2.7	2.8	2.4	1.9	2.4
2.2	2.7	1.8	2.8	2.5	2.3	2.5	2.9	2.5	2.7
2.7	2.2	2.2	3.0	2.6	2.6	2.3	3.1	2.5	2.8

分别在显著性水平0.05和0.01下运用拟合优度检验,判断鱼的重量是否服从正态分布。

9. 某保险公司随机抽取了15张车险索赔保单,下表中给出了这15位车主的年龄以及车险索赔额大小的排序情况。试计算斯皮尔曼等级相关系数,并检验年龄与索赔额是否存在等级相关性(双尾检验,显著性水平0.05)。

车主	A	B	C	D	E	F	G	H	I	J	K	L	M	N	O
年龄排序	10	2	9	1	8	3	13	15	5	12	4	14	6	7	11
索赔额排序	4	15	1	14	10	9	5	8	13	2	11	6	12	3	7

第 8 章　方差分析模型

方差分析(Analysis of Variance,ANOVA)是数据分析的常用方法之一,用于两个及两个以上总体均值是否相等的假设检验。本章主要介绍方差分析的相关基础概念、实施步骤等内容。

8.1　方差分析模型的基础概念

1. 响应变量:用于衡量试验结果的特性值,也称为指标或因变量。响应变量有定量和定性之分。

2. 因子:影响试验结果的因素。因子分为可控因子和不可控因子两类。可控因子是可用某种控制方式将其状态作审慎改变的因子。不可控因子是在实际操作中不能控制、难以控制、花费昂贵,或试验人员尚未认识到对试验结果有影响的因子,如噪声因子或误差因子。因子也有定量和定性之分。

3. 水平:因子所处的状态或所取的值。

4. 处理:试验中因子的水平组合。当试验只有一个因子时,处理即为这个因子的水平。

5. 试验误差:观测值与真实值之间的差值,简称误差,记响应变量的真实值为 μ,观测值为 y,试验误差记为 $\varepsilon = y - \mu$。

6. 单因子方差分析:试验中只有一个因子的方差分析。

7. 两因子方差分析:试验中涉及两个因子的方差分析。

8. 交互作用:当因子 A 对响应变量的作用受到因子 B 取不同水平的影响时,称因子 A 与因子 B 之间存在交互作用。即 B 取不同的水平,因子 A 对响应变量的作用会发生改变。

9. 多重比较:同时检验多对总体均值是否相等的假设检验。常用的方法有 Bonferroni 检验法和 Tukey 检验法。

10. Bonferroni 检验法:对于多对总体均值相等的假设检验问题 $H_0:\mu_i = \mu_j, H_1:\mu_i \neq \mu_j, i < j, i,j = 1,2,\cdots,r$,检验统计量为

$$t_{ij} = \frac{\bar{y}_{j.} - \bar{y}_{i.}}{\sqrt{MSE}\sqrt{1/n_i + 1/n_j}} \tag{8.1}$$

每个检验的显著性水平为 $\alpha/m, m = r(r-1)/2, r$ 为总体均值的个数。拒绝域为 $\{|t_{ij}| \geqslant t_{\alpha/2m}(n-r)\}$。

11. Tukey 检验法:对于多对总体均值相等的假设检验问题 $H_0:\mu_i = \mu_j, H_1:\mu_i \neq$

$\mu_j, i<j, i, j=1,2,\cdots,r$，检验统计量同(8.1)式，拒绝域为 $\left\{|t_{ij}| \geqslant \frac{1}{\sqrt{2}} q_\alpha(r, n-r)\right\}$。其中，$q_\alpha(r,n-r)$ 表示自由度为 $(r,n-r)$ 的学生氏极差分布上 α 分位数。

8.2 方差分析的步骤和方差分析表

1. 方差分析的步骤

步骤一：提出假设，$H_0:\mu_1=\mu_2=\cdots=\mu_r$，$H_1:\mu_1,\mu_2,\cdots,\mu_r$ 不全相等；

步骤二：计算离差平方和及其自由度、均方、F 统计量的样本观测值，构造方差分析表；

步骤三：给定显著性水平，构造拒绝域；

步骤四：做出判断。

2. 单因子方差分析表：假设因子用 A 表示，具有 r 个水平 $A_1,A_2,\cdots,A_r$；响应变量用 Y 表示，在第 i 个组的第 j 个观测值为 y_{ij}，$i=1,2,\cdots,r$，$j=1,2,\cdots,m_i$，m_i 为第 i 个组的观测值个数，记 $n=\sum_{i=1}^{r} m_i$。单因子方差分析表如表 8.1 所示。

表 8.1　单因子方差分析表

变异来源	平方和	自由度	均方	F 值
因子	SSA	$r-1$	$MSA=\frac{SSA}{r-1}$	$F=\frac{MSA}{MSE}$
误差	SSE	$n-r$	$MSE=\frac{SSE}{n-r}$	—
总和	SST	$n-1$	—	—

在表 8.1 中，总离差平方和 SST 表示各 y_{ij} 之间的总变异性，公式为

$$SST=\sum_{i=1}^{r}\sum_{j=1}^{m_i}(y_{ij}-\bar{y}_{..})^2$$

组间离差平方和 SSA，也称为因子平方和，表示组间观测值的变异性，公式为

$$SSA=\sum_{i=1}^{r}\sum_{j=1}^{m_i}(\bar{y}_{i.}-\bar{y}_{..})^2$$

组内离差平方和 SSE，也称为误差平方和，表示组内观测值的变异性，公式为

$$SSE=\sum_{i=1}^{r}\sum_{j=1}^{m_i}(y_{ij}-\bar{y}_{i.})^2$$

因子 A 各水平下响应的平均值为

$$\bar{y}_{i.}=\frac{1}{m_i}\sum_{j=1}^{m_i} y_{ij}, i=1,2,\cdots,r$$

总均值为

$$\bar{y}_{..}=\frac{1}{n}\sum_{i=1}^{r}\sum_{j=1}^{m_i}y_{ij}$$

组间均方 MSA 为

$$MSA=\frac{SSA}{r-1}$$

组内均方 MSE 为

$$MSE=\frac{SSE}{n-r}$$

检验统计量为

$$F=\frac{MSA}{MSE}=\frac{SSA/(r-1)}{SSE/(n-r)}$$

在原假设成立时，检验统计量 $F\sim F(r-1,n-r)$。给定显著性水平 α，拒绝域为 $\{F\geqslant F_{\alpha}(r-1,n-r)\}$。

3. 两因子方差分析表：根据两个因子对响应变量是否存在交互作用，将两因子方差分析分为两种：无交互作用的两因子方差分析表和有交互作用的两因子方差分析表。

4. 无交互作用的两因子方差分析表：假设两个因子分别用 A 和 B 表示，A 有 r 个水平 $A_1,A_2,\cdots,A_r$，B 有 s 个水平 $B_1,B_2,\cdots,B_s$。在水平组合 A_iB_j 下无重复观测的观测值记为 y_{ij}，$i=1,2,\cdots,r$，$j=1,2,\cdots,s$。记关于 A 和 B 的检验统计量分别为 F_A 和 F_B。无交互作用的两因子方差分析表如表 8.2 所示。

表 8.2 无交互作用的两因子方差分析表

变异来源	平方和	自由度	均方	F 值
因子 A	SSA	$r-1$	$MSA=\frac{SSA}{r-1}$	$F_A=\frac{MSA}{MSE}$
因子 B	SSB	$s-1$	$MSB=\frac{SSB}{s-1}$	$F_B=\frac{MSB}{MSE}$
误差	SSE	$(r-1)(s-1)$	$MSE=\frac{SSE}{(r-1)(s-1)}$	—
总和	SST	$rs-1$	—	—

其中，

$SST=\sum_{i=1}^{r}\sum_{j=1}^{s}(y_{ij}-\bar{y}_{..})^2$ 为总离差平方和，

$SSA=\sum_{i=1}^{r}\sum_{j=1}^{s}(\bar{y}_{i.}-\bar{y}_{..})^2$ 为因子 A 的离差平方和，

$SSB=\sum_{i=1}^{r}\sum_{j=1}^{s}(\bar{y}_{.j}-\bar{y}_{..})^2$ 为因子 B 的离差平方和，

$SSE=\sum_{i=1}^{r}\sum_{j=1}^{s}(y_{ij}-\bar{y}_{i.}-\bar{y}_{.j}+\bar{y}_{..})^2$ 为组内离差平方和。

$\bar{y}_{i.}=\frac{1}{s}\sum_{j=1}^{s}y_{ij}, i=1,2,\cdots,r$ 为因子 A 各水平的平均值，

$\bar{y}_{.j}=\frac{1}{r}\sum_{i=1}^{r}y_{ij}, j=1,2,\cdots,s$ 为因子 B 各水平的平均值，

$\bar{y}_{..}=\frac{1}{rs}\sum_{i=1}^{r}\sum_{j=1}^{s}y_{ij}$ 为总均值。

检验统计量分别为

$$F_A=\frac{MSA}{MSE}, F_B=\frac{MSB}{MSE}$$

在原假设成立时，$F_A\sim F(r-1,(r-1)(s-1))$。给定显著性水平 α，拒绝域为 $\{F_A\geqslant F_\alpha(r-1,(r-1)(s-1))\}$。

在原假设成立时，$F_B\sim F(s-1,(r-1)(s-1))$。给定显著性水平 α，拒绝域为 $\{F_B\geqslant F_\alpha(s-1,(r-1)(s-1))\}$。

5. 有交互作用的两因子方差分析表：为了能够判断出两个因子之间是否存在显著的交互作用，在两个因子的每一水平组合下需要重复观测。假设在水平组合 A_iB_j 下重复观测 l 次，$i=1,2,\cdots,r, j=1,2,\cdots,s, k=1,2,\cdots,l$，观测值记为 y_{ijk}。记关于 A,B 及其交互作用的检验统计量分别为 F_A,F_B 与 F_{AB}。有交互作用的两因子方差分析表如表 8.3 所示。

表 8.3 有交互作用的两因子方差分析表

变异来源	平方和	自由度	均方	F 值
因子 A	SSA	$r-1$	$MSA=\frac{SSA}{r-1}$	$F_A=\frac{MSA}{MSE}$
因子 B	SSB	$s-1$	$MSB=\frac{SSB}{s-1}$	$F_B=\frac{MSB}{MSE}$
交互作用 $A\times B$	$SSAB$	$(r-1)(s-1)$	$MSAB=\frac{SSAB}{(r-1)(s-1)}$	$F_{AB}=\frac{MSAB}{MSE}$
误差	SSE	$rs(l-1)$	$MSE=\frac{SSE}{rs(l-1)}$	—
总和	SST	$rsl-1$	—	—

其中，

$SST=\sum_{i=1}^{r}\sum_{j=1}^{s}\sum_{k=1}^{l}(y_{ijk}-\bar{y}_{...})^2$ 为总离差平方和，

$SSA=\sum_{i=1}^{r}\sum_{j=1}^{s}\sum_{k=1}^{l}(\bar{y}_{i..}-\bar{y}_{...})^2$ 为因子 A 的离差平方和，

$SSB=\sum_{i=1}^{r}\sum_{j=1}^{s}\sum_{k=1}^{l}(\bar{y}_{.j.}-\bar{y}_{...})^2$ 为因子 B 的离差平方和，

$SSAB=\sum_{i=1}^{r}\sum_{j=1}^{s}\sum_{k=1}^{l}(\bar{y}_{ij.}-\bar{y}_{i..}-\bar{y}_{.j.}+\bar{y}_{...})^2$ 为交互作用 $A\times B$ 的离差平方和，

$SSE = \sum_{i=1}^{r}\sum_{j=1}^{s}\sum_{k=1}^{l}(y_{ijk} - \bar{y}_{ij.})^2$ 为组内离差平方和，

$\bar{y}_{ij.} = \frac{1}{l}\sum_{k=1}^{l} y_{ijk}, i = 1,2,\cdots,r, j = 1,2,\cdots,s$ 为因子 A 和因子 B 水平组合的平均值，

$\bar{y}_{i..} = \frac{1}{sl}\sum_{j=1}^{s}\sum_{k=1}^{l} y_{ijk}$，$i = 1,2,\cdots,r$ 为因子 A 各水平的平均值，

$\bar{y}_{.j.} = \frac{1}{rl}\sum_{i=1}^{r}\sum_{k=1}^{l} y_{ijk}$，$j = 1,2,\cdots,s$ 为因子 B 各水平的平均值，

$\bar{y}_{...} = \frac{1}{rsl}\sum_{i=1}^{r}\sum_{j=1}^{s}\sum_{k=1}^{l} y_{ijk}$ 为总均值。

检验统计量分别为

$$F_A = \frac{MSA}{MSE}, F_B = \frac{MSB}{MSE}, F_{AB} = \frac{MSAB}{MSE}$$

在原假设成立时，$F_A \sim F(r-1, rs(l-1))$。给定显著性水平 α，拒绝域为 $\{F_A \geqslant F_\alpha(r-1, rs(l-1))\}$。

在原假设成立时，$F_B \sim F(s-1, rs(l-1))$。给定显著性水平 α，拒绝域为 $\{F_B \geqslant F_\alpha(s-1, rs(l-1))\}$。

在原假设成立时，$F_{AB} \sim F((r-1)(s-1), rs(l-1))$。给定显著性水平 α，拒绝域为 $\{F_{AB} \geqslant F_\alpha((r-1)(s-1), rs(l-1))\}$。

8.3 方差分析模型的知识结构图

本章的知识结构图如图 8.1 所示。

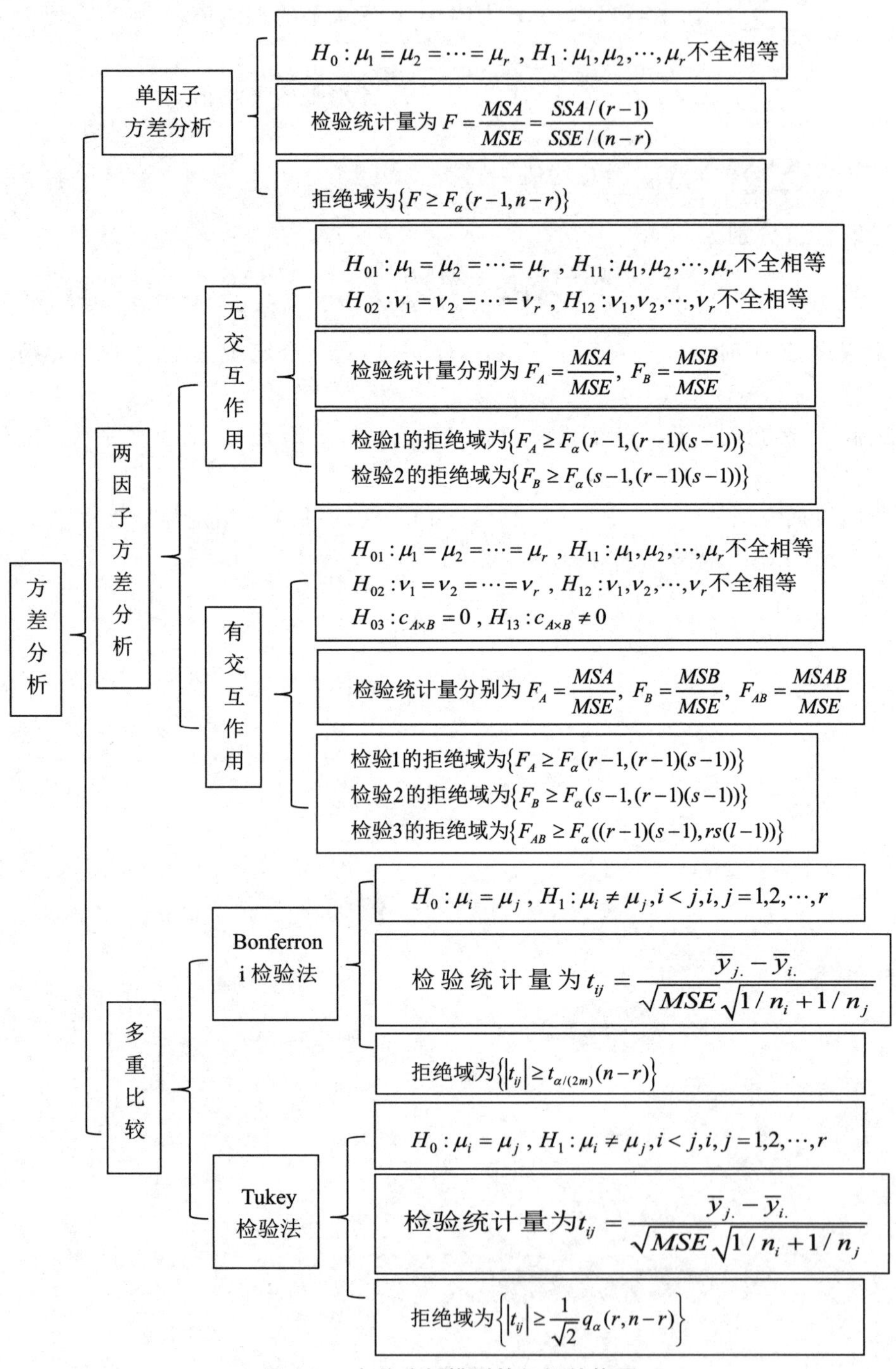

图 8.1 方差分析模型的知识结构图

8.4　方差分析模型的知识点与 Python 语言实践

1. 知识点:单因子方差分析

某家电制造公司准备购进一批 5 号电池。现有 A,B,C 三家电池生产企业愿意供货。该公司需要比较三家电池的质量,以决定采购哪一家的电池。为此,该家电制造公司选择电池寿命作为响应变量,做了以下试验:从每个企业各随机抽取了 5 只电池,在相同条件下测试其寿命。试验数据如表 8.4 所示。

表 8.4　三个电池生产企业生产电池的寿命数据(单位:小时)

试验序号	电池生产企业		
	A	B	C
1	50	32	45
2	50	28	42
3	43	30	38
4	40	34	48
5	39	26	40

试在显著性水平 $\alpha=0.05$ 下,帮助该家电制造商分析 3 家企业生产电池的平均寿命之间有无显著差异。

解:由题意知,采用单因子方差分析判断 3 家企业生产电池的平均寿命之间有无显著差异。供货商为试验因子 A,3 家企业为 3 个水平。记 3 家企业生产电池的平均寿命分别为 μ_1,μ_2,μ_3,$r=3$,$m_1=m_2=m_3=5$ 为每个组的观测值个数,$n=15$ 为样本量。3 家企业生产电池的平均寿命之间有无显著差异的检验过程如下。

步骤一:提出假设

$$H_0:\mu_1=\mu_2=\mu_3,\ H_1:\mu_1,\mu_2,\mu_3 \text{ 不全相等}$$

步骤二:在原假设成立的条件下,计算离差平方和及其自由度、均方、F 统计量的样本观测值,构造方差分析表

$$SSA=\sum_{i=1}^{r}\sum_{j=1}^{m_i}(\bar{y}_{i.}-\bar{y}_{..})^2=615.6$$

$$SSE=\sum_{i=1}^{r}\sum_{j=1}^{m_i}(y_{ij}-\bar{y}_{i.})^2=216.4$$

$$MSA=\frac{SSA}{r-1}=307.800$$

$$MSE=\frac{SSE}{n-r}=18.033$$

$$F=\frac{MSA}{MSE}=\frac{SSA/(r-1)}{SSE/(n-r)}=17.068$$

方差分析表如表 8.5 所示。

表 8.5　方差分析表

变异来源	平方和	自由度	均方	F 值
因子	615.600	2	307.800	17.068
误差	216.400	12	18.033	—
总和	832.000	14	—	—

步骤三：给定显著性水平 $\alpha=0.05$，拒绝域为 $\{F \geqslant F_{0.05}(2,12)=3.885\}$。

步骤四：做出判断。由于 $17.068>3.885$，有充分理由拒绝原假设，认为 3 家企业生产电池的平均寿命之间存在显著差异。

Python 语言实现：

```
import pandas as pd
from scipy import stats
import numpy as np
data=pd.DataFrame({'A':[50,50,43,40,39],'B':[32,28,30,34,26],'C':[45,42,38,48,40]})
ma, mb, mc=np.mean(data)
sum1=data.sum().sum()
ave=sum1/(3*data.shape[0])
SSA=sum(5*(data.mean()-ave)*(data.mean()-ave))
print("组间离差平方和 SSA 为:%.3f"%(SSA))
SSE=sum((data['A']-data['A'].mean())*(data['A']-data['A'].mean()))+sum((data['B']-data['B'].mean())*(data['B']-data['B'].mean()))+sum((data['C']-data['C'].mean())*(data['C']-data['C'].mean()))
print("组内离差项平方和 SSE 为:%.3f"%(SSE))
n=15;r=3
MSA=SSA/(r-1); MSE=SSE/(n-r)
print("MSA 值为:%.3f,MSE 值为:%.3f"%(MSA,MSE))
F_value=MSA/MSE
print("F 统计量的样本观测值为:%.3f"%(F_value))
alpha=0.05
F_alpha=stats.f.ppf(1-alpha,r-1,n-r)
print("拒绝域为:F>=%.3f"%(F_alpha))
#P_value=stats.f.sf(F_value,r-1,n-r)
#print("p-值为:%.6f"%(P_value))
if F_value>=F_alpha:
    print('拒绝原假设,有充分理由认为 3 家企业生产电池的平均寿命之间存在显著差异')
else:
    print('接受原假设,有充分理由认为 3 家企业生产电池的平均寿命之间无显著差异')
```

Python 代码执行的结果为：

```
组间离差平方和 SSA 为:615.600
组内离差项平方和 SSE 为:216.400
MSA 值为:307.800,MSE 值为:18.033
F 统计量的样本观测值为:17.068
拒绝域为:F>=3.885
拒绝原假设,有充分理由认为 3 家企业生产电池的平均寿命之间存在显著差异
```

注：单因子方差分析还可以用 Python 自带的函数 stats. f_oneway 进行计算。

```
import pandas as pd
from scipy import stats
data=pd.DataFrame({'A':[50,50,43,40,39], 'B':[32,28,30,34,26],'C':[45,42,38,
48,40]})
print(data)
F,p=stats.f_oneway(data['A'],data['B'],data['C'])
F_test=stats.f.ppf((1-0.05),2,12)
print('F 值是%.2f,p-值是%.4f'%(F,p))
print('F_value 的值是%.2f'%(F_test))
if F>=F_test:
    print('拒绝原假设,u1、u2、u3 不全相等')
else:
    print('接受原假设,u1=u2=u3')
```

2. 知识点：多重比较

某家电制造公司准备购进一批 5 号电池。现有 A,B,C 三个电池生产企业愿意供货。该公司需要比较三家电池的质量，以决定采购哪一家的电池。为此，该家电制造公司选择电池寿命作为响应变量，做了以下试验：从每个企业各随机抽取了 5 只电池，在相同条件下测试其寿命。试验数据如表 8.4 所示。在显著性水平 $\alpha=0.05$ 下，帮助该家电制造商找出生产电池平均寿命最长的企业。

解：采用多重比较的方法，同时比较 A 企业与 B 企业、A 企业与 C 企业及 B 企业与 C 企业三对企业生产的电池平均寿命，找出电池平均寿命最高的生产企业。采用 Bonferroni 检验法，进行多重比较的过程如下。

步骤一：提出假设

$H_0:\mu_i=\mu_j,\ H_1:\mu_i\neq\mu_j\quad i,j=i\neq j,i\neq j=1,2,3$

步骤二：在原假设成立的条件下构造检验统计量，并计算检验统计量的样本观测值

$$t_{12}=\frac{\bar{y}_{2.}-\bar{y}_{1.}}{\sqrt{MSE(1/n_1+1/n_2)}}=\frac{30-44.4}{\sqrt{18.033\times 2/5}}=-5.362$$

$$t_{13}=\frac{\bar{y}_{3.}-\bar{y}_{1.}}{\sqrt{MSE(1/n_1+1/n_3)}}=\frac{42.6-44.4}{\sqrt{18.033\times 2/5}}=-0.670$$

$$t_{23}=\frac{\bar{y}_{3.}-\bar{y}_{2.}}{\sqrt{MSE(1/n_2+1/n_3)}}=\frac{42.6-30}{\sqrt{18.033\times 2/5}}=4.691$$

步骤三：给定显著性水平，构造拒绝域：在显著性水平 0.05 下，查 t 分布表知 $t_{0.05/6}(12)=2.779$，拒绝域为 $|t|\geqslant 2.779$。

步骤四：做出判断

由于 $|t_{12}|>2.779$，$|t_{23}|>2.779$，而 $|t_{13}|<2.779$，有充分理由认为 A 企业与 B 企业生产的电池平均寿命有显著差异，有充分理由认为 B 企业与 C 企业生产的电池平均寿命有显著差异，有充分理由认为 A 企业与 C 企业生产的电池平均寿命无显著差异。即有充分理由认为 A 企业与 C 企业生产的电池平均寿命最长。

Python 语言实现：

```
import math
n=15;r=3
MSE=SSE/(n-r)
print("MSE 值为:%.3f"%(MSE))
t12=(mb-ma)/math.sqrt(MSE*2/5)
print("t12 值为:%.3f"%(t12))
t13=(mc-ma)/math.sqrt(MSE*2/5)
print("t13 值为:%.3f"%(t13))
t23=(mc-mb)/math.sqrt(MSE*2/5)
print("t23 值为:%.3f"%(t23))
t_value=stats.t.ppf(1-0.05/6,12)
print('拒绝域为|t|>=%.3f'%(t_value))
if abs(t12)>=t_value:
    print('有充分理由拒绝检验 1 原假设,u1 不等于 u2, A 与 B 有显著差异')
else:
    print('有充分理由接受检验 1 原假设,u1=u2, A 与 B 没有显著差异')
if abs(t13)>=t_value:
    print('有充分理由拒绝检验 2 原假设,u1 不等于 u3, A 与 C 有显著差异')
else:
    print('有充分理由接受检验 2 原假设,u1=u3, A 与 C 没有显著差异')
if abs(t23)>=t_value:
    print('有充分理由拒绝检验 3 原假设,u2 不等于 u3, B 与 C 有显著差异')
else:
    print('有充分理由接受检验 3 原假设,u2=u3, B 与 C 没有显著差异')
```

Python 代码执行的结果为：

```
MSE 值为:18.033
t12 值为:-5.362
t13 值为:-0.670
t23 值为:4.691
拒绝域为|t|>=2.78
有充分理由拒绝检验 1 原假设,u1 不等于 u2,A 与 B 有显著差异
有充分理由接受检验 2 原假设,u1=u3,A 与 C 没有显著差异
有充分理由拒绝检验 3 原假设,u2 不等于 u3,B 与 C 有显著差异
```

3. 知识点:无交互作用的两因子方差分析

某项试验欲考察小麦品种(因子 A)和地块(因子 B)各自对小麦收获量有无显著影响。现将土质基本相同的一块耕地均匀等分为 5 个地块,每个地块又均匀等分为 4 小块。将 4 个品种的小麦随机分种在每一地块内的 4 小块上,每一小块地选择 1 个品种种同样多种子。今测得其收获量如表 8.6 所示。试在显著性水平 0.05 下,判断地块和品种各自对小麦收获量有无显著影响。

表 8.6　4 个品种与 5 个地块搭配下的小麦收获量表(单位:斤)

		因子 B					平均值
		B_1	B_2	B_3	B_4	B_5	
因子 A	A_1	32.3	34.0	34.7	36.0	35.5	34.5
	A_2	33.2	33.6	36.8	34.3	36.1	34.8
	A_3	30.8	34.4	32.3	35.8	32.8	33.22
	A_4	29.5	26.2	28.1	28.5	29.4	28.34
平均值		31.45	32.05	32.98	33.65	33.45	32.72

解:设在因子 A 四个水平下,小麦收获量的总体均值分别为 $\mu_{1.}, \mu_{2.}, \mu_{3.}, \mu_{4.}$,在因子 B 五个水平下,小麦收获量的总体均值分别为 $\mu_{.1}, \mu_{.2}, \mu_{.3}, \mu_{.4}, \mu_{.5}$。由题意知,$r=4, s=5$。地块和品种各自对小麦收获量影响的检验过程如下所示。

步骤一:提出假设

检验 1:$H_{01}:\mu_{1.}=\mu_{2.}=\mu_{3.}=\mu_{4.}$,$H_{11}:\mu_{1.}, \mu_{2.}, \mu_{3.}, \mu_{4.}$ 不全相等

检验 2:$H_{02}:\mu_{.1}=\mu_{.2}=\mu_{.3}=\mu_{.4}=\mu_{.5}$,$H_{12}:\mu_{.1}, \mu_{.2}, \mu_{.3}, \mu_{.4}, \mu_{.5}$ 不全相等

步骤二:在原假设成立的条件下,计算离差平方和及其自由度、均方、F 统计量的样本观测值,构造方差分析表

$$SSA=\sum_{i=1}^{r}\sum_{j=1}^{s}(\bar{y}_{i.}-\bar{y}_{..})^2=134.646$$

$$SSB=\sum_{i=1}^{r}\sum_{j=1}^{s}(\bar{y}_{.j}-\bar{y}_{..})^2=14.098$$

$$SSE=\sum_{i=1}^{r}\sum_{j=1}^{s}(y_{ij}-\bar{y}_{i.}-\bar{y}_{.j}+\bar{y}_{..})^2=26.282$$

$$F_A=\frac{SSA/(r-1)}{SSE/((r-1)(s-1))}=\frac{134.646/(4-1)}{26.282/((4-1)(5-1))}=\frac{44.882}{2.190}=20.492$$

$$F_B=\frac{SSB/(r-1)}{SSE/((r-1)(s-1))}=\frac{14.098/(5-1)}{26.282/((4-1)(5-1))}=\frac{3.524}{2.190}=1.609$$

方差分析表如表 8.7 所示。

表 8.7　无交互作用的两因子方差分析表

变异来源	平方和	自由度	均方	F 值
因子 A	134.646	3	44.882	20.492
因子 B	14.098	4	3.524	1.609
误差	26.282	12	2.190	—
总和	175.025	19	—	—

步骤三：给定显著性水平，构造拒绝域

给定 $\alpha=0.05$，查表知 $F_{0.05}(3,12)=3.490$，$F_{0.05}(4,12)=3.259$，故

对于检验 1，拒绝域为 $\{F_A\geqslant 3.490\}$；

对于检验 2，拒绝域为 $\{F_B\geqslant 3.259\}$。

步骤四：做出判断

由于 $20.492>3.490$，故有充分理由拒绝 H_{01}，认为小麦品种对小麦收获量有显著影响；

由于 $1.609<3.259$，故没有充分理由拒绝 H_{02}，认为地块对小麦收获量没有显著影响。

Python 语言实现：

```
import pandas as pd
import numpy as np
from scipy import stats
data=pd.DataFrame({'品种':['A1','A1','A1','A1','A1','A2','A2','A2','A2','A2','A3','A3','A3','A3','A3','A4','A4','A4','A4','A4'],
'地块':['B1','B2','B3','B4','B5','B1','B2','B3','B4','B5','B1','B2','B3','B4','B5','B1','B2','B3','B4','B5'],'收获':[32.3,34.0,34.7,36.0,35.5,33.2,33.6,36.8,34.3,36.1,30.8,34.4,32.3,35.8,32.8,29.5,26.2,28.1,28.5,29.4]})
ma1,ma2,ma3,ma4=data.groupby('品种')['收获'].mean()
print('A1、A2、A3 的均值分别为%.3f,%.3f,%.3f,%.3f'%(ma1, ma2, ma3, ma4))
mb1,mb2,mb3,mb4,mb5=data.groupby('地块')['收获'].mean()
print('B1、B2、B3、B4、B5 均值为%.3f,%.3f,%.3f,%.3f,%.3f '% (mb1,mb2,mb3,mb4,mb5))
ave=np.mean([mb1,mb2,mb3,mb4,mb5])
print('总均值%.3f'%(ave))
```

```
SST=sum((data['收获']-ave)*(data['收获']-ave))
SSA=5*(ma1-ave)*(ma1-ave)+5*(ma2-ave)*(ma2-ave)+5*(ma3-
ave)*(ma3-ave)+5*(ma4-ave)*(ma4-ave)
SSB=4*(mb1-ave)*(mb1-ave)+4*(mb2-ave)*(mb2-ave)+4*(mb3-
ave)*(mb3-ave)+4*(mb4-ave)*(mb4-ave)+4*(mb5-ave)*(mb5-ave)
SSE=SST-SSA-SSB
print("SST:%.3f,SSA:%.3f,SSB:%.3f,SSE:%.3f"%(SST,SSA,SSB,SSE))
n=20;r=4;s=5;
MSA=SSA/(r-1); MSB=SSB/(s-1); MSE=SSE/((r-1)*(s-1))
print("MSA值为:%.3f,MSB值为:%.3f,MSE值为:%.3f"%(MSA,MSB,MSE))
F_A=MSA/MSE; F_B=MSB/MSE
print("F_A统计量的样本观测值为:%.3f"%(F_A))
print("F_B统计量的样本观测值为:%.3f"%(F_B))
alpha=0.05
FA_alpha=stats.f.ppf(1-alpha,r-1,(r-1)*(s-1))
FB_alpha=stats.f.ppf(1-alpha,s-1,(r-1)*(s-1))
print("检验1的拒绝域为:F>=%.3f"%(FA_alpha))
print("检验2的拒绝域为:F>=%.3f"%(FB_alpha))
#P_Avalue=stats.f.sf(F_A,r-1,(r-1)*(s-1))
#P_Bvalue=stats.f.sf(F_B,s-1,(r-1)*(s-1))
#print("检验1的p-值为:%.6f"%(P_Avalue))
#print("检验2的p-值为:%.6f"%(P_Bvalue))
if F_A>=FA_alpha:
    print('拒绝检验1原假设,品种对小麦收获量有显著影响')
else:
    print('接受检验1原假设,品种对小麦收获量没有显著影响')
if F_B>=FB_alpha:
    print('拒绝检验2原假设,地块对小麦收获量有显著影响')
else:
    print('接受检验2原假设,地块对小麦收获量没有显著影响')
```

Python 代码执行的结果为：

```
A1、A2、A3的均值分别为34.500,34.800,33.220,28.340
B1、B2、B3、B4、B5均值为31.450,32.050,32.975,33.650,33.450
总均值32.715
SST:175.025, SSA:134.646, SSB:14.098, SSE:26.282
MSA值为:44.882,MSB值为:3.525,MSE值为:2.190
```

```
F_A 统计量的样本观测值为:20.492
F_B 统计量的样本观测值为:1.609
检验 1 的拒绝域为:F>=3.490
检验 2 的拒绝域为:F>=3.259
拒绝检验 1 原假设,品种对小麦收获量有显著影响
接受检验 2 原假设,地块对小麦收获量没有显著影响
```

注:本例也可以用 Python 自带的函数 anova_lm 进行方差分析,代码如下:

```
from statsmodels.formula.api import ols
from statsmodels.stats.anova import anova_lm
import pandas as pd
data=pd.DataFrame({'品种':['A1','A1','A1','A1','A1','A2','A2','A2','A2','A2','A3','A3','
A3','A3','A3','A4','A4','A4','A4','A4'],
'地块':['B1','B2','B3','B4','B5','B1','B2','B3','B4','B5','B1','B2','B3','B4','B5','B1','B2','B3','
B4','B5'],'收获':[32.3,34.0,34.7,36.0,35.5,33.2,33.6,36.8,34.3,36.1,30.8,
34.4,32.3,35.8,32.8,29.5,26.2,28.1,28.5,29.4]})
print (data)
formula='收获~品种+地块'
anova_results=anova_lm(ols(formula,data).fit())
print(anova_results)
```

4. 知识点:有交互作用的两因子方差分析

为检验广告方案(因子 A)和广告媒体(因子 B)对产品销售量的影响,一家营销公司做了一项试验,考察三种广告方案和两种广告媒体搭配组合下的产品销售量情况,获得的销售量数据如表 8.8 所示。

表 8.8 产品销售量数据(单位:万件)

广告方案	广告媒体	
	B_1	B_2
A_1	8	12
	12	8
A_2	22	26
	14	30
A_3	10	18
	18	14

试在显著性水平 $\alpha=0.05$ 下,检验广告方案、广告媒体及其交互作用对销售量的影响是否显著。

解：由题意知，设在因子 A 三个水平下，广告方案影响销售量的总体均值分别为 $\mu_{1.}$，$\mu_{2.}$，$\mu_{3.}$，在因子 B 两个水平下，广告媒体影响销售量的总体均值分别为 $\mu_{.1}$，$\mu_{.2}$。$r=3$，$s=2$，$l=2$。检验广告方案、广告媒体及其交互作用对销售量影响的检验过程如下所示。

步骤一：提出假设

检验 1：$H_{01}:\mu_{1.}=\mu_{2.}=\mu_{3.}$，$H_{11}:\mu_{1.}$，$\mu_{2.}$，$\mu_{3.}$不全相等

检验 2：$H_{02}:\mu_{.1}=\mu_{.2}$，$H_{12}:\mu_{.1}\neq\mu_{.2}$

检验 3：$H_{03}:c_{A\times B}=0$，$H_{13}:c_{A\times B}\neq 0$

步骤二：在原假设成立的条件下，计算离差平方和及其自由度、均方、F 统计量的样本观测值，构造方差分析表

$$SST=\sum_{i=1}^{r}\sum_{j=1}^{s}\sum_{k=1}^{l}(y_{ijk}-\bar{y}_{\dots})^2=544.000$$

$$SSA=\sum_{i=1}^{r}\sum_{j=1}^{s}\sum_{k=1}^{l}(\bar{y}_{i..}-\bar{y}_{\dots})^2=344.000$$

$$SSB=\sum_{i=1}^{r}\sum_{j=1}^{s}\sum_{k=1}^{l}(\bar{y}_{.j.}-\bar{y}_{\dots})^2=48.000$$

$$SSAB=\sum_{i=1}^{r}\sum_{j=1}^{s}\sum_{k=1}^{l}(\bar{y}_{ij.}-\bar{y}_{i..}-\bar{y}_{.j.}+\bar{y}_{\dots})^2=56.000$$

$$SSE=\sum_{i=1}^{r}\sum_{j=1}^{s}\sum_{k=1}^{l}(y_{ijk}-\bar{y}_{ij.})^2=96.000$$

$$F_A=\frac{SSA/(r-1)}{SSE/(rs(l-1))}=\frac{344/(3-1)}{96/(3\times 2\times(2-1))}=10.750$$

$$F_B=\frac{SSB/(s-1)}{SSE/(rs(l-1))}=\frac{48/(2-1)}{96/(3\times 2\times(2-1))}=3.000$$

$$F_{AB}=\frac{SSAB/((r-1)(s-1))}{SSE/(rs(l-1))}=\frac{56/((3-1)(2-1))}{96/(3\times 2\times(2-1))}=1.750$$

方差分析表如表 8.9 所示。

表 8.9　有交互作用的两因子方差分析表

变异来源	平方和	自由度	均方	F 值
因子 A	344	2	172	10.75
因子 B	48	1	48	3
交互作用 $A\times B$	56	2	28	1.75
误差	96	6	16	—
总和	544	11	—	—

步骤三：构造拒绝域

给定 $\alpha=0.05$，查表知，

对于检验 1，拒绝域为 $\{F_A\geqslant F_{0.05}(2,6)=5.143\}$；

对于检验 2，拒绝域为 $\{F_B\geqslant F_{0.05}(1,6)=5.987\}$；

对于检验 3,拒绝域为 $\{F_{AB} \geqslant F_{0.05}(2,6)=5.143\}$。

步骤四:做出判断

由于 10.75 > 5.143,故有充分理由拒绝 H_{01},有充分理由认为广告方案对产品销售量有显著影响;

由于 3 < 5.987,故没有充分理由拒绝 H_{02},没有充分理由认为广告媒体对产品销售量有显著影响;

由于 1.75 < 5.143,故没有充分理由拒绝 H_{03},没有充分理由认为广告方案和广告媒体对产品销售量有显著交互影响。

Python 语言实现:

```
import pandas as pd
import numpy as np
from scipy import stats
data=pd.DataFrame({'A':['A1','A1','A1','A1','A2','A2','A2','A2','A3','A3','A3','A3'],
                   'B':['B1','B1','B2','B2','B1','B1','B2','B2','B1','B1','B2','B2'],
                   'y':[8,12,12,8,22,14,26,30,10,18,18,14]})
mA1,mA2,mA3=data.groupby('A')['y'].mean()
print('A1 均值为%.3f,A2 均值为%.3f,A3 均值为%.3f'%(mA1,mA2,mA3))
mB1,mB2=data.groupby('B')['y'].mean()
print('B1 均值为%.3f,B2 均值为%.3f'%(mB1,mB2))
ave=np.mean([mB1,mB2])
print('总均值%.3f'%(ave))
#计算误差平方和
SST=sum((data['y']-ave)*(data['y']-ave))
SSA=4*((mA1-ave)**2+(mA2-ave)**2+(mA3-ave)**2)
SSB=6*((mB1-ave)**2+(mB2-ave)**2)
print("SST 值为:%.3f,SSA 值为:%.3f,SSB 值为:%.3f"%(SST,SSA,SSB))
A1B1=data.loc[(data.A=='A1')&(data.B=='B1'),'y']
A1B2=data.loc[(data.A=='A1')&(data.B=='B2'),'y']
A2B1=data.loc[(data.A=='A2')&(data.B=='B1'),'y']
A2B2=data.loc[(data.A=='A2')&(data.B=='B2'),'y']
A3B1=data.loc[(data.A=='A3')&(data.B=='B1'),'y']
A3B2=data.loc[(data.A=='A3')&(data.B=='B2'),'y']
ma1b1,ma1b2,ma2b1,ma2b2,ma3b1,ma3b2=np.mean(A1B1),np.mean(A1B2),
np.mean(A2B1),np.mean(A2B2),np.mean(A3B1),np.mean(A3B2)
SSE=sum((A1B1-ma1b1)**2)+sum((A1B2-ma1b2)**2)+sum((A2B1-
ma2b1)**2)+sum((A2B2-ma2b2)**2)+sum((A3B1-ma3b1)**2)+sum
((A3B2-ma3b2)**2)
SSAB=SST-SSA-SSB-SSE
print("SSE 值为:%.3f,SSAB 值为:%.3f"%(SSE,SSAB))
```

```
#计算均方
n=12;r=3;s=2;l=2;
MSA=SSA/(r-1); MSB=SSB/(s-1); MSAB=SSAB/((r-1)*(s-1)); MSE
=SSE/(r*s*(l-1))
print("MSA:%.3f, MSB:%.3f,MSAB:%.3f,MSE:%.3f"%(MSA,MSB,MSAB,
MSE))
#计算检验统计量的样本观测值
F_A=MSA/MSE; F_B=MSB/MSE; F_AB=MSAB/MSE
print("F_A 统计量的样本观测值为:%.3f"%(F_A))
print("F_B 统计量的样本观测值为:%.3f"%(F_B))
print("F_AB 统计量的样本观测值为:%.3f"%(F_AB))
#构造拒绝域
alpha=0.05
FA_alpha=stats.f.ppf(1-alpha,r-1,r*s*(l-1))
FB_alpha=stats.f.ppf(1-alpha,s-1,r*s*(l-1))
FAB_alpha=stats.f.ppf(1-alpha,(r-1)*(s-1),r*s*(l-1))
print("检验 1 的拒绝域为:F>=%.3f"%(FA_alpha))
print("检验 2 的拒绝域为:F>=%.3f"%(FB_alpha))
print("检验 3 的拒绝域为:F>=%.3f"%(FAB_alpha))
#计算 p-值
#P_Avalue=stats.f.sf(F_A,r-1,r*s*(l-1))
#P_Bvalue=stats.f.sf(F_B,s-1,r*s*(l-1))
#P_ABvalue=stats.f.sf(F_AB,(r-1)*(s-1),r*s*(l-1))
#print("检验 1 的 p-值为:%.6f"%(P_Avalue))
#print("检验 2 的 p-值为:%.6f"%(P_Bvalue))
#print("检验 3 的 p-值为:%.6f"%(P_ABvalue))
#做出判断
if F_A>=FA_alpha:
  print('有充分理由拒绝检验 1 原假设,广告方案(因子 A)对产品销售量有显著影响')
else:
  print('有充分理由接受检验 1 原假设,广告方案(因子 A)对产品销售量没有显著影
响')
if F_B>=FB_alpha:
  print('有充分理由拒绝检验 1 原假设,广告媒体(因子 B)对产品销售量有显著影响')
else:
  print('有充分理由接受检验 1 原假设,广告媒体(因子 B)对产品销售量没有显著影响')
if F_AB>=FAB_alpha:
  print('有充分理由拒绝检验 1 原假设,广告方案(因子 A)和广告媒体(因子 B)的交
互作用显著')
else:
    print('有充分理由接受检验 1 原假设,广告方案(因子 A)和广告媒体(因子 B)的
交互作用不显著')
```

Python 代码执行的结果为：

```
A1 均值为 10.000,A2 均值为 23.000,A3 均值为 15.000
B1 均值为 14.000,B2 均值为 18.000
总均值 16.000
SST 值为:544.000,SSA 值为:344.000,SSB 值为:48.000
SSE 值为:96.000,SSAB 值为:56.000
MSA:172.000, MSB:48.000,MSAB:28.000,MSE:16.000
F_A 统计量的样本观测值为:10.750
F_B 统计量的样本观测值为:3.000
F_AB 统计量的样本观测值为:1.750
检验 1 的拒绝域为:F>=5.143
检验 2 的拒绝域为:F>=5.987
检验 3 的拒绝域为:F>=5.143
有充分理由拒绝检验 1 原假设,广告方案(因子 A)对产品销售量有显著影响
有充分理由接受检验 1 原假设,广告媒体(因子 B)对产品销售量没有显著影响
有充分理由接受检验 1 原假设,广告方案(因子 A)和广告媒体(因子 B)的交互作用不显著
```

注：本例也可以用 Python 自带的函数 anova_lm 进行方差分析，代码如下：

```
from statsmodels.formula.api import ols
from statsmodels.stats.anova import anova_lm
import pandas as pd
data=pd.DataFrame({'A':['A1','A1','A1','A1','A2','A2','A2','A2','A3','A3','A3','A3'],
                   'B':['B1','B1','B2','B2','B1','B1','B2','B2','B1','B1','B2','B2'],
                   'y':[8,12,12,8,22,14,26,30,10,18,18,14]})
print(data)
formula='y~ A+B+A*B'
anova_results=anova_lm(ols(formula,data).fit())
print(anova_results)
```

8.5 应用示例：A 品牌啤酒销量的方差分析

党的二十大报告指出“我们要构建高水平社会主义市场经济体制，坚持和完善社会主义基本经济制度，毫不动摇巩固和发展公有制经济，毫不动摇鼓励、支持、引导非公有制经济发展，充分发挥市场在资源配置中的决定性作用，更好发挥政府作用。”为了能在市场中占据更大份额，各行各业都在不断创新产品类型，改进产品质量。

目前，市面上销售的啤酒种类众多，比如，可以按色泽分为淡色啤酒、浓色啤酒和黑啤；包装形式也不断推陈出新，比如瓶装、罐装和桶装。面对不同类别的啤酒和包装形

式，消费者各有喜好。为了应对市场竞争，各大啤酒企业不断创新包装形式，调整产品结构，同时通过多种媒体进行广告宣传，以提高销量。

A 品牌啤酒公司是中国最悠久的啤酒生产企业之一，定位高端国产啤酒品牌，是我国首批十大驰名商标之一，产品在全国主要市场及全球一百余个国家和地区均有销售，在国内外市场享有较强的品牌影响力和较高的品牌知名度。为了进一步深入了解不同种类啤酒销量是否有显著差异，A 品牌啤酒公司通过收集淡色啤酒、浓色啤酒和黑啤三个种类啤酒的销量数据进行研究，希望制定更好的生产和销售策略。具体地，A 品牌啤酒公司市场部选择在第三季度收集某电商平台该品牌啤酒的销量，每个月末统计本月销量，得到数据如表 8.10 所示。试在显著性水平 0.05 下检验三种啤酒的销量是否有显著性差异。

表 8.10　A 品牌啤酒的销量数据(单位:万件)

种类	月份		
	7 月	8 月	9 月
淡色	122	138	140
浓色	135	147	146
黑啤	116	134	135

由案例背景知，只有啤酒种类一个因子，因此该问题可以看作单因子方差分析问题。假设三种啤酒的平均销量分别为 μ_1，μ_2 和 μ_3，即为检验

$$H_0:\mu_1=\mu_2=\mu_3, H_1:\mu_1,\mu_2,\mu_3 \text{ 不全相等} \tag{8.2}$$

根据表 8.10 数据，得方差分析表，如表 8.11 所示。

表 8.11　啤酒销量单因子方差分析表

变异来源	平方和	自由度	均方	F 值	p－值
啤酒种类	317.556	2	158.778	1.861	0.235
误差	512.000	6	85.333	—	
总和	829.556	8	—	—	

根据表 8.11 知，(8.2)式的检验 p－值为 0.235，大于 0.05，故不能拒绝原假设，认为在显著性水平 0.05 下，三种啤酒的销量没有显著性差异。

然而，注意到不同月份之间啤酒的销量可能会存在差异，因此月份应该考虑为“区组”因子。接下来进行处理因子为啤酒种类和区组因子为月份的两因子方差分析，得到表 8.12 所示的方差分析表。

表 8.12　考虑区组因子的两因子方差分析表

变异来源	平方和	自由度	均方	F 值	p－值
啤酒种类	317.556	2	158.778	31.065	0.00366**
月份	491.556	2	245.778	48.087	0.00159**
误差	20.444	4	5.111	—	—
总和	829.556	8	—	—	—

此时，根据表 8.12 知，(8.2)式的检验 p 一值为 0.00366，远小于 0.05，故拒绝原假设，认为在显著性水平 0.05 下，三种啤酒的销量存在显著性差异。

比较表 8.11 和表 8.12 的结果，可以发现两次检验做出了完全相反的结论。事实上，月份是一个隐藏的"噪声"因子，会对啤酒的销量产生影响。如果只考虑啤酒种类的单因子方差分析，则可能会做出错误的判断，而将月份作为区组因子，可以排除了噪声因子(月份)对啤酒销量的影响，使得检验结果更为合理。

```
from statsmodels.formula.api import ols
from statsmodels.stats.anova import anova_lm
import pandas as pd
#只考虑啤酒种类的单因子方差分析
data1=pd.DataFrame({'种类':['A1','A1','A1','A2','A2','A2','A3','A3','A3'],
                    '销量':[122,138,140,135,147,146,116,134,135]})
print(data1)
formula='销量~ 种类'
anova1=anova_lm(ols(formula,data1).fit())
print(anova1)
#考虑区组因子的两因子方差分析
data2=pd.DataFrame({'种类':['A1','A1','A1','A2','A2','A2','A3','A3','A3'],
                    '月份':['B1','B2','B3','B1','B2','B3','B1','B2','B3'],
                    '销量':[122,138,140,135,147,146,116,134,135]})
print(data2)
formula='销量~ 种类+月份'
anova2=anova_lm(ols(formula,data2).fit())
print(anova2)
```

Python 代码执行的结果为：

```
          df   sum_sq   mean_sq      F    PR(>F)
种类      2.0  317.556  158.778   1.861   0.235
Residual  6.0  512.000   85.333    NaN     NaN
          df   sum_sq   mean_sq      F    PR(>F)
种类      2.0  317.556  158.778  31.065   0.004
月份      2.0  491.556  245.778  48.087   0.002
Residual  4.0   20.444    5.111    NaN     NaN
```

8.6 小结

本章主要介绍了方差分析方法及其 Python 语言实现。首先，介绍了方差分析模型涉及的响应变量、因子、水平、处理、试验误差等基础概念，给出了方差分析的基本步骤，分别就单因子方差分析、有重复两因子方差分析、无重复两因子方差分析，介绍了离差平方和、F 统计量的计算公式以及相应的方差分析表。在方差分析原假设被拒绝的情况下，介绍了 Bonferroni 和 Tukey 两种多重比较检验方法。针对单因子方差分析、多重比较、无交互作用的两因子方差分析以及有交互作用的两因子方差分析四个重要知识点，分别给出了相应的分析例子，演示了方差分析的步骤以及方差分析表的计算，并对结果进行解释。最后，针对 A 品牌啤酒的销量数据展开案例分析。这个案例结果显示有时考虑区组因子的两因子方差分析，可以使得检验结果更合理。

8.7 习题

1. 采用四种不同的工艺条件生产某种合金，测定产品的屈服强度如下表所示(单位：MPa)。

工艺甲	工艺乙	工艺丙	工艺丁
424.0	423.0	421.5	423.5
423.0	422.0	421.0	421.0
423.5		423.0	
423.0			

试在显著性水平 $\alpha = 0.05$ 下，检验不同生产工艺对产品的屈服强度是否有显著的影响。

2. 为考察 5 名工人的劳动生产率是否相同，记录了每人 4 天的产量，如下表所示。

天	工人				
	A	B	C	D	E
1	256	254	250	248	236
2	242	330	277	280	252
3	280	290	230	305	220
4	298	295	302	289	252

在显著性水平 $\alpha = 0.05$ 下，检验 5 名工人的劳动生产率有无显著差异。

3. 某养鸡场欲检验四种饲料配方对小鸡增重的影响是否相同(假定不同饲料配方下的小鸡增重方差相等)。为此，对四组初始条件完全相同的小鸡，在完全相同的其他饲养条件下，分别使用四种不同的饲料配方进行喂养，得到的增重数据如下表所示，显著性水平为 0.05。

饲料配方	38 周后小鸡个体增重(单位:克)					
	小鸡 1	小鸡 2	小鸡 3	小鸡 4	小鸡 5	小鸡 6
A_1	370	420	450	490	—	—
A_2	490	380	400	390	500	410
A_3	330	340	400	380	470	—
A_4	410	480	400	420	380	410

4. 一家管理咨询公司为不同的客户举办人力资源管理讲座。每次讲座的内容基本上是一样的,但讲座的听课者有时是高级管理者,有时是中级管理者,有时是初级管理者。该咨询公司认为,不同层次的管理者对讲座的满意度是不同的。对听完讲座后随机抽取的不同层次管理者的满意度评分如下表所示(评分标准为 1～10,10 代表非常满意)。

高级管理者	中级管理者	初级管理者
7	10	5
8	9	6
8	9	6
7	10	7
9	9	4
—	10	8
—	8	—

在显著性水平 $\alpha=0.05$ 下,检验管理者的层次不同是否会导致评分的显著差异。

5. 一家牛奶公司有 4 台机器装填牛奶,每桶的容量为 4L。从 4 台机器中抽取的样本数据如下表所示(单位:L)。

机器 1	机器 2	机器 3	机器 4
4.05	3.99	3.97	4.00
4.01	4.02	3.98	4.02
4.02	4.01	3.97	3.99
4.04	3.99	3.95	4.01
—	4.00	4.00	—
—	4.00	—	—

在显著性水平 $\alpha=0.05$ 下,检验 4 台机器的装填量是否相同。若不同,请进行多重比较检验哪两台机器的装填量具有显著性差异。

6. 考察温度对某一化工产品得率的影响，选了五种不同的温度进行试验，在同一温度下进行了 3 次试验，试验结果如下表所示。

温度(℃)	60	65	70	75	80
得率(%)	90	97	96	84	84
	92	93	96	83	86
	88	92	93	88	82

在显著性水平 $\alpha=0.01$ 下，检验：(1)温度对产品得率有无显著影响？(2)若有显著影响，用多重比较法分析哪几个温度间有显著差异。

7. 在 20 块同样面积的土地上，分别采用 5 种种子和 4 种施肥方案搭配进行试验，取得的农作物收获量数据如下表所示(单位：千克)。

品种	施肥方案			
	1	2	3	4
1	12.0	9.5	10.4	9.7
2	13.7	11.5	12.4	9.6
3	14.3	12.3	11.4	11.1
4	14.2	14.0	12.5	12.0
5	13.0	14.0	13.1	11.4

在显著性水平 $\alpha=0.05$ 下，检验农作物种子、施肥方案对收获量是否有显著影响？

8. 为了分析光照因素 A 与噪音因素 B 对工人生产有无显著影响，在两因素的不同水平组合下做试验，产量结果如下表所示(单位：件)。

光照因素 A	噪音因素 B								
	B_1			B_2			B_3		
A_1	15	15	17	19	19	16	16	18	21
A_2	17	17	17	15	15	15	19	22	22
A_3	15	17	16	18	17	16	18	18	18
A_4	18	20	20	15	16	17	17	17	17

试在显著性水平 $\alpha=0.05$ 下，检验光照因素与噪音因素及其交互作用对工人生产有无显著影响。

9. 一家超市连锁店进行一项研究，确定超市所在的位置和竞争者的数量对销售额是否有显著影响。获得的月销售额数据如下表所示(单位：万元)。

超市位置	竞争者数量			
	0	1	2	3 个以上
位于市内居民小区	41	38	59	47
	30	31	48	40
	45	39	51	39
位于写字楼	25	29	44	43
	31	35	48	42
	22	30	50	53
位于郊区	18	72	29	24
	29	17	28	27
	33	25	26	32

在显著性水平 $\alpha=0.01$ 下，检验：

(1)竞争者数量对销售额是否有显著影响？

(2)超市位置对销售额是否有显著影响？

(3)竞争者数量和超市位置对销售额是否有交互影响？

第 9 章　相关和回归

相关和回归是分析多个变量的常用统计方法，描述变量之间统计关系，对多个变量的统计特征进行推断。本章主要介绍相关和回归的基本概念和模型。

9.1　相关和回归的基本概念

1. 相关关系：当一个或几个变量取值变化时，与之相联系的另一个变量取值按某种规律在一定范围内变化，这种变化规律称为相关关系。

2. 相关图：反映两个变量之间相关关系的图形，用图形描绘变量取值的变化规律。

3. 相关系数：描述变量间的线性相关程度和方向。

4. 偏相关系数：在控制其他变量条件下，描述两个变量之间的线性相关程度和方向。

5. 回归分析：研究被解释变量与一个或多个解释变量之间相关关系的方法。

6. 线性回归模型：描述被解释变量与一个或多个解释变量之间线性相关关系的模型。

7. 最小二乘法：依据最小二乘原理，估计线性回归模型参数的方法。

8. 决定系数：回归平方和与总离差平方和之比，反映回归模型的拟合程度。

9. 回归系数的显著性检验：检验线性回归模型的单个解释变量对被解释变量影响的统计显著性。

10. 回归方程的显著性检验：检验线性回归模型的所有解释变量在整体上对被解释变量影响的统计显著性。

9.2　相关和回归的基本原理与步骤

1. 相关系数检验

令 r 表示两变量之间的相关系数，检验相关系数显著性的步骤如下

步骤一：提出假设

$$H_0: r=0 \qquad H_1: r \neq 0$$

步骤二：计算 t 检验统计量值

$$t=\frac{r\sqrt{n-2}}{\sqrt{1-r^2}}$$

其中 n 为样本容量。在原假设成立时，t 检验统计量服从自由度为 $n-2$ 的 t 分布。

步骤三：根据给定的显著性水平 α，确定临界值 $t_{\alpha/2}(n-2)$。

步骤四：做出判断。若 $|t| \geqslant t_{\alpha/2}(n-2)$，有充分理由拒绝原假设，认为在显著性水

平 α 下相关系数 r 在统计上显著；若 $|t|<t_{\frac{\alpha}{2}}(n-2)$，没有充分理由拒绝原假设，认为相关系数 r 在统计上不显著。

2. 多元线性回归模型

模型形式为

$$Y=\beta_0+\beta_1X_1+\beta_2X_2+\cdots+\beta_kX_k+\mu$$

其中，Y 为被解释变量，$X_1,X_2,\cdots,X_k$ 为解释变量，$\beta_0,\beta_1,\cdots,\beta_k$ 为回归系数，μ 为随机扰动项。利用普通最小二乘法估计回归系数得 $\hat{\beta}_0,\hat{\beta}_1,\hat{\beta}_2,\cdots,\hat{\beta}_k$，多元线性回归的拟合模型为

$$\hat{Y}=\hat{\beta}_0+\hat{\beta}_1X_1+\hat{\beta}_2X_2+\cdots+\hat{\beta}_kX_k$$

3. 决定系数和修正决定系数

用于衡量回归模型拟合效果，对于线性回归模型，决定系数的计算公式为

$$R^2=\frac{ESS}{TSS}=1-\frac{RSS}{TSS}$$

其中，$TSS=\sum(Y_i-\bar{Y})^2$ 为总离差平方和，$ESS=\sum(\hat{Y}_i-\bar{Y})^2$ 为回归平方和，$RSS=\sum e_i^2=\sum(Y_i-\hat{Y}_i)^2$ 为残差平方和。修正决定系数 $\bar{R}^2$ 的计算公式为

$$\bar{R}^2=1-\frac{RSS/(n-k-1)}{TSS/(n-1)}=1-\frac{n-1}{n-k-1}(1-R^2)$$

其中，n 为样本容量，k 为解释变量个数。

4. 回归系数显著性检验

回归系数的显著性检验步骤如下：

步骤一：提出假设

$$H_0:\beta_i=0 \quad H_1:\beta_i\neq 0$$

步骤二：计算 t 检验统计量值

$$t=\frac{\hat{\beta}_i}{S_{\hat{\beta}_i}}$$

其中，$S_{\hat{\beta}_i}$ 为回归系数估计量 $\hat{\beta}_i$ 的标准误估计。在原假设成立的条件下，检验统计量服从自由度 $n-k-1$ 的 t 分布。

步骤三：依据显著性水平 α，确定临界值 $t_{\alpha/2}(n-k-1)$。

步骤四：做出结论。如果 $|t|\geqslant t_{\alpha/2}(n-k-1)$，有充分理由拒绝 H_0，认为在显著性水平 α 下回归系数 β_i 统计显著；反之，如果 $|t|<t_{\alpha/2}(n-k-1)$，没有充分理由拒绝 H_0，认为在显著性水平 α 下回归系数统计不显著。

5. 回归方程的显著性检验

回归方程的显著性检验步骤如下：

步骤一：提出假设

$$H_0:\beta_1=\beta_2=\cdots=\beta_k=0 \quad H_1:\beta_i \text{ 不全为 } 0,\quad i=1,2,\cdots,k$$

步骤二：计算 F 检验统计量值

$$F=\frac{ESS/k}{RSS/(n-k-1)}$$

在原假设成立的条件下，检验统计量服从自由度分别为 k 和 $n-k-1$ 的 F 分布。

步骤三：给定显著性水平 α，确定临界值 $F_\alpha(k,n-k-1)$。

步骤四：做出判断。当 $F\geqslant F_\alpha(k,n-k-1)$ 时，有充分理由拒绝原假设，认为在显著性水平 α 下回归模型拟合效果统计显著；当 $F<F_\alpha(k,n-k-1)$ 时，没有充分理由拒绝 H_0，认为在显著性水平 α 下回归模型拟合效果统计不显著。

6. 预测

利用解释变量的给定值，预测被解释变量。已知回归模型的拟合方程为 $\hat{Y}_i=\hat{\beta}_0+\hat{\beta}_1X_{1i}+\hat{\beta}_2X_{2i}+\cdots+\hat{\beta}_kX_{ki}$。解释变量在预测期的数值为 $X_{1f},X_{2f},\cdots,X_{kf}$，被解释变量数值的点预测值为

$$\hat{Y}_f=\hat{\beta}_0+\hat{\beta}_1X_{1f}+\hat{\beta}_2X_{2f}+\cdots+\hat{\beta}_kX_{kf}$$

在置信概率 $1-\alpha$ 下的置信区间为

$$\hat{Y}_f\pm t_{\alpha/2}(n-k-1)\times S_{e_f}$$

其中，$S_{e_f}=S\sqrt{1+X_f^T(X^TX)^{-1}X_f}$ 为线性回归预测标准误，S 为随机误差的标准差估计。

9.3 相关和回归的知识点结构图

本章的知识点结构图如图9.1。

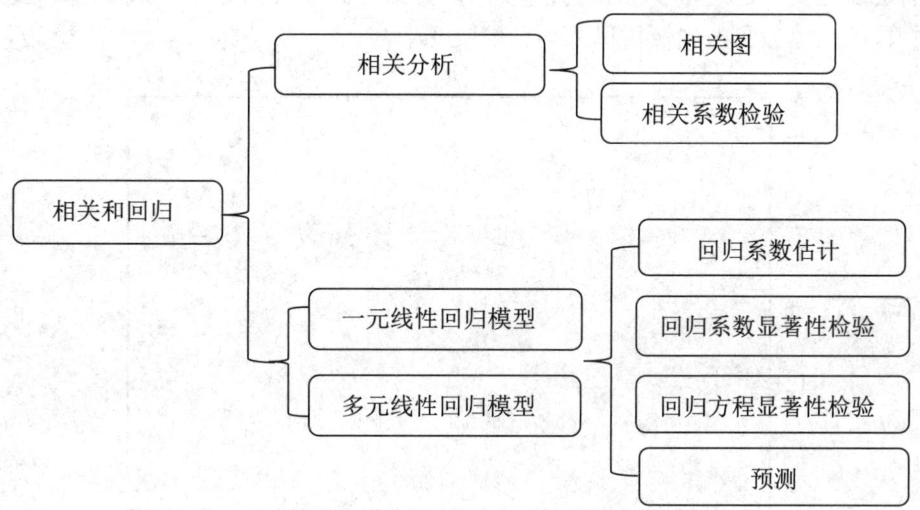

图9.1 相关和回归的知识点结构图

9.4 相关和回归的知识点与 Python 语言实践

1. 知识点:相关图和相关系数检验

表 9.1 是 1996—2009 年我国城镇居民人均年消费支出和人均可支配收入的有关数据。利用表 9.1 中的数据,绘制我国城镇居民年人均消费支出与人均可支配收入的相关图,并进行相关系数检验。

表 9.1 我国城镇居民人均年消费支出和收入情况(单位:千元)

年份	人均可支配收入 X	人均消费支出 Y	年份	人均可支配收入 X	人均消费支出 Y
1996	4.839	3.919	2003	8.472	6.511
1997	5.160	4.186	2004	9.422	7.182
1998	5.425	4.332	2005	10.493	7.943
1999	5.854	4.616	2006	11.759	8.697
2000	6.280	4.998	2007	13.786	9.997
2001	6.860	5.309	2008	15.781	11.243
2002	7.703	6.030	2009	17.175	12.265

资料来源:国家统计局,中国统计年鉴,中国统计出版社,2011.

解:依据题意,已知我国城镇居民年人均消费支出 Y 和人均可支配收入 X 的数据资料,要求绘制两变量之间相关关系的图形。相关图如图 9.2 所示,横坐标为我国人均可支配收入,纵坐标为我国城镇居民人均消费支出。

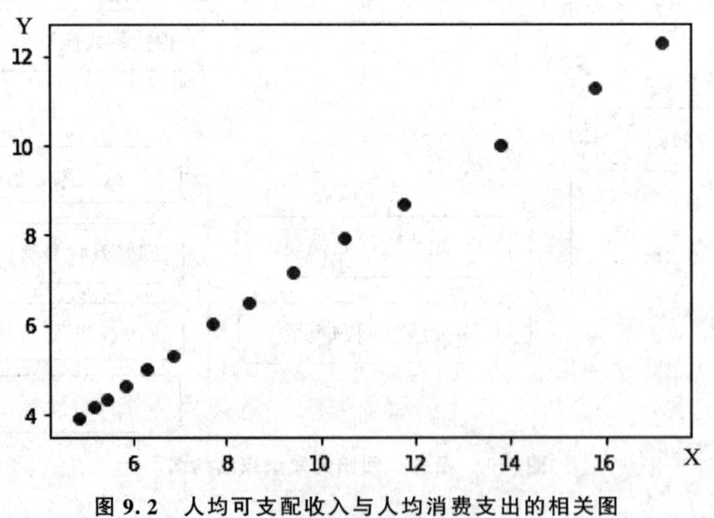

图 9.2 人均可支配收入与人均消费支出的相关图

从图 9.2 看出,我国城镇居民年人均消费支出 Y 和人均可支配收入 X 具有同向变动的趋势,判断两个变量之间存在正相关关系。

两变量相关系数的计算公式为

$$r=\frac{n\sum X_tY_t-\sum X_t\sum Y_t}{\sqrt{[n\sum X_t^2-(\sum X_t)^2)(n\sum Y_t^2-(\sum Y_t)^2]}}$$

利用表 9.1 中 1996—2009 年我国城镇居民年人均消费支出 Y 和人均可支配收入 X 的相关数据计算得到

$$\sum X_t^2=14025760 \qquad \sum Y_t^2=771.9598 \qquad \sum X_tY_t=1039.6830$$

从而有

$$r=\frac{14\times 1039.683-129.009\times 97.228}{\sqrt{(14\times 1402.576-(129.009)^2)(14\times 771.9598-(97.228)^2)}}=0.9996$$

即人均消费性支出与人均可支配收入相关系数为 0.9996，存在高度正相关性。

在显著性水平 0.05 下，人均消费支出与人均可支配收入之间相关系数的显著性检验步骤如下：

步骤一：提出假设 $H_0:r=0$ $H_1:r\neq 0$。

步骤二：在原假设成立的条件下，计算相关系数 r 的 t 检验统计量值。

$$t=\frac{r\sqrt{n-2}}{\sqrt{1-r^2}}=\frac{0.9996\times\sqrt{14-2}}{\sqrt{1-0.9996^2}}=119.819$$

步骤三：确定临界值。显著性水平为 0.05，自由度为 14－2＝12，确定临界值 $t_{0.025}(12)=2.179$。

步骤四：做出判断。因为 $t=119.819>t_{0.025}(12)=2.179$，有充分理由拒绝原假设 H_0，认为人均消费支出与人均可支配收入之间相关关系显著。

Python 语言实现：

```
import pandas as pd
import matplotlib.pyplot as plt
X=[4.839,5.16,5.425,5.854,6.28,6.86,7.703,8.472,9.422,10.493,11.759,
13.786,15.781,17.175]
Y=[3.919,4.186,4.332,4.616,4.998,5.309,6.03,6.511,7.182,7.943,8.697,
9.997,11.243,12.265]
data=pd.DataFrame({'X':X, 'Y':Y})
#绘制人均可支配收入和人均消费支出的相关图
plt.scatter(X,Y)
plt.xlabel('X')
plt.ylabel('Y')
plt.show()
#计算人均可支配收入和人均消费支出的相关系数
corr=data.corr()
print(corr)
```

```
#计算相关系数检验统计量
import numpy as np
import scipy
def r_test_statistic(r, n):
if r==1:
    return 0
else:
    a=abs(r)
    b=np.sqrt((n-2) / (1-r* *2))
    c=a*b
    return c
corr_test_stat=corr.applymap(lambda x:r_test_statistic(x, len(data)))
print(corr_test_stat)
```

Python代码执行的结果见下表,其中人均可支配收入和人均消费支出的相关图见图9.2,不再重复。

	X	Y
X	1	0.9996
Y	0.9996	1

	X	Y
X	0	119.819
Y	119.819	0

2. 知识点:线性回归模型回归系数估计和检验

表9.2是1996—2009年我国城镇居民人均年消费支出和人均可支配收入的有关数据。

表9.2　我国城镇居民人均年消费支出和收入情况(单位:千元)

年份	人均可支配收入 X	人均消费支出 Y	年份	人均可支配收入 X	人均消费支出 Y
1996	4.839	3.919	2003	8.472	6.511
1997	5.16	4.186	2004	9.422	7.182
1998	5.425	4.332	2005	10.493	7.943
1999	5.854	4.616	2006	11.759	8.697
2000	6.28	4.998	2007	13.786	9.997
2001	6.86	5.309	2008	15.781	11.243
2002	7.703	6.03	2009	17.175	12.265

资料来源:《中国统计年鉴》,中国统计出版社,2011

利用表 9.2 的数据，建立人均消费支出对人均可支配收入的线性回归模型，估计我国城镇居民的边际消费倾向和基础消费水平，并进行回归系数检验。

解：依据题意，首先建立我国城镇居民人均消费支出对人均可支配收入的线性回归模型为

$$Y_t = \beta_0 + \beta_1 X_t + \mu_t$$

其中，β_1 为边际消费倾向，β_0 为基础消费水平。利用普通最小二乘法估计回归模型系数，估计结果见表 9.3。

表 9.3　最小二乘估计结果

	估计	标准误	T 值	p－值
截距	0.7489	0.056	13.333	0.000
X_t	0.6724	0.006	119.819	0.000

人均消费支出对人均可支配收入回归模型的拟合优度为

$$R^2 = 1 - \frac{RSS}{TSS} = 1 - \frac{0.0808}{96.7252} = 0.9992$$

其中

$$TSS = \sum (Y_t - \bar{Y})^2 = 96.7252 \qquad RSS = \sum (Y_t - \hat{Y}_t)^2 = 0.0808$$

拟合方程为

$$\hat{Y}_t = 0.7489 + 0.6724 X_t$$

上式中，0.6724 是边际消费倾向，表示人均可支配收入每增加 1000 元，人均消费支出平均增加 672.4 元；0.7489 是基本消费水平，即与收入无关的最基本人均消费为 748.9 元。

在显著性水平 0.05 下，对我国城镇居民边际消费倾向进行显著性检验，步骤如下：

步骤一：提出假设

$$H_0: \beta_1 = 0 \qquad H_1: \beta_1 \neq 0$$

步骤二：计算 t 检验统计量值

$$t = \frac{0.6724}{0.0006} = 119.819$$

步骤三：显著性水平为 0.05，自由度为 14－2＝12，临界值 $t_{0.025}(12) = 2.179$。

步骤四：做出判断。因为 $t = 119.82 > 2.179$，有充分理由拒绝原假设，认为在显著性水平 0.05 下我国城镇居民边际消费倾向显著。

Python 语言实现：

```
import os
import pandas as pd
import matplotlib.pyplot as plt
import statsmodels.api as sm
```

```
X=[4.839,5.16,5.425,5.854,6.28,6.86,7.703,8.472,9.422,10.493,11.759,13.786,15.781,17.175]
Y=[3.919,4.186,4.332,4.616,4.998,5.309,6.03,6.511,7.182,7.943,8.697,9.997,11.243,12.265]
data=pd.DataFrame({'X':X, 'Y':Y})
#建立一元线性回归模型
X=sm.add_constant(X)
regression=sm.OLS(Y, X)
model=regression.fit()
print(model.summary())
```

Python 代码执行的结果为：

Dep. Variable:	y	R-squared:	0.999
Model:	OLS	Adj. R-squared:	0.999
Method:	Least Squares	F-statistic:	1.436e+04
Date:	Fri, 04 Nov 2022	Prob (F-statistic):	7.66e−20
Time:	09:09:39	Log-Likelihood:	16.220
No. Observations:	14	AIC:	−28.44
Df Residuals:	12	BIC:	−27.16
Df Model:	1		
Covariance Type:	nonrobust		

	coef	std err	t	P>|t|	[0.025	0.975]
const	0.7489	0.056	13.333	0.000	0.627	0.871
x1	0.6724	0.006	119.819	0.000	0.660	0.685

Omnibus:	1.563	Durbin-Watson:	0.947
Prob(Omnibus):	0.458	Jarque-Bera (JB):	0.989
Skew:	0.333	Prob(JB):	0.610
Kurtosis:	1.881	Cond. No.	25.9

3. 知识点:线性回归方程检验和预测

某城市有 A 公司和 B 公司从事比萨饼送货业务。汉堡包连锁店与两公司存在竞争关系。A 公司经理知道比萨饼购买者很关注其与竞争者的价格变化,决定估计 A 公司比萨饼的需求函数。收集过去 24 个月的有关数据,如表 9.4 所示。

表 9.4　24 个月的销售数据与收入数据

序号	A 公司比萨饼需求量 Q（个）	A 公司比萨饼价格 P（美元）	居民人均年收入 M（美元）	B 公司比萨饼价格 P_{Al}（美元）	汉堡包价格 P_{BMac}（美元）
1	1773	8.65	25500	10.55	1.25
2	1863	8.65	25600	10.45	1.35
3	1798	8.65	25700	10.35	1.55
4	1775	8.65	25970	10.3	1.05
5	1796	8.65	25970	10.3	0.95
6	1786	8.65	25750	10.25	0.95
7	1916	7.5	25750	10.25	0.85
8	1997	7.5	25950	10.15	1.15
9	2008	7.5	25950	10	1.25
10	2012	7.5	26120	10	1.75
11	1864	8.5	26120	10.25	1.75
12	1884	8.5	26120	10.25	1.85
13	1762	8.5	26200	9.75	1.5
14	1398	9.99	26350	9.75	1.1
15	1480	9.99	26450	9.65	1.05
16	1458	9.99	26350	9.6	1.25
17	1469	9.99	26850	10	0.55
18	1525	10.25	27350	10.25	0.55
19	1587	10.25	27350	10.2	1.15
20	1554	10.25	27950	10	1.15
21	1622	9.75	28159	10.1	0.55
22	1717	9.75	28264	10.1	0.55
23	1755	9.75	28444	10.1	1.2
24	1731	9.75	28500	10.25	1.2

利用表 9.4 的数据，建立比萨饼需求量 Q 对 A 公司比萨饼价格 P、居民人均年收入 M、B 公司比萨饼价格 P_{Al}、汉堡包价格 P_{BMac} 的多元线性回归模型，并检验回归方程的显著性。给定居民人均年收入为 29000 美元，B 公司比萨饼价格和汉堡包价格分别为 10.5 美元和 1.3 美元，A 公司比萨饼价格维持 9.75 美元，预测 A 公司比萨饼的需求量，并给出置信度为 95%的预测区间。

解：依据题意，建立比萨饼需求量 Q 对 A 公司比萨饼价格 P、居民人均年收入 M、B

公司比萨饼价格 P_{Al}、汉堡包价格 P_{BMac} 的多元线性回归模型如下。

$$Q=\beta_0+\beta_1 P+\beta_2 M+\beta_3 P_{AI}+\beta_4 P_{BMac}+\mu$$

利用最小二乘法，模型参数估计结果见表 9.5。

表 9.5 多元回归模型参数估计结果

	估计	标准误	T 值	p一值
截距	−347.79	414.440	−0.839	0.412
P	−195.85	11.039	−17.740	0.000
M	0.07	0.010	7.357	0.000
PAI	174.66	31.718	5.507	0.000
P_{BMac}	81.62	22.183	3.679	0.002

回归模型的拟合方程为

$$\hat{Q}=-347.79-195.84P+0.07M+174.66P_{AI}+81.62P_{BMac}$$
$$(-0.84)\quad(-17.74)\quad(7.36)\quad(5.51)\quad(3.68)$$

$$\bar{R}^2=0.964\qquad F=152.9$$

多元回归模型的决定系数为 0.970，修正决定系数为 0.964，线性回归模型拟合数据效果好。参数 $\hat{\beta}_1$、$\hat{\beta}_2$、$\hat{\beta}_3$、$\hat{\beta}_4$ 的符号与经验一致，在显著性水平 5%下，四个参数均显著，即四个变量对比萨饼需求量均有显著影响。

回归方程显著性检验的步骤如下：

步骤一：提出假设

$$H_0:\beta_1=\beta_2=\beta_3=\beta_4=0\quad H_1:\beta_i\text{ 不全为 }0\quad i=1,2,3,4$$

步骤二：计算 F 检验统计量值

$$F=\frac{ESS/k}{RSS/(n-k-1)}=152.9$$

在原假设成立的条件下，检验统计量服从自由度为(4,19)的 F 分布。

步骤三：根据显著性水平为 0.05，确定临界值 $F_{0.05}(4,19)=2.895$。

步骤四：做出判断。因为 $F=152.9>2.895$，有充分理由拒绝原假设，认为回归模型拟合效果统计显著。

已知居民人均年收入为 29000 美元，B 公司比萨饼价格和汉堡包价格分别为 10.5 美元和 1.3 美元，A 公司比萨饼价格维持 9.75 美元，则 A 公司比萨饼的需求量点预测值为

$$\hat{Q}=-347.79-195.84\times 9.75+0.07\times 29000+174.66\times 10.5+81.62\times 1.3$$
$$=1850$$

在置信度 95%下，A 公司比萨饼需求量的预测区间为[1759,1941]美元。

Python 语言实现：

```
import pandas as pd
import numpy as np
import statsmodels.api as sm
import statsmodels.formula.api as smf
import matplotlib.pyplot as plt
from sklearn import metrics
from sklearn.linear_model import LinearRegression as LR
Q=[1773,1863,1798,1775,1796,1786,1916,1997,2008,2012,1864,1884,1762,
1398,1480,1458,1469,1525,1587,1554,1622,1717,1755,1731]
P=[8.65,8.65,8.65,8.65,8.65,8.65,7.5,7.5,7.5,7.5,8.5,8.5,8.5,9.99,9.99,
9.99,9.99,10.25,10.25,10.25,9.75,9.75,9.75,9.75]
M=[25500,25600,25700,25970,25970,25750,25750,25950,25950,26120,26120,
26120,26200,26350,26450,26350,26850,27350,27350,27950,28159,28264,28444,
28500]
PAl=[10.55,10.45,10.35,10.3,10.3,10.25,10.25,10.15,10,10,10.25,10.25,
9.75,9.75,9.65,9.6,10,10.25,10.2,10,10.1,10.1,10.1,10.25]
PBMac=[1.25,1.35,1.55,1.05,0.95,0.95,0.85,1.15,1.25,1.75,1.75,1.85,1.5,
1.1,1.05,1.25,0.55,0.55,1.15,1.15,0.55,0.55,1.2,1.2]
data=pd.DataFrame({'Q':Q,'P':P,'M':M,'PAl':PAl,'PBMac':PBMac})
#最小二乘估计
regression=smf.ols(formula='Q~P+M+PAl+PBMac',data=data)
model=regression.fit()
print(model.summary())
#点预测
x=data[["P","M","PAl","PBMac"]]
y=data[["Q"]]
Model=LR()
Model.fit(x, y)
Yf=Model.predict([[9.75,29000,10.5,1.3]])
print(Yf.round(3))
#区间预测
import scipy.stats as sst
from math import sqrt
C=[1,1,1,1,1,1,1,1,1,1,1,1,1,1,1,1,1,1,1,1,1,1,1,1]
data=pd.DataFrame({'Q':Q,'P':P,'M':M,'PAl':PAl,'PBMac':PBMac,'C':C})
X=data[["C","P","M","PAl","PBMac"]]
```

```
XT=X.transpose()
Y=data[["Q"]]
YT=Y.transpose()
XTX=XT@X
XTXinv=np.linalg.inv(XTX)
xf=np.array([1,9.75,29000,10.5,1.3])
Xf=np.array([1,9.75,29000,10.5,1.3])
Xf=Xf.reshape(-1,1)
M=xf@XTXinv@Xf
BT=np.array([-347.7944,-195.8444,0.0747,174.6625,81.6188])
n=24
k=5
Q=YT@Y-BT@XT@Y
S2=Q/(n-k)
S=sqrt(S2)
Sef=S*sqrt(1+M)
alpha=0.05
test_level=sst.t.ppf(1-alpha/2,df=n-2)
Yf=print(Model.predict([[9.75,29000,10.5,1.3]]))
conf_down=Yf-test_level*Sef
conf_up=Yf+test_level*Sef
confidence_interval=(conf_down,conf_up)
print(confidence_interval)
```

Python 代码执行的结果为：

OLS Regression Results			
Dep. Variable:	Q	R-squared:	0.970
Model:	OLS	Adj. R-squared:	0.964
Method:	Least Squares	F-statistic:	152.9
Date:	Fri, 04 Nov 2022	Prob (F-statistic):	3.64e-14
Time:	09:40:12	Log-Likelihood:	-116.38
No. Observations:	24	AIC:	242.8
Df Residuals:	19	BIC:	248.7
Df Model:	4		
Covariance Type:	nonrobust		

	coef	std err	t	P>|t|	[0.025	0.975]
Intercept	−347.7944	414.438	−0.839	0.412	−1215.224	519.635
P	−195.8444	11.039	−17.740	0.000	−218.950	−172.739
M	0.0747	0.010	7.357	0.000	0.053	0.096
PAl	174.6625	31.718	5.507	0.000	108.277	241.048
PBMac	81.6188	22.183	3.679	0.002	35.189	128.048

Omnibus:	0.644	Durbin-Watson:	2.519
Prob(Omnibus):	0.725	Jarque-Bera (JB):	0.645
Skew:	0.017	Prob(JB):	0.724
Kurtosis:	2.198	Cond. No.	1.56e+06

[1850]
(1759 1941)

9.5　应用示例:“西部大开发”惠及省域的经济发展因素研究

实施西部大开发战略、加快西部地区发展,关系地区协调发展和最终实现共同富裕,是实现第三步战略目标的重大举措。2012 年,国务院正式批复同意国家发展改革委组织编制的《西部大开发“十二五”规划》,明确了深入实施西部大开发战略部署的基本思路。二十大报告进一步强调促进区域协调发展,深入实施区域重大战略,构建高质量发展的区域经济布局,推动西部大开发形成新格局。在开发政策上,切实落实中央对西部地区在财政、税收、投资、金融、产业、土地等方面的差别化政策,进一步加大资金投入和项目倾斜力度。同时着力改善投资环境,引导外资与国内资本参与西部开发,扩大西部地区对外开放。

“西部大开发”实施以来,西部省域经济获得大发展,与地方财政加大支持力度以及扩大对外招商引资规模有密切关系。为此,基于 2020 年“西部大开发”政策惠及的 12 个西部省域的经济数据建立回归模型,研究地方财政支出与外商投资对地区生产总值的影响,为政策制定提供数据支持。数据见表 9.6,其中“Y”代表地区生产总值(亿元),“X_1”代表地方一般财政预算支出(亿元),“X_2”代表外商投资企业投资总额(百万美元)。

表 9.6　2020 年“西部大开发”政策惠及的 12 个西部省域数据

省　域	Y	X_1	X_2
四　川	48598.8	11198.54	296279
陕　西	26181.9	5930.32	183272
甘　肃	9016.7	4163.40	25931
青　海	3005.9	1932.84	7819
云　南	24521.9	6974.02	142431
贵　州	17826.6	5739.50	83573

续表

省　域	Y	X_1	X_2
重　庆	25002.8	4893.95	123895
广　西	22156.7	6179.47	289389
内蒙古	17359.8	5270.16	56084
宁　夏	3920.6	1480.36	26993
新　疆	13797.6	5533.16	32042
西　藏	1902.7	2210.92	2859

数据来源:国家统计局

利用表 9.6 中 2020 年"西部大开发"政策惠及的 12 个西部省域的截面数据,先分析地区生产总值和地方一般财政预算支出之间的关系,地区生产总值和外商投资企业投资总额之间的关系。绘制变量之间的相关图如图 9.3 所示,其中横坐标为地方一般财政预算支出对数,纵坐标为地区生产总值对数。图 9.4 的横坐标为外商投资企业投资总额对数,纵坐标为地区生产总值对数。

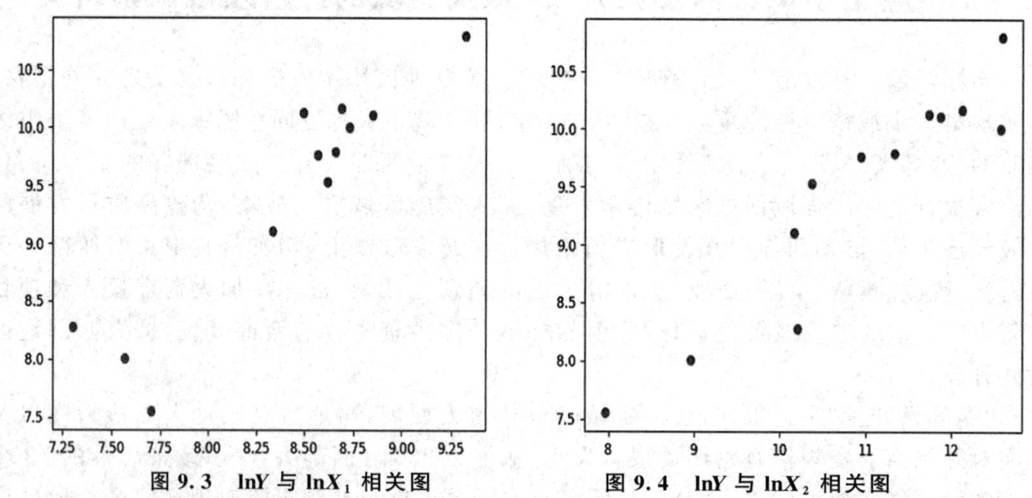

图 9.3　$\ln Y$ 与 $\ln X_1$ 相关图　　图 9.4　$\ln Y$ 与 $\ln X_2$ 相关图

从图 9.3 和图 9.4 可以看出,西部省域地区生产总值对数与地方一般财政预算支出对数大致呈线性相关关系,西部省域地区生产总值对数与外商投资企业投资总额对数大致呈线性相关关系。

建立地方财政支出对数与外商投资对数对地区生产总值对数的线性模型为

$$\ln Y = \beta_0 + \beta_1 \ln X_1 + \beta_2 \ln X_2 + \mu$$

采用最小二乘法估计模型参数结果为

	估计	标准误	T 值	p—值
截距	−1.679	0.857	−1.96	0.082
$\ln X_1$	0.827	0.156	5.31	0.000
$\ln X_2$	0.382	0.066	6.00	0.000

模型的两个回归系数在显著性水平 5%下都是显著的。拟合模型的决定系数为 0.973,模型拟合优度很高。拟合方程为

$$\ln\hat{Y} = -1.679 + 0.827\ln X_1 + 0.382\ln X_2$$
$$(-1.96)\quad (5.31)\quad (6.00)$$

$$\bar{R}^2 = 0.973 \qquad F = 164.26$$

模型估计结果显示,地区生产总值 96.7%的变化由地方财政支持与外商投资所决定。其中,地方财政预算支出每增加 1%,平均而言地方生产总值提高 0.827%,外商投资企业投资总额每增加 1%,平均而言地方生产总值提高 0.382%。说明政府在西部实施"西部大开发"战略,加大地方财政支持力度,改善外商投资环境,扩大招商引资是加快地区经济发展的重要途径。

Python 语言实现:

```
import pandas as pd
import numpy as np
import statsmodels.api as sm
import statsmodels.formula.api as smf
import matplotlib.pyplot as plt
Y = [48598.8, 26181.9, 9016.7, 3005.9, 24521.9, 17826.6, 25002.8, 22156.7,
17359.8,3920.6,13797.6,1902.7]
X1 = [11198.54, 5930.32, 4163.4, 1932.84, 6974.02, 5739.5, 4893.95, 6179.47,
5270.16,1480.36,5533.16,2210.92]
X2=[296279,183272,25931,7819,142431,83573,123895,289389,56084,26993,
32042,2859]
lnY=np.log(Y)
lnX1=np.log(X1)
lnX2=np.log(X2)
data=pd.DataFrame({'lnY':lnY,'lnX1':lnX1,'lnX2':lnX2})
#相关图计算
plt.scatter(lnX1,lnY)
plt.show()
plt.scatter(lnX2,lnY)
plt.show()
#相关系数计算
corr=data.corr()
print(corr)
#建立多元线性回归模型
regression=smf.ols(formula='lnY~lnX1+lnX2',data=data)
model=regression.fit()          #数据拟合
model.summary()                 #输出结果
```

Python 代码执行的结果为：

	lnY	lnX1	lnX2
lnY	1	0.931	0.943
lnX1	0.931	1	0.805
lnX2	0.943	0.805	1

OLS Regression Results

Dep. Variable:	lnY	R-squared:	0.973
Model:	OLS	Adj. R-squared:	0.967
Method:	Least Squares	F-statistic:	164.3
Date:	Fri, 04 Nov 2022	Prob (F-statistic):	8.26e−08
Time:	14:45:57	Log-Likelihood:	5.2838
No. Observations:	12	AIC:	−4.568
Df Residuals:	9	BIC:	−3.113
Df Model:	2		
Covariance Type:	nonrobust		

	coef	std err	t	P>|t|	[0.025	0.975]
Intercept	−1.6789	0.857	−1.960	0.082	−3.617	0.259
lnX1	0.8269	0.156	5.310	0.000	0.475	1.179
lnX2	0.3822	0.064	6.003	0.000	0.238	0.526

Omnibus:	1.431	Durbin-Watson:	3.143
Prob(Omnibus):	0.489	Jarque-Bera (JB):	0.179
Skew:	−0.254	Prob(JB):	0.914
Kurtosis:	3.315	Cond. No.	232.

9.6 小结

本章以理论与实践相结合的方式，介绍了一元线性回归模型与多元线性回归模型的主要内容，包括变量间相关系数的计算及检验、模型的估计、参数的显著性检验、方程线性显著性检验和预测等，以及 Python 软件操作程序、过程与实现结果。最后介绍一个案例，以完整呈现回归模型的应用过程。

9.7 习题

1. 已知中国某年各地区税收 Y 和国内生产总值 GDP 数据资料，(单位：亿元)。

地区	Y	GDP	地区	Y	GDP
北京	1435.7	9353.3	湖北	434.0	9230.7
天津	438.4	5050.4	湖南	410.7	9200.0
河北	618.3	13709.5	广东	2415.5	31084.4
山西	430.5	5733.4	广西	282.7	5955.7
内蒙古	347.9	6091.1	海南	88.0	1223.3
辽宁	815.7	11023.5	重庆	294.5	4122.5
吉林	237.4	5284.7	四川	629.0	10505.3
黑龙江	335.0	7065.0	贵州	211.9	2741.9
上海	1975.5	12188.9	云南	378.6	4741.3
江苏	1894.8	25741.2	西藏	11.7	342.2
浙江	1535.4	18780.4	陕西	355.5	5465.8
安徽	401.9	7364.2	甘肃	142.1	2702.4
福建	594.0	9249.1	青海	43.3	783.6
江西	281.9	5500.3	宁夏	58.8	889.2
山东	1308.4	25965.9	新疆	220.6	3523.2
河南	625.0	15012.5			

试完成以下问题：

(1)计算 Y 与 GDP 的相关系数，并进行检验，显著性水平 $\alpha=5\%$；

(2)建立 Y 对 GDP 的一元线性回归模型，估计并解释回归系数的含义；

(3)检验 GDP 对 Y 影响的显著性，显著性水平 $\alpha=5\%$；

(4)若该年某地区 GDP 为 8500 亿元，求该地区税收收入的预测值及预测区间，显著性水平 $\alpha=5\%$。

2. 已知 2010 年中国制造业各行业的总产出及要素投入数据资料。

编号	行业	Y(亿元)	K(亿元)	L(万人)
1	煤炭开采和洗选业	22109.3	21785.1	527.2
2	石油和天然气开采业	9917.8	12904.0	106.1
3	黑色金属矿采选业	5999.3	4182.5	67.0
4	有色金属矿采选业	3799.4	2317.5	55.4
5	非金属矿采选业	3093.5	1424.4	56.5
6	其他采矿业	31.3	14.2	0.5
7	农副食品加工业	34928.1	14373.1	369.0
8	食品制造业	11350.6	6113.6	175.9
9	饮料制造业	9152.6	6527.0	130.0
10	烟草制品业	5842.5	4569.6	21.1

续表

编号	行　业	Y(亿元)	K(亿元)	L(万人)
11	纺织业	28507.9	16253.0	647.3
12	纺织服装、鞋、帽制造业	12331.2	6044.7	447.0
13	皮革、毛皮、羽毛(绒)及其制品业	7897.5	3410.6	276.4
14	木材加工及木、竹、藤、棕、草制品业	7393.2	3037.7	142.3
15	家具制造业	4414.8	2261.3	111.7
16	造纸及纸制品业	10434.1	7949.1	157.9
17	印刷业和记录媒介的复制	3562.9	2801.6	85.1
18	文教体育用品制造业	3135.4	1602.1	128.1
19	石油加工、炼焦及核燃料加工业	29238.8	13360.6	92.2
20	化学原料及化学制品制造业	47920.0	31948.6	474.1
21	医药制造业	11741.3	9017.0	173.2
22	化学纤维制造业	4954.0	3526.1	43.9
23	橡胶制品业	5906.7	3595.5	102.9
24	塑料制品业	13872.2	8033.2	283.3
25	非金属矿物制品业	32057.3	21490.5	544.6
26	黑色金属冶炼及压延加工业	51833.6	37101.9	345.6
27	有色金属冶炼及压延加工业	28119.0	16992.7	191.6
28	金属制品业	20134.6	11477.4	344.6
29	通用设备制造业	35132.7	24005.6	539.4
30	专用设备制造业	21561.8	16879.4	334.2
31	交通运输设备制造业	55452.6	40224.8	573.7
32	电气机械及器材制造业	43344.4	27454.8	604.3
33	通信设备、计算机及其他电子设备制造业	54970.7	34005.4	772.8
34	仪器仪表及文化、办公用机械制造业	6399.1	4565.8	124.9
35	工艺品及其他制造业	5662.7	2904.5	140.4
36	废弃资源和废旧材料回收加工业	2306.1	829.8	13.9
37	电力、热力的生产和供应业	40550.8	58989.3	275.6
38	燃气生产和供应业	2393.4	2263.8	19.0
39	水的生产和供应业	1137.1	4207.7	45.9

试完成以下问题：

(1)建立并估计模型 $\ln Y=\beta_0+\beta_1\ln K+\beta_2\ln L+\mu$，解释回归系数 $\hat{\beta}_1$、$\hat{\beta}_2$ 的含义；

(2)分别检验 $\ln K$ 与 $\ln L$ 对 $\ln Y$ 影响的显著性，显著性水平 $\alpha=5\%$；

(3)检验模型总体线性的显著性，显著性水平 $\alpha=5\%$；

(4)若该年某行业资本投入 1580 亿元、劳动投入 450 万人，求该地区总产出的预测值及预测区间，显著性水平 $\alpha=5\%$。

第 10 章　时间序列分析

时间序列分析是研究时间序列数据自身相关关系的重要方法，常用于描述数列的历史变化特征，在保持数列变化特征延续性的条件下分析数列未来发展趋势。本章主要介绍时间序列的基本概念、数据特征描述和时间序列因素分解模型等内容。

10.1　时间序列分析的基本概念

1. 时间序列：也称为动态数列，把同一现象在不同时间上的观察数据按时间先后顺序排列起来所形成的数列。时间序列具备两个基本要素：一是现象所属的时间，常用 t 表示（t 值是数据所属的具体时间，或者是时间序号）；二是反映现象在不同时间上水平高低的统计数据，常用 y 表示，如 y_t 表示时间 t 所对应的观测值，代表现象在 t 时的发展水平。

2. 时间序列的编制原则：时间一致、总体范围一致以及经济内容、计算口径和计算方法一致。

3. 绝对数时间序列：又称为总量指标时间序列，是指一系列同类的总量指标数据按时间先后顺序排列而形成的序列，反映现象在各个时间上达到的绝对水平。

4. 相对数时间序列：由一系列同类的相对数按时间先后顺序排列而成，它反映现象相对水平或现象之间数量对比关系的动态变化。

5. 平均数时间序列：由一系列同类的平均数按时间先后顺序排列而成，它反映现象一般水平的发展变化过程和趋势。

6. 增长量与平均增长量：增长量是报告期水平与基期水平之差。平均增长量是观察期内各个逐期增长量的平均数。同比增长量是报告期水平与上年同期水平之差。

7. 发展速度：发展速度是报告期水平与基期水平对比的相对数，计算结果通常用百分数或倍数表示。环比发展速度是报告期水平与前一期水平对比的相对数。定基发展速度是报告期水平与固定基期水平对比的相对数。同比发展速度是报告期水平与上年同期水平对比的相对数。

8. 增长速度：增长速度是报告期增长量与基期水平对比的相对数，也称为增长率，常用百分数或倍数表示。逐期增长速度是逐期增长量与前一期水平对比的相对数。定基增长速度是累计增长量与固定基期水平对比的相对数。同比增长速度是同比增长量与上年同期水平对比的相对数。

9. 时间序列因素分解模型：常用的有乘法模型和加法模型。令 Y 为时间序列的指标数值，T 为长期趋势值，S 为季节变动值，C 为循环变动值，I 为不规则变动值。下标 t 表示时间（$t=1,2,\cdots,T$）。因素分解乘法模型为 $Y_t=T_t\times S_t\times C_t\times I_t$。因素分解加法模

型为 $Y_t=T_t+S_t+C_t+I_t$。其中，长期趋势测定方法有时距扩大法、移动平均法和趋势方程拟合法。季节变动测定方法有同期平均法和移动平均趋势剔除法。循环变动测定方法有直接法和剩余法(分解法)。

10.2 时间序列分析的基本公式

1. 平均发展水平：是不同时间上发展水平的平均数。令 y_t 为第 $t(t=1,2,\cdots,T)$ 期的发展水平。$\bar{y}$ 为平均发展水平。$f_1,f_2,\cdots,f_{T-1}$ 为各个时点间隔长度。时期序列的平均发展水平为

$$\bar{y}=\frac{y_1+y_2+\cdots+y_T}{T}=\frac{\sum_{t=1}^{T}y_t}{T}$$

时点序列的平均发展水平为

$$\bar{y}=\frac{\frac{y_1+y_2}{2}f_1+\frac{y_2+y_3}{2}f_2+\cdots+\frac{y_{T-1}+y_T}{2}f_{T-1}}{\sum_{t=1}^{T-1}f_t}$$

2. 线性趋势方程拟合法测定长期趋势：令 $\hat{y}_t$ 为序列 y_t 的趋势值，$t=1,2,\cdots,T$，a 为截距项，b 为斜率。线性趋势方程拟合法测定长期趋势的步骤为

步骤一：设定线性趋势方程为

$$y_t=a+bt$$

步骤二：采用最小二乘法求解方程

$$\begin{cases}\hat{b}=\dfrac{T\sum ty_t-\sum t\sum y_t}{T\sum t^2-(\sum t)^2}\\ \hat{a}=\bar{y}-\hat{b}\bar{t}\end{cases}$$

3. 同期平均法测定季节变动：令 L 为一周期内的时序数据项数，测定步骤为

步骤一：计算同期平均数 $\bar{y}_t(t=1,2,\cdots,L)$；

步骤二：计算全部数据的总平均数 $\bar{y}$；

步骤三：计算季节指数 S_t

$$S_t=\frac{\bar{y}_t}{\bar{y}}\times 100\%$$

步骤四：计算结果调整，用季节指数除以季节指数均值，指数调整的公式为

$$\frac{S_t}{\sum_{t=1}^{L}S_t/L}$$

4. 剩余法测定循环变动：设时间序列因素分解模型为 $Y_t=T_t\times S_t\times C_t\times I_t$。剩余法测定循环变动的步骤为

步骤一：消除季节变动，得到无季节变动的序列

$$\frac{Y}{S}=\frac{T\times S\times C\times I}{S}=T\times C\times I$$

步骤二：由无季节变动的序列计算趋势 T，剔除趋势 T 后的循环和不规则变动序列为

$$\frac{T\times C\times I}{T}=C\times I$$

步骤三：对 $C\times I$ 序列移动平均，消除不规则变动 I，得到循环变动 C。

5. 时间序列预测方法：主要有移动平均预测、指数平滑预测、自回归预测等。

(1)移动平均预测法是用序列的移动平均值作为下一期的预测值。

简单移动平均预测第 $t+1$ 期预测值的计算公式为(其中 K 为移动平均的项数)

$$\hat{y}_{t+1}=\frac{y_t+y_{t-1}+y_{t-2}+\cdots+y_{t-K+1}}{K}$$

加权移动平均预测第 $t+1$ 期预测值的计算公式为

$$\hat{y}_{t+1}=\frac{y_t w_t+y_{t-1}w_{t-1}+y_{t-2}w_{t-2}+\cdots+y_{t-K+1}w_{t-K+1}}{w_t+w_{t-1}+\cdots+w_{t-K+1}}$$

(2)指数平滑预测：令 E_{t-1} 为第 $t-1$ 期的指数平滑值，y_t 为第 t 期的观测值，$\alpha(0<\alpha<1)$ 为平滑系数。第 t 期的指数平滑值 E_t 的计算公式为

$$E_t=\alpha y_t+(1-\alpha)E_{t-1}$$

一次指数平滑预测的模型为：

$$E_t^{(1)}=\alpha y_t+(1-\alpha)E_{t-1}$$

二次指数平滑预测的模型为：

$$E_t^{(2)}=\alpha E_t^{(1)}+(1-\alpha)E_{t-1}^{(2)}$$

6. 预测误差：指实际值与预测值之差。衡量预测误差的常用指标有平均绝对误差(MAE)、平均相对误差(MPE)、均方误差(MSE)、均方根误差(RMSE)。记 y_t 为第 t 期的实际值，$\hat{y}_t$ 为第 t 期的预测值，T 为预测值的个数。则

$$MAE=\frac{1}{T}\sum_{t=1}^{T}|y_t-\hat{y}_t|$$

$$MPE=\frac{1}{T}\sum_{t=1}^{T}\left|\frac{y_t-\hat{y}_t}{y_t}\right|$$

$$MSE=\frac{1}{T}\sum_{t=1}^{T}(y_t-\hat{y}_t)^2$$

$$RMSE=\sqrt{\frac{1}{T}\sum_{t=1}^{T}(y_t-\hat{y}_t)^2}$$

10.3　时间序列分析的知识点结构图

本章的知识点结构图如图 10.1 所示。

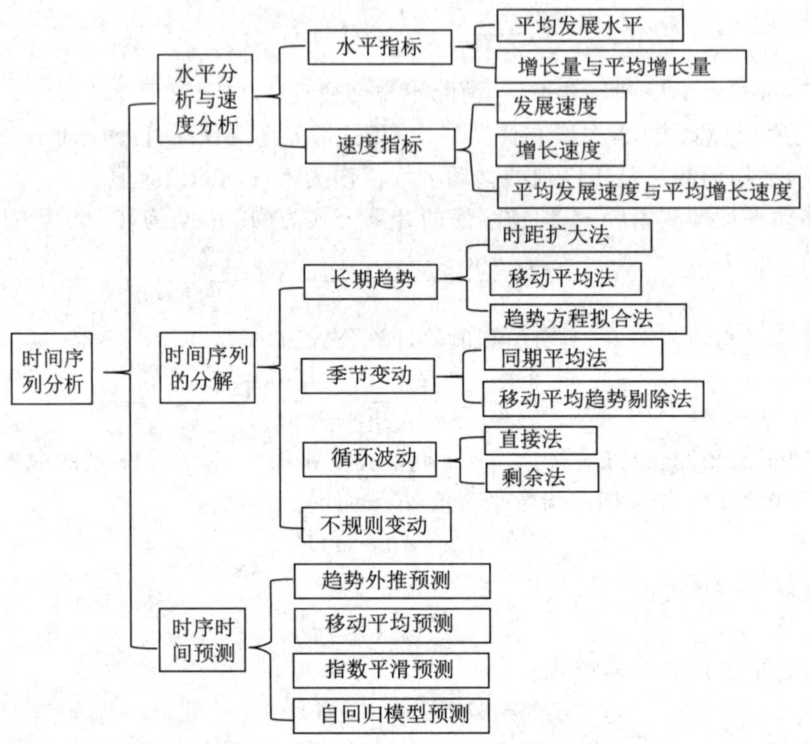

图 10.1　时间序列分析的知识点结构图

10.4　时间序列分析的知识点与 Python 语言实践

1. 知识点:时期序列的平均发展水平

根据表 10.1,计算 2005－2014 年我国国内生产总值的年平均发展水平。

表 10.1　2005－2014 年我国国内生产总值(亿元)

年份	国内生产总值	年份	国内生产总值	年份	国内生产总值
2005	185895.8	2009	345629.2	2013	588018.8
2006	217656.6	2010	408903.0	2014	636138.7
2007	268019.4	2011	484123.5		
2008	316751.7	2012	534123.0		

解:依据题意,我国国内生产总值序列的年平均发展水平为

$$\bar{y}=\frac{1}{10}\sum_{t=1}^{T}y_t$$

$$=\frac{1}{10}(185895.8+217656.6+\cdots+636138.7)=398525.97$$

即我国 2005—2014 年我国国内生产总值的平均发展水平为 398 525.97 亿元。

Python 语言实现：

```
import pandas as pd
import numpy as np
data=[185895.8,217656.6,268019.4,316751.7,345629.2,408903.0,484123.5,
534123.0, 588018.8,636138.7]
mean=np.mean(data).round(2)
print("平均发展水平为:", mean)
```

Python 代码执行的结果为：

```
平均发展水平为：398525.97
```

2. 知识点：时点序列的平均发展水平

表 10.2 给出 2004—2014 年我国年末人口数，计算 2005—2014 年的年平均人口数。

表 10.2　2004—2014 年我国年末人口数（万人）

年份	年末人口数	年份	年末人口数	年份	年末人口数
2004	129988	2008	132802	2012	135404
2005	130756	2009	133450	2013	136072
2006	131448	2010	134091	2014	136782
2007	132129	2011	134735		

解：依据题意，表 10.2 中的年末人口数为等时间间隔的时点序列，其平均发展水平为

$$\bar{y}=\frac{1}{11-1}\left(\frac{129988}{2}+130756+\cdots+\frac{136782}{2}\right)=133427.2$$

即 2005—2014 年我国的年平均人口为 133427.2 万人。

Python 语言实现：

```
import pandas as pd
import numpy as np
data = [129988, 130756, 131448, 132129, 132802, 133450, 134091, 134735, 135404,
136072,136782]
data[0]=data[0] /2
data[10]=data[10] /2
mean=np.sum(data) / (len(data)-1)
print('2005-2014 年我国的平均人口为:',mean)
```

Python 代码执行的结果为：

```
2005—2014 年我国的平均人口为：133427.2
```

3. 知识点：增长速度与发展速度

利用表 10.3 的数据，计算 2007—2014 年我国居民人均消费水平的发展速度、增长速度、平均发展速度以及平均增长速度。

表 10.3　2007—2014 年我国居民人均消费水平(单位：元)

年份	居民人均消费	年份	居民人均消费	年份	居民人均消费
2006	6416	2009	9514	2012	14699
2007	7572	2010	10919	2013	16190
2008	8707	2011	13134	2014	17806

解：依据题意，选择 2006 年居民消费水平为基期水平，记为 y_{2006}，则 2008 年居民消费水平的环比发展速度、定基发展速度、环比增长速度与定基增长速度分别为：

$$环比发展速度=\frac{y_{2008}}{y_{2007}}=\frac{8707}{7572}=114.99\%$$

$$定基发展速度=\frac{y_{2008}}{y_{2006}}=\frac{8707}{6416}=135.71\%$$

$$环比增长速度=\frac{y_{2008}}{y_{2007}}-1=114.99\%-1=14.99\%$$

$$定基增长速度=\frac{y_{2008}}{y_{2006}}-1=135.71\%-1=35.71\%$$

各个年份的具体计算结果列入表 10.4。

表 10.4　2007—2014 年我国居民人均消费水平的各发展速度与增长速度(单位：%)

年份	环比发展速度	定基发展速度	环比增长速度	定基增长速度
2006		100.00		
2007	118.02	118.02	18.02	18.02
2008	114.99	135.71	14.99	35.71
2009	109.27	148.29	9.27	48.29
2010	114.77	170.18	14.77	70.18
2011	120.29	204.71	20.29	104.71
2012	111.92	229.10	11.92	129.10
2013	110.14	252.34	10.14	152.34
2014	109.98	277.52	9.98	177.52

2007—2014 年居民人均消费水平的平均发展速度为

$$\sqrt[8]{1.1802\times1.1499\times\cdots\times1.0998}=113.61\%$$

平均增长速度

$$113.69\%-100\%=13.61\%$$

即 2007—2014 年我国居民消费水平的平均增长速度为 13.61%。

Python语言实现：

```
data=[6416,7572,8707,9514,10919,13134,14699,16190,17806]
#环比发展速度
speed_linkrelative=[]
for i in range(1,len(data)):
    speed_linkrelative.append(data[i]/data[i-1])
print('2007年—2014年环比发展速度(%)为:',(np.array(speed_linkrelative)*100)
.round(2))
#定基发展速度
speed_fixed=[]
for i in range(len(data)):
    speed_fixed.append(data[i]/data[0])
print('2006年—2014年定基发展速度(%)为:',(np.array(speed_fixed)*100).round
(2))
#环比增长速度
speed_linkrelative_increase=[x-1 for x in speed_linkrelative]
print('2007年—2014年环比增长速度(%)为:',(np.array(speed_linkrelative_in-
crease)*100).round(2))
#定基增长速度
speed_fixed_increase=[x-1 for x in speed_fixed]
print('2007年—2014年定基增长速度为:',(np.array(speed_fixed_increase)*100)
.round(2))
#平均发展速度
avg_speed=pow(np.prod(speed_linkrelative),1/8)
print('2007年—2014年平均发展速度为:{:.2f}%'.format(avg_speed*100))
#平均增长速度
avg_speed_increase=avg_speed-1
print('2007年—2014年平均增长速度为:{:.2f}%'.format(avg_speed_increase*
100))
```

Python代码执行的结果为：

```
2007年—2014年环比发展速度(%)为:[118.02,114.99,109.27,114.77,120.29,
111.92,110.14,109.98]
2006年—2014年定基发展速度(%)为:[100.00,118.02,135.71,148.29,170.18,
204.71,229.10,252.34,277.52]
2007年—2014年环比增长速度(%)为:[18.02,14.99,9.27,14.77,20.29,11.92,
10.14,9.98]
2007年—2014年定基增长速度为:[18.02,35.71,48.29,70.18,104.71,129.10,
152.34,177.52]
2007年—2014年平均发展速度为:113.61%
2007年—2014年平均增长速度为:13.61%
```

4. 知识点:线性趋势方程拟合法测定长期趋势

根据表 10.5 的数据,采用线性趋势方程拟合法测定我国第三产业增加值的长期趋势。

表 10.5 2013—2016 年我国第三产业增加值季度数据(单位:亿元)

年份	第 1 季度	第 2 季度	第 3 季度	第 4 季度
2013	66715.0	67993.4	69562.3	73688.5
2014	73905.0	75266.8	77011.6	81875.3
2015	82491.6	84868.9	86957.7	91831.6
2016	91444.7	93797.3	96403.7	102574.8

解:依据题意,令 $\hat{y}_t$ 为序列 y_t 的趋势值,$t=1,2,\cdots,T$,a 为截距项,b 为斜率。使用线性趋势方程拟合法测定长期趋势的步骤为

步骤一:设定拟合的线性趋势方程为

$$y_t = a + bt$$

步骤二:采用最小二乘法,利用表 10.5 中的数据,有

$$\hat{b}=\frac{T\sum t y_t-\sum t\sum y_t}{T\sum t^2-\left(\sum t\right)^2}=2267.3$$

$$\hat{a}=\bar{y}-\hat{b}\bar{t}=63002.4$$

拟合的线性趋势方程为

$$\hat{y}_t = 63002.4 + 2267.3t$$

经检验,方程的决定系数为 $R^2=0.9835$。将时间 t 代入拟合方程,得到各期趋势值。用实际值减去相应趋势值得到残差,如表 10.6 所示。

表 10.6 2013—2016 年我国第三产业增加值的趋势值

时间	t	趋势值	残差
2013 年第 1 季度	1	65269.7	1445.3
2013 年第 2 季度	2	67536.9	456.5
2013 年第 3 季度	3	69804.2	−241.9
2013 年第 4 季度	4	72071.5	1617.0
2014 年第 1 季度	5	74338.8	−433.8
2014 年第 2 季度	6	76606.1	−1339.3
2014 年第 3 季度	7	78873.3	−1861.7
2014 年第 4 季度	8	81140.6	734.7
2015 年第 1 季度	9	83407.9	−916.3
2015 年第 2 季度	10	85675.2	−806.3
2015 年第 3 季度	11	87942.5	−984.8
2015 年第 4 季度	12	90209.7	1621.9
2016 年第 1 季度	13	92477.0	−1032.3
2016 年第 2 季度	14	94744.3	−947.0
2016 年第 3 季度	15	97011.6	−607.9
2016 年第 4 季度	16	99278.9	3295.9

Python 语言实现：

```
import statsmodels. api as sm
t=np. linspace(1,16,16)
data = [66715.0, 67993.4, 69562.3, 73688.5, 73905.0, 75266.8, 77011.6,
81875.3, 82491.6, 84868.9, 86957.7, 91831.6, 91444.7, 93797.3, 96403.7,
102574.8]
t=sm. add_constant(t)
regression=sm. OLS(data, t)
model=regression. fit()
model. summary()
params   =model. params. round(1)
print('a={}'. format(params[0]))
print('b={}'. format(params[1]))
fittedvalues=model. fittedvalues. round(1)
print('各期趋势值为:{}\n'. format(fittedvalues))
resid=model. resid. round(1)
print('各期残差为:{}\n'. format(resid))
```

Python 代码执行的结果为：

```
a=63002.4;b=2267.3
各期趋势值为:[65269.7,67536.9,69804.2,72071.5,74338.8,76606.1,78873.3,
81140.6,83407.9,85675.2,87942.5,90209.7,92477.0,94744.3,97011.6,99278.9]
各期残差为:[1445.3,456.5,-241.9,1617.0,-433.8,-1339.3,-1861.7,734.7,
-916.3,-806.3,-984.8,1621.9,-1032.3,-947.0,-607.9,3295.9]
```

5. 知识点:同期平均法测定季节变动

2013 年第 1 季度至 2016 年第 4 季度我国彩色电视机销售量数据如表 10.7 所示。试用同期平均法计算各季度的季节指数。

表 10.7　我国彩色电视机的季度销售量数据(单位:万台)

年份	第 1 季度	第 2 季度	第 3 季度	第 4 季度
2013	3038.1	3070.5	3602.3	4247.2
2014	3148.1	3941.3	4271.8	4285.0
2015	3335.7	3672.8	4563.4	4662.0
2016	3878.1	3993.0	4550.1	4875.7

解:依据题意,每个周期内的时序数据项数 $L=4$。同期平均法测定季节变动的步骤如下：

步骤一:计算同期平均数 $\bar{y}_t$:第 1 季度合计 y_1 和平均值 $\bar{y}_1$ 分别为

$$y_1 = 3038.1 + 3148.1 + 3335.7 + 3878.1 = 13400$$

$$\bar{y}_1 = \frac{y_1}{4} = \frac{13400}{4} = 3350$$

对于 $t=1,2,3,4$，同季度合计 y_t 和平均值 $\bar{y}_t$ 见表 10.8 第 2 行和第 3 行。

步骤二：计算全部数据的总平均数 $\bar{y}$

$$\bar{y} = \frac{3038.1 + 3148.1 + 3335.7 + 3878.1 + \cdots + 4875.7}{16} = 3945.9$$

步骤三：计算季节指数 S_t：第 1 季度的季节指数为

$$S_1 = \frac{\bar{y}_1}{\bar{y}} \times 100\% = \frac{3350}{3945.9} \times 100\% = 84.9\%$$

对于 $t=1,2,3,4$，季节指数的计算结果见表 10.8 第 4 行。

步骤四：季节指数调整：第 1 季度的季节指数调整为

$$\frac{S_1}{\sum_{t=1}^{4} S_t / 4} \times 100\% = \frac{0.8490}{1.0000} \times 100\% = 84.9\%$$

对于 $t=1,2,3,4$，季节指数的调整结果同表 10.8，即本例题的季节指数调整前后是一样的，实际问题中如遇此种情况，则无需施行调整步骤。

表 10.8 采用同期平均法的季节指数计算表

	第 1 季度	第 2 季度	第 3 季度	第 4 季度	平均
同季度合计 y_t	13400.0	14677.6	16987.6	18069.9	——
同季度平均 $\bar{y}_t$	3350.0	3669.4	4246.9	4517.5	3945.9
季节指数 S_t	84.9%	93.0%	107.6%	114.5%	100%

从表 10.8 可知，我国彩色电视机销售量的旺季是第 3 季度和第 4 季度。其中，第 4 季度销售最旺，销售量相当于全年平均销售量的 114.5%，第 1 季度销售量最低，销售量只相当于全年平均销售量的 84.9%。

Python 语言实现：

```
data=pd.DataFrame({'第 1 季度': [3038.1, 3148.1, 3335.7, 3878.1],
    '第 2 季度': [3070.5, 3941.3, 3672.8, 3993],'第 3 季度': [3602.3, 4271.8,
4563.4, 4550.1],'第 4 季度': [4247.2, 4285,4662,4875.7]},index=(2013, 2014,
2015, 2016))
s_sum=data.sum()  # 同季度合计
print('季度合计值：',s_sum.values)
s_avg=(s_sum / len(data)).round(1)  # 同季度平均
print('季度平均值：',s_avg.values)
s_i=s_avg / (sum(s_sum)/(len(data) * 4)) # 季节指数
print('季度季节指数(%)：',(s_i.values * 100).round(2))
```

Python 代码执行的结果为：

```
季度合计值：[13400.0,14677.6,16987.6,18069.9]
季度平均值：[3350.0,3669.4,4246.9,4517.5]
季度季节指数(%)：[ 84.9,92.99,107.63,114.48]
```

6. 知识点：剩余法测定循环波动

表 10.9 为某销售公司近 5 年各季度的饮料销售数据。试采用剩余法测定销售额的循环波动和不规则变动。

表 10.9　某销售公司的饮料销售额(单位：万元)

年份	第 1 季度	第 2 季度	第 3 季度	第 4 季度
第一年	29	90	108	14
第二年	35	112	130	24
第三年	40	108	126	28
第四年	48	139	179	33
第五年	56	152	192	35

解：依据题意，每个周期内的时序数据项数 $L=4$，时间序列因素分解模型为 $Y_t=T_t\times S_t\times C_t\times I_t$。剩余法测定循环波动的步骤如下

步骤一：消除季节变动：首先计算季节指数。

①季度平均值分别为：

$$\bar{y}_1=\frac{29+35+40+48+56}{5}=41.60$$

$$\bar{y}_2=\frac{90+112+108+139+152}{5}=120.20$$

$$\bar{y}_3=\frac{108+130+126+179+192}{5}=147.00$$

$$\bar{y}_4=\frac{14+24+28+33+35}{5}=26.80$$

②全部数据的总平均数 $\bar{y}$：

$$\bar{y}=\frac{29+35+40+\cdots+35}{20}=83.90$$

③季节指数：

$$S_1=\frac{\bar{y}_1}{\bar{y}}\times 100\%=49.58\%$$

$$S_2=\frac{\bar{y}_2}{\bar{y}}\times 100\%=143.27\%$$

$$S_3=\frac{\bar{y}_3}{\bar{y}}\times 100\%=175.21\%$$

$$S_4 = \frac{\bar{y}_4}{\bar{y}} \times 100\% = 31.94\%$$

④季节指数调整：由于 $\sum_{t=1}^{4} S_t / 4 = 100\%$，季节指数的调整结果同原季节指数。

上述计算的季节指数见表 10.10 的第 3 列。计算无季节变动后的销售额序列（$T \times C \times I$）。当 $t = 1$ 时的计算结果为

$$T \times C \times I = \frac{Y}{S} = \frac{29}{0.4958} = 58.49$$

类似地，其他观测值的计算结果见表 10.10 的第 4 列。

步骤二：由销售额序列（$T \times C \times I$）计算趋势 T，剔除趋势 T 后的循环和不规则变动序列（$C \times I$）。采用线性趋势方程拟合法测定序列（$T \times C \times I$）的长期趋势。

①设定拟合的线性趋势方程为

$$y_t = a + bt$$

②采用最小二乘法，利用表 10.10 的第 1 列和第 4 列数据，有

$$\hat{b} = \frac{T \sum t y_t - \sum t \sum y_t}{T \sum t^2 - \left(\sum t\right)^2} = 3.15$$

$$\hat{a} = \bar{y} - \hat{b}\bar{t} = 50.8$$

拟合的线性趋势方程为

$$\hat{y}_t = 50.8 + 3.15t$$

决定系数 $R^2 = 0.879$。

将时间 t 值代入拟合方程，得到各期趋势值，见表 10.10 的第 5 列。由表 10.10 的第 4 列（$T \times C \times I$）除以表 10.10 的第 5 列的趋势值 T，得到序列（$C \times I$）。当 $t = 1$ 时的计算结果为

$$C \times I = \frac{T \times C \times I}{T} = \frac{58.49}{53.95} = 1.08$$

类似地，其他观测值的计算结果见表 10.10 的第 6 列。

步骤三：采用移动平均消除 $C \times I$ 序列的不规则变动 I，得到循环变动 C。采用 3 期移动平均进行平滑，得到循环变动序列 C。当 $t = 2$ 时的计算结果为

$$C = \frac{1.08 + 1.10 + 1.02}{3} = 1.07$$

类似地，其他观测值的计算结果见表 10.10 的第 7 列。

由各期的序列（$C \times I$）除以循环变动序列 C，得到各期的不规则变动 I。当 $t = 2$ 时的计算结果为

$$I = \frac{C \times I}{C} = \frac{1.10}{1.07} = 1.03$$

类似地，其他观测值的计算结果见表 10.10 的第 8 列。

表 10.10　循环变动和不规则变动的计算表

时间序号 (1)	销售额 (y) (2)	季节指数 (S)(%) (3)	无季节影响序列 ($Y/S=T\times C\times I$) (4)=(2)/(3)	趋势值 (T) (5)	循环及不规则变动($C\times I$) (6)=(4)/(5)	循环变动 (C) (7)	不规则变动 (I) (8)=(6)/(7)
1	29	49.58	58.49	53.95	1.08	—	—
2	90	143.27	62.82	57.11	1.10	1.07	1.03
3	108	175.21	61.64	60.26	1.02	0.94	1.09
4	14	31.94	43.83	63.41	0.69	0.92	0.75
5	35	49.58	70.59	66.56	1.06	0.96	1.10
6	112	143.27	78.17	69.72	1.12	1.07	1.05
7	130	175.21	74.2	72.87	1.02	1.04	0.98
8	24	31.94	75.14	76.02	0.99	1.01	0.98
9	40	49.58	80.68	79.17	1.02	0.98	1.04
10	108	143.27	75.38	82.32	0.92	0.93	0.99
11	126	175.21	71.91	85.48	0.84	0.92	0.91
12	28	31.94	87.66	88.63	0.99	0.96	1.03
13	48	49.58	96.81	91.78	1.05	1.02	1.03
14	139	143.27	97.02	94.93	1.02	1.04	0.98
15	179	175.21	102.16	98.09	1.04	1.03	1.01
16	33	31.94	103.32	101.24	1.02	1.05	0.97
17	56	49.58	112.95	104.39	1.08	1.03	1.05
18	152	143.27	106.09	107.54	0.99	1.02	0.97
19	192	175.21	109.58	110.69	0.99	0.98	1.01
20	35	31.94	109.58	113.85	0.96	—	—

Python 语言实现：

```
# 计算季节指数 S
data=pd.DataFrame({'第 1 季度': [29, 35,40, 48,56],'第 2 季度': [90, 112, 108, 139,152],'第 3 季度': [108, 130, 126, 179,192],'第 4 季度': [14,24,28,33,35]},index=(1, 2, 3,4,5))
s_sum=data.sum()  # 同季度合计
print('季度合计值:\n',s_sum)
s_avg=(s_sum / len(data)).round(2)  # 同季度平均
print('季度平均值:\n',s_avg)
s_i=(s_avg / (sum(s_sum)/(len(data) * 4))).round(4)# 季节指数
```

```
print('季节指数(%):',(s_i.values * 100).round(2))
# 剔除季节指数后 T.C.I
TCI_1=(data['第 1 季度']/s_i[0]).round(2)
TCI_2=(data['第 2 季度']/s_i[1]).round(2)
TCI_3=(data['第 3 季度']/s_i[2]).round(2)
TCI_4=(data['第 4 季度']/s_i[3]).round(2)
TCI=[]
for i in  range(len(data)):
    TCI.append(TCI_1.values[i])
    TCI.append(TCI_2.values[i])
    TCI.append(TCI_3.values[i])
    TCI.append(TCI_4.values[i])
print('剔除季节指数后 T.C.I:\n{}'.format(TCI))
#线性方差拟合法测定趋势 T
t=np.linspace(1, 20, 20)
t=sm.add_constant(t)  # 增加一个常数 1,对应回归线在 y 轴上的截距
regression=sm.OLS(TCI, t)  # 用最小二乘法建模
model=regression.fit()  # 数据拟合
model.summary()
params  =model.params.round(2)
print('a={}'.format(params[0]))
print('b={}'.format(params[1]))
T=model.fittedvalues.round(2)
print('各期趋势值 T:\n{}'.format(T))
#剔除趋势值 T 后的序列 CI
CI=(TCI/T).round(2)
print('循环变动与不规则变动 CI:\n{}'.format(CI))
# 循环变动 C
CI_pd=pd.DataFrame(CI)
C=CI_pd.rolling(3, center=True).mean().round(2)
print('循环变动 C:\n{}'.format(C.values.flatten()))
#不规则变动 I
C=np.array(C).flatten()
I=(CI/C).round(2)
print('不规则变动 I:\n{}'.format(I))
```

Python 代码执行的结果为:

季度合计值:第 1 季度 208;第 2 季度 601;第 3 季度 735;第 4 季度 134
季度平均值:第 1 季度 41.6; 第 2 季度 20.2; 第 3 季度 147.0;第 4 季度 26.8
季节指数(%):[49.58　143.27　175.21　31.94]
剔除季节指数后 T.C.I:[58.49, 62.82, 61.64, 43.83, 70.59, 78.17, 74.2, 75.14, 80.68, 75.38, 71.91, 87.66, 96.81, 97.02, 102.16, 103.32, 112.95, 106.09, 109.58, 109.58]
a=50.8;b=3.15
各期趋势值 T:[53.95,57.11,60.26,63.41,66.56,69.72,72.87,76.02,79.17, 82.32,85.48,88.63,91.78,94.93,98.09,101.24,104.39,107.54,110.69,113.85]
循环变动与不规则变动 CI:[1.08,1.1,1.02,0.69,1.06,1.12,1.02,0.99,1.02,0.92, 0.84,0.99,1.05,1.02,1.04,1.02,1.08,0.99,0.99,0.96]
循环变动 C:[nan,1.07,0.94,0.92,0.96,1.07,1.04,1.01,0.98,0.93,0.92,0.96, 1.02,1.04,1.03,1.05,1.03,1.02,0.98,nan]
不规则变动 I:[nan,1.03,1.09,0.75,1.1,1.05,0.98,0.98,1.04,0.99,0.91,1.03, 1.03,0.98,1.01,0.97,1.05,0.97,1.01,nan]

7. 知识点:移动平均预测

某公司股票连续 16 日的收盘价格如表 10.11 所示。试采用简单移动平均法预测第 17 日的收盘价格。

表 10.11　某公司股票价格的收盘数据(单位:元)

时间	价格	时间	价格	时间	价格	时间	价格
1	7.20	5	7.32	9	7.51	13	7.17
2	7.09	6	7.20	10	7.42	14	7.21
3	7.05	7	7.25	11	7.35	15	7.28
4	7.20	8	7.38	12	7.25	16	7.30

解:依据题意,移动期数 K 选择 5。采用 5 期移动平均,第 6 期的预测值为

$$\hat{y}_6=\frac{y_5+y_4+\cdots+y_1}{5}$$

$$=\frac{7.32+7.20+\cdots+7.20}{5}=7.17$$

以此类推,其他时刻的预测结果见表 10.12。当 $t=17$ 时的预测结果为

$$\hat{y}_{17}=\frac{y_{16}+y_{15}+\cdots+y_{12}}{5}$$

$$=\frac{7.30+7.28+\cdots+7.25}{5}=7.24$$

表 10.12　某公司股票价格的移动平均预测(单位:元)

时间	价格预测值	时间	价格预测值	时间	价格预测值	时间	价格预测值
6	7.17	9	7.27	12	7.38	15	7.28
7	7.17	10	7.33	13	7.38	16	7.25
8	7.20	11	7.35	14	7.34	17	7.24

Python 语言实现:

```
y=[7.2, 7.09, 7.05, 7.2, 7.32, 7.2, 7.25, 7.38, 7.51, 7.42, 7.35, 7.25, 7.17,
7.21, 7.28, 7.3]
y=pd.DataFrame(y)
m=np.array(y.rolling(5).mean()).flatten().round(2)
print('5 期移动平均值:\n', m)
print('第 17 期简单移动平均预测值为:{}'.format(m[-1]))
```

Python 代码执行的结果为:

```
5 期移动平均值:[ nan,nan,nan,nan,7.17,7.17,7.20,7.27,7.33,7.35,7.38,7.38,
7.34,7.28,7.25,7.24]
第 17 期简单移动平均预测值为:7.24
```

10.5　应用示例:中国国内生产总值预测

国内生产总值(GDP,Gross Domestic Product)是指一个国家或地区所有常住单位在一定时期内生产活动的最终成果。GDP 是现代经济核算体系中衡量一个国家综合国力的重要指标。改革开放以来,中国经济持续快速增长。截至 2011 年,中国国内生产总值总量排名升至世界第二位,成为仅次美国的世界第二大经济体。党的二十大报告指出,我国经济实力实现历史性跃升,国内生产总值从五十四万亿元增长到一百一十四万亿元。不仅综合国力和国际影响力实现历史性跨越,百姓生活更是发生了翻天覆地的变化。科学地研究 GDP 预测对制定国家经济发展目标及相配套的方针政策具有重要的理论与实际意义。本案例将对我国 1991 年到 2020 年国内生产总值的年度数据(见表 10.13)进行分析。

表 10.13　1991—2020 年国内生产总值年度数据(单位:亿元)

年度	GDP	年度	GDP	年度	GDP
1991	22005.6	2001	110863.1	2011	487940.2
1992	27194.5	2002	121717.4	2012	538580.0
1993	35673.2	2003	137422.0	2013	592963.2
1994	48637.5	2004	161840.2	2014	643563.1
1995	61339.9	2005	187318.9	2015	688858.2
1996	71813.6	2006	219438.5	2016	746395.1
1997	79715.0	2007	270092.3	2017	832035.9
1998	85195.5	2008	319244.6	2018	919281.1
1999	90564.4	2009	348517.7	2019	986515.2
2000	100280.1	2010	412119.3	2020	1013567.0

数据来源:《国家统计年鉴》,国家统计局官网

由表10.13的数据和图10.2的曲线可以看出，GDP的发展水平在1991—2020年间持续增长。在30年间国内生产总值的平均发展水平为

$$\bar{y}=\frac{1}{T}\sum_{t=1}^{T}y_t=\frac{1}{30}(22005.6+27194.5+\cdots+1013567.0)=345356.41$$

概括地说，1991—2020年我国国内生产总值的年平均发展水平为345356.41亿元。

设定1991年为基期。在1991—2020年我国国内生产总值的逐期增长量与累计增长量的计算结果见表10.14。表10.14的增长量反映了我国国内生产总值的发展水平在1991—2020年间增长变化的绝对数量。

表10.14　我国国内生产总值增长量(单位:亿元)

年度	逐期增长量	累计增长量	年度	逐期增长量	累计增长量
1991	—	—	2006	32119.6	197432.9
1992	5188.9	5188.9	2007	50653.8	248086.7
1993	8478.7	13667.6	2008	49152.3	297239.0
1994	12964.3	26631.9	2009	29273.1	326512.1
1995	12702.4	39334.3	2010	63601.6	390113.7
1996	10473.7	49808.0	2011	75820.9	465934.6
1997	7901.4	57709.4	2012	50639.8	516574.4
1998	5480.5	63189.9	2013	54383.2	570957.6
1999	5368.9	68558.8	2014	50599.9	621557.5
2000	9715.7	78274.5	2015	45295.1	666852.6
2001	10583.0	88857.5	2016	57536.9	724389.5
2002	10854.3	99711.8	2017	85640.8	810030.3
2003	15704.6	115416.4	2018	87245.2	897275.5
2004	24418.2	139834.6	2019	67234.1	964509.6
2005	25478.7	165313.3	2020	27051.8	991561.4

由表10.14的数据，在1991—2020年间我国国内生产总值的平均增长量为

$$\begin{aligned}\bar{y}&=\frac{y_T-y_1}{T-1}\\&=\frac{991561.4}{29}=34191.77\end{aligned}$$

概括地说，1991—2020年我国国内生产总值平均每年增长量为34191.77亿元。

1991—2020年我国国内生产总值的发展速度的计算结果见表10.15。表10.15所示的发展速度反映了我国国内生产总值的发展水平在1991—2020年间增长变化的相对数量。

从表10.15可知，我国国内生产总值在1991—2020年间长期处于高速增长状态。其中，1994年环比增长速度达到了36.34%，处于近30年的最高值。在1991—2020年间我国国内生产总值的平均发展速度为

$$\sqrt[30]{\frac{1013567}{22005.6}}\times 100\%=113.62\%$$

表 10.15 我国国内生产总值增长速度

年度	环比发展速度（%）	定基发展速度（%）	环比增长速度（%）	定基增长速度（%）	年度	环比发展速度（%）	定基发展速度（%）	环比增长速度（%）	定基增长速度（%）
1991	—	—	—	—	2006	117.15	997.19	17.15	897.19
1992	123.58	123.58	23.58	23.58	2007	123.08	1227.38	23.08	1127.38
1993	131.18	162.11	31.18	62.11	2008	118.20	1450.74	18.20	1350.74
1994	136.34	221.02	36.34	121.02	2009	109.17	1583.77	9.17	1483.77
1995	126.12	278.75	26.12	178.75	2010	118.25	1872.79	18.25	1772.79
1996	117.07	326.34	17.07	226.34	2011	118.40	2217.35	18.40	2117.35
1997	111.00	362.25	11.00	262.25	2012	110.38	2447.47	10.38	2347.47
1998	106.88	387.15	6.88	287.15	2013	110.10	2694.60	10.10	2594.60
1999	106.30	411.55	6.30	311.55	2014	108.53	2924.54	8.53	2824.54
2000	110.73	455.70	10.73	355.70	2015	107.04	3130.38	7.04	3030.38
2001	110.55	503.79	10.55	403.79	2016	108.35	3391.84	8.35	3291.84
2002	109.79	553.12	9.79	453.12	2017	111.47	3781.02	11.47	3681.02
2003	112.90	624.49	12.90	524.49	2018	110.49	4177.49	10.49	4077.49
2004	117.77	735.45	17.77	635.45	2019	107.31	4483.02	7.31	4383.02
2005	115.74	851.23	15.74	751.23	2020	102.74	4605.95	2.74	4505.95

概括地说，在 1991－2020 年间我国国内生产总值的平均发展速度达到 113.62%，平均增长速度为 113.62%－100%＝13.62%，我国国内生产总值平均每年递增的平均值为 13.62%。

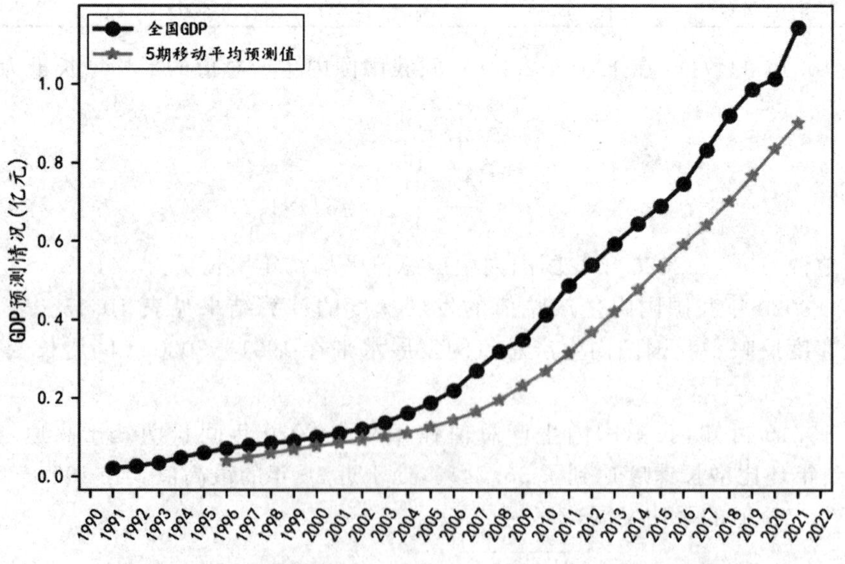

图 10.2 我国国内生产总值真实值与 5 期移动平均预测值

为了对我国2021年的国内生产总值(真实值为1143669.7亿元)进行预测,本例采用5期移动平均法,计算结果如表10.16所示。

表10.16 我国国内生产总值的5期移动平均预测值(单位:亿元)

年度	真实值	预测值	年度	真实值	预测值
1991	22005.6	—	2006	219438.5	143832.32
1992	27194.5	—	2007	270092.3	165547.40
1993	35673.2	—	2008	319244.6	195222.38
1994	48637.5	—	2009	348517.7	231586.90
1995	61339.9	—	2010	412119.3	268922.40
1996	71813.6	38970.14	2011	487940.2	313882.48
1997	79715.0	48931.74	2012	538580.0	367582.82
1998	85195.5	59435.84	2013	592963.2	421280.36
1999	90564.4	69340.30	2014	643563.1	476024.08
2000	100280.1	77725.68	2015	688858.2	535033.16
2001	110863.1	85513.72	2016	746395.1	590380.94
2002	121717.4	93323.62	2017	832035.9	642071.92
2003	137422.0	101724.10	2018	919281.1	700763.10
2004	161840.2	112169.40	2019	986515.2	766026.68
2005	187318.9	126424.56	2020	1013567	834617.10
			2021		899558.86

为了直观展示预测效果,图10.2给出了我国国内生产总值真实值和预测值的时序图。

从表10.16的数据和图10.2的曲线可以看出,我国国内生产总值的预测值曲线保持了真实值的增长趋势。由于我国国内生产总值序列具有明显的上升趋势,预测值存在不同程度的滞后偏差,案例的国内生产总值预测仅为了演示方法。国内生产总值的准确预测是很重要且具有挑战性的问题,涉及的因素非常复杂。建议感兴趣的读者参考相关研究文献。

Python语言实现:

```
#10案例
data_GDP=pd.read_csv('E:/GDP.csv')
GDP=np.array(data_GDP['GDP'])
#1991-2020年GDP平均发展水平
y_ba=np.mean(GDP)
print('1991-2020年GDP平均发展水平:{}亿元'.format(y_ba))
#逐期增长量
increase_1=np.array(GDP-data_GDP['GDP'].shift(1))
print('逐期增长量:\n',increase_1)
#累计增长量
increase_2=np.array([x-GDP[0] for x in GDP]).round(2)
```

```
print('累计增长量:\n',increase_2)
#1991—2020 年 GDP 平均增长量
increase_ba=(GDP[-1]-GDP[0])/(len(GDP)-1)
print('平均增长量:{:.2f}'.format(increase_ba))
#环比发展速度
speed_linkrelative=np.array((GDP/data_GDP['GDP'].shift(1)).round(4))
print('1991—2020 年环比发展速度(%)为:\n',speed_linkrelative * 100)
#定基发展速度
speed_fixed=np.array([x/GDP[0] for x in GDP]).round(4)
print('1991—2020 年定基发展速度(%)为:\n',speed_fixed * 100)
#环比增长速度
speed_linkrelative_increase=speed_linkrelative-1
print('1991—2020 年环比增长速度(%)为:\n',speed_linkrelative_increase * 100)
#定基增长速度
speed_fixed_increase=speed_fixed-1
print('1991—2020 年定基增长速度(%)为:\n',speed_fixed_increase * 100)
#平均发展速度
speed_ba=pow(GDP[-1]/GDP[0],1/len(GDP))
print('1991—2020 年平均发展速度(%)为:',speed_ba.round(4) * 100)
m_5=data_GDP['GDP'].rolling(5).mean()
print('5 期移动平均值:\n', m_5.round(3).values)
#绘图
import matplotlib
import matplotlib.pylab as plt
plt.rcParams['font.family']=['sans-serif']
plt.rcParams['font.sans-serif']=['SimHei']
matplotlib.rcParams['font.sans-serif']=['KaiTi']
from matplotlib.pyplot import MultipleLocator
alist=["2021", 1143669.7] #增加 2021 年 GDP,与 2021 年预测值对比
data_GDP.loc[len(data_GDP)]=alist
x=data_GDP["year"]
y=data_GDP["GDP"]
data=pd.Series(np.nan)
y_m5=pd.concat([data, m_5])
plt.plot(x,y,marker='o')
plt.plot(x,y_m5,marker='*')
plt.tick_params(labelsize=8)
plt.legend( labels=['全国 GDP', '5 期移动平均预测值'],
            loc='best', prop={'size': 8})
```

```
plt.ylabel('GDP 预测情况(亿元)', size=10)
x_major_locator=MultipleLocator(1) # x 轴刻度显示为 1
ax=plt.gca()
ax.xaxis.set_major_locator(x_major_locator)
plt.xticks(rotation=60)  # 坐标轴字体旋转
plt.savefig('fix.jpg', dpi=300) # 指定分辨率保存
```

Python 代码执行的结果为：

```
1991—2020 年 GDP 平均发展水平:345356.41 亿元
逐期增长量:[ nan,5188.9,8478.7,12964.3,12702.4,10473.7,7901.4,5480.5
5368.9,9715.7,10583.0,10854.3,15704.6,24418.2,25478.7,32119.6,50653.8
49152.3,29273.1,63601.6,75820.9,50639.8,54383.2,50599.9,45295.1,57536.9,
85640.8,87245.2,67234.1,27051.8]
累计增长量:[ 0.0,5188.9,13667.6,26631.9,39334.3,49808.0,57709.4,63189.9
68558.8, 78274.5, 88857.5, 99711.8, 115416.4, 139834.6, 165313.3, 197432.9
248086.7,297239.0,326512.1,390113.7,465934.6,516574.4,570957.6,621557.5
666852.6,724389.5,810030.3,897275.5,964509.6,991561.4]
平均增长量:34191.77
1991—2020 年环比发展速度(%)为:[ nan,123.58,131.18,136.34,126.12,117.07,
111.00, 106.88, 106.3, 110.73, 110.55, 109.79, 112.9, 117.77, 115.74, 117.15,
123.08, 118.2, 109.17, 118.25, 118.4, 110.38, 110.1, 108.53, 107.04, 108.35,
111.47,110.49,107.31,102.74]
1991— 2020 年定基发展速度(%)为:[ 100.0,123.58,162.11,221.02,278.75,
326.34,  362.25,387.15,411.55,455.7,503.79,553.12,624.49,735.45,851.23,
997.19, 1227.38,1450.74,1583.77,1872.79,2217.35,2447.47,2694.6,2924.54,
3130.38, 3391.84,3781.02,4177.49,4483.02,4605.95]
1991—2020 年环比增长速度(%)为:[ nan,23.58,31.18,36.34,26.12,17.07,11.00,
6.88,6.3,10.73,10.55,9.79,12.9,17.77,15.74,17.15,23.08,18.2,  9.17,18.25,
18.4,10.38,10.1,8.53,7.04,8.35,11.47,10.49,7.31,2.74]
1991—2020 年定基增长速度(%)为:[ 0.0,23.58,62.11,121.02,178.75,226.34,
262.25,287.15,311.55,355.7,403.79,453.12,524.49,635.45,751.23,897.19,
1127.38,1350.74,1483.77,1772.79,2117.35,2347.47,2594.6,2824.54,3030.38,
3291.84,3681.02,4077.49,4383.02,4505.95]
1991—2020 年平均发展速度(%)为: 113.62
5 期移动平均值:[ nan, nan, nan, nan,38970.14,48931.74,59435.84,69340.3,
77725.68, 85513.72, 93323.62, 101724.1, 112169.4, 126424.56, 143832.32,
165547.4, 195222.38, 231586.9, 268922.4, 313882.48, 367582.82, 421280.36,
476024.08, 535033.16, 590380.94, 642071.92, 700763.1, 66026.68, 834617.1,
899558.86]
```

10.6 小结

本章主要介绍了绝对数时间序列的分类及特点，编制时间序列的基本原则以及水平分析与速度分析各类指标等。时间序列的影响因素可归结为长期趋势、季节变动、循环变动和不规则变动等四种。常以乘法模型为基础来进行时间序列的分解和预测。时间序列预测模型最一般的形式为 $\hat{Y}_t=\hat{T}_t\times\hat{S}_t\times\hat{C}_t$，其中最主要的是趋势值预测。趋势外推预测利用趋势方程去预测趋势值。移动平均预测就是用移动平均值作为未来一期的预测值，只适用于呈水平趋势的序列。指数平滑法可用来修匀时间序列，也可以直接用于短期预测。预测误差是指现象的实际值与预测值之差。衡量预测模型的优劣常用平均绝对误差、平均相对误差、均方误差和均方根误差等。

10.7 习题

1. 已知某企业 2015—2020 年生产总值资料如下表所示。

年份	2015	2016	2017	2018	2019	2020
生产总值(万元)	343	447	519	548	703	783

若将该企业 2015 年的生产总值作为基期水平，

(1)计算各年的逐期增长量和累计增长量；

(2)计算各年的环比发展速度和定基发展速度；

(3)计算各年的环比增长速度和定基增长速度；

(4)计算 2015—2020 年生产总值的平均发展速度和平均增长速度。

2. 某商店每月末进行一次商品盘存，资料如下表。

时间	1月1日	1月末	2月末	3月末
商品库存额(万元)	50	55	48	60

求该商店第一季度的平均商品库存额。

3. 已知我国 2009—2014 年间的粮食产量和年末总人口数如下表所示。

年份	2009	2010	2011	2012	2013	2014
粮食产量(万吨)	—	54647.71	57120.85	58957.97	60193.84	60702.61
年末总人口(万人)	133450	134091	134735	135404	136072	136782

求 2010—2014 年间我国平均每年的人均粮食产量。

4. 某省“十五”时期外贸进出口量各年环比发展速度资料如下：2001 年为 103.9%，2002 年为 100.9%，2003 年为 95.5%，2004 年为 101.6%，2005 年为 108%，以 2000 年为基期，试计算 2005 年的定基发展速度。

5. 某种商品的价格连续四年环比增长率分别为8%,10%,9%,12%,该商品价格的年平均增长速度为多少?

6. 下表是1981—2000年间我国财政用于文教、科技、卫生事业的支出数据。

年份	支出(万元)	年份	支出(万元)
1981	171.36	1991	708.00
1982	196.96	1992	792.96
1983	223.54	1993	957.77
1984	263.17	1994	1278.18
1985	316.70	1995	1467.06
1986	379.93	1996	1704.25
1987	402.75	1997	1903.59
1988	486.10	1998	2154.38
1989	553.33	1999	2408.06
1990	617.29	2000	2736.88

要求:

(1)绘制时间序列图描述其趋势;

(2)计算1981—2000年财政用于文教、科技、卫生事业的支出的年平均增长率。

7. 某纺织品公司近年棉布销售量如下表,请用移动平均法预测2019年棉布销售量。(单位:万米)

年份	2012	2013	2014	2015	2016	2017	2018
销售量	984	1022	1040	1020	1032	1015	1010

8. 下表是1991—2008年我国小麦产量数据。

年份	小麦产量(万吨)	年份	小麦产量(万吨)
1991	9595.3	2000	9963.6
1992	10158.7	2001	9387.3
1993	10639.0	2002	9029.0
1994	9929.7	2003	8648.8
1995	10220.7	2004	9195.2
1996	11056.9	2005	9744.5
1997	12328.9	2006	10846.6
1998	10972.6	2007	10929.8
1999	11388.0	2008	11246.4

根据上表中的数据：

(1)分别采用 3 期移动平均法和指数平滑法（$\alpha=0.3$）预测 2009 年的小麦产量；

(2)分析预测误差，说明用哪种方法预测更合适。

9. 某地区 2007—2010 年各季度的 LED 电视机销量数据（单位：千台）如下表所示。

年度	季度	销售量	年度	季度	销售量
2007	1	48	2009	1	60
	2	41		2	56
	3	60		3	75
	4	65		4	78
2008	1	58	2010	1	63
	2	52		2	59
	3	68		3	80
	4	74		4	84

根据上表中的数据：

(1)汇总出各年度销售总量，并根据年度数据计算这几年间的年平均销售量、年平均增长量、年平均增长速度；分别用年平均增长量和年平均增长速度预测 2011 年销售量；

(2)分别用同期平均法和移动平均趋势剔除法计算销售量的季节指数，并比较说明两种方法计算结果的差别及其原因。

10. 某宾馆 1998—2002 年各季度接待旅客人次资料如下表所示，现已判定该资料属于（不含长期趋势）季节模型时间序列。请用按季节平均法编制季节模型，并预测 2003 年各季度接待旅客人数。（预测 2003 年平均水平可用一次指数平滑法，用 1998 年平均水平作为初始值，平滑系数取 0.1）。

	第一季度	第二季度	第三季度	第四季度
1998	1861	2203	2415	1908
1999	1921	2343	2514	1986
2000	1834	2154	2098	1799
2001	1837	2025	2304	1965
2002	2073	2414	2339	1967

11. 1999—2001 年某城市旅游人数资料如下表所示：

年份	旅游人数（万人）			
	第一季	第二季	第三季	第四季
1999	32	40	61	28
2000	41	51	74	36
2001	57	65	93	57

试用移动平均趋势剔除法分析季节变动情况。

12. 某地区 1998—2002 年某种产品的产量资料如下：

年份	产品产量(百吨)
1998	20
1999	22
2000	24
2001	27
2002	30

试运用最小二乘法拟合直线方程，并预测 2003 年、2005 年这种产品可能达到的产量。

第11章　对比分析

对比分析是利用统计指标的对比，描述现象的数量差异或变化，揭示指标之间的相互联系和对比关系，本章主要介绍对比分析的基本概念、方法和原则。

11.1　对比分析的基础概念

1. 对比分析的相对数：现象的两个有联系指标的比率。通常，相对数是由计量单位相同的指标相除而得到抽象化的数值，用百分比、千分比、倍数、系数、成数等无名数形式表示。有些相对数是由两个不同性质、不同计量单位的指标相除而得到的复合数，计量单位是分子与分母的计量单位构成。

2. 静态对比：对比现象的两个有联系指标数值是同一时间的。

3. 动态对比：对比现象的两个有联系指标数值是不同时间的，反映现象随时间发展变动的程度及趋势。常用的动态相对数包括发展速度和增长速度。

11.2　对比分析的形式、方法和原则

1. 对比分析的形式：包括绝对数形式和相对数形式。绝对数形式的对比分析采用相减的方法，对比结果表现为绝对数的规模。相对数形式的对比分析采用相除的方法，对比结果表现为相对数的形式。

2. 对比分析的方法：主要分为静态对比分析方法和动态对比分析方法两种。

①静态对比分析方法：根据对比分析目的和比较基准不同，静态对比分析方法主要有计划完成程度分析、空间比较分析、结构分析、比例分析和强度、密度和效益分析等。

计划完成程度分析：将某一指标的实际完成数与计划数（或目标任务数）对比，反映计划数的完成程度或用来监督检查计划的执行情况。通常，计划完成程度分析的相对数用百分比表示，称为计划完成百分比。计算公式为

$$\text{计划完成相对数}=\frac{\text{报告期实际完成数}}{\text{报告期计划数}}\times 100\% \tag{11.1}$$

空间比较分析：将在同一时间不同空间的同类现象指标数值进行对比，反映同类现象在不同空间上的差异程度和现象发展的不平衡状况。“空间”可以是国家、地区、部门或企业等。计算公式为

$$\text{空间比较相对数}=\frac{\text{甲空间某一现象的数值}}{\text{乙空间同类现象的数值}} \tag{11.2}$$

其中，“乙空间同类现象的数值”可以根据不同的目的与要求确定。

结构分析：在分组基础上，将各组的总量指标与总体的总量指标对比，计算各组指标

在总体中所占比重，反映总体的结构状况。计算公式为

$$结构相对数(比重)=\frac{总体中某一部分总量}{总体的总量}\times 100\% \tag{11.3}$$

比例分析：在分组基础上，将总体不同部分的指标数值进行对比，得到比例相对数，简称比例。计算公式为

$$比例相对数(比例)=\frac{总体中某一部分的数值}{总体中另一部分的数值} \tag{11.4}$$

强度、密度和效益分析：将同一时间同一空间两个内容不同但有联系的指标数值对比，得到的相对数称为强度相对数，反映现象的强度、密度、普遍程度和经济效益等。计算公式为

$$强度相对数=\frac{报告期某一现象的数值}{同期另一种有联系的现象的数值} \tag{11.5}$$

②动态对比分析方法：主要采用对比的相对数形式，分为发展速度和增长速度两个角度加以测度。其中在发展速度中，由于对比基准不同，又分为环比发展速度、定基发展速度和同比发展速度；在增长速度中，由于对比基准不同，又分为环比增长速度、定基增长速度和同比增长速度。

发展速度：定义为报告期水平与基期水平对比的相对数，计算结果通常用百分数或倍数来表示，用来说明报告期水平相当于基期水平的百分之多少或多少倍。计算公式为

$$发展速度=\frac{报告期水平}{基期水平} \tag{11.6}$$

由于基期选择不同，发展速度分为环比发展速度、定基发展速度和同比发展速度。

环比发展速度：是报告期水平与前一期水平之比，用以反映现象逐期发展变动的程度，也可称作逐期发展速度。计算公式为

$$环比发展速度=\frac{报告期水平}{前一期水平}=\frac{y_t}{y_{t-1}}\quad (t=1,2,\cdots,T) \tag{11.7}$$

定基发展速度：是报告期水平与固定基期水平（通常为基初水平 y_0）之比，用以反映现象在较长一段时间内总的发展变动情况，也称为发展总速度。计算公式为

$$定基发展速度=\frac{报告期水平}{固定基期水平}=\frac{y_t}{y_0}\quad (t=1,2,\cdots,T) \tag{11.8}$$

同比发展速度：也称为年距发展速度，是报告期水平与上年同期水平之比，用以消除季节变动的影响，更好反映出现象的变化趋势。计算公式为

$$同比发展速度-\frac{报告期水平}{上年同期水平} \tag{11.9}$$

增长速度：定义为报告期增长量与基期水平对比的相对数，也称为增长率。计算结果通常用百分数或倍数表示，说明报告期水平比基期水平增长了百分之多少或多少倍。当增长速度大于 0 时，表示报告期水平比基期增加或提高的程度。而当增长速度小于 0 时，表示报告期水平比基期减少或降低的程度。计算公式为

$$增长速度=\frac{报告期增长量}{基期水平}=发展速度-1 \tag{11.10}$$

由于基期选择不同，增长速度分为环比增长速度、定基增长速度和同比增长速度。

环比增长速度：是逐期增长量与前一期水平之比，用以反映现象逐期增长变动的程度，也可称作逐期增长速度。计算公式为

$$\text{环比增长速度} = \frac{\text{逐期增长量}}{\text{前一期水平}} = \text{环比发展速度} - 1 \tag{11.11}$$

定基增长速度：是累计增长量与固定基期水平之比，用以反映现象在较长一段时间内总的增长变动情况，也称为增长总速度。计算公式为

$$\text{定基增长速度} = \frac{\text{累计增长量}}{\text{固定基期水平}} = \text{定基发展速度} - 1 \tag{11.12}$$

同比增长速度：也称为年距增长速度，是同比增长量与上年同期水平之比，用以消除季节变动的影响，更好反映出现象的变化趋势。计算公式为

$$\text{同比增长速度} = \frac{\text{同比增长量}}{\text{上年同期水平}} = \text{同比发展速度} - 1 \tag{11.13}$$

3. 应用对比分析方法的四个原则：

①可比性原则：要求指标在含义、总体范围、计算口径、计算方法、所属时间和计量单位等方面保持一致，或与分析目的相适应。可比性原则是对比分析的首要条件。

②正确选择对比基准原则：对比基准的选择，取决于所研究现象的性质特点和具体研究目的。对比基准（基数）指对比分析的比较标准，即计算相对数的分母指标。若基数选择不当，则不能真实揭示现象之间的数量联系。

③相对数与绝对数结合运用原则：相对数不能反映现象在绝对水平上的差异。在进行对比分析时，必须将相对数与绝对数综合运用，做出合理全面分析。

④多种相对数结合运用原则：不同相对指标是从不同角度说明现象之间的联系和对比关系的。全面分析和研究问题，必须要把有关的多种相对指标结合起来，对所研究问题多角度观察和比较分析。

11.3 对比分析的知识结构图

对比分析的知识结构图如图 11.1 所示。

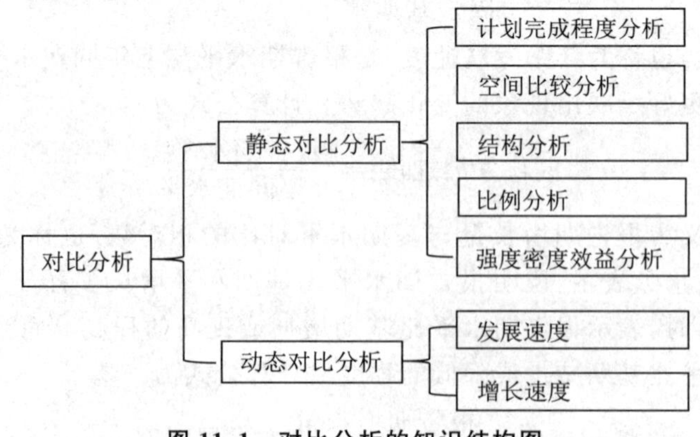

图 11.1 对比分析的知识结构图

11.4　对比分析的知识点与 Python 语言实践

1. 知识点:计划完成程度分析

企业某年盈利目标是 2000 万元,实际盈利 2120 万元。计划劳动生产率应比上年提高 5%,而实际提高了 10%;计划单位产品成本比上年降低 5%,实际降低了 2%。试分别求企业该年盈利总额、劳动生产率和单位产品成本的计划完成百分比。

解:由题目可知,盈利目标=2000 万元,实际盈利=2120 万元,计划劳动生产率是上年劳动生产率的 105%,实际劳动生产率是上年劳动生产率的 110%,计划单位产品成本是上年单位产品成本的 95%,实际单位产品成本是上年单位产品成本的 98%。则

盈利总额的计划完成相对数

$$\frac{\text{实际盈利}}{\text{盈利目标}}\times 100\%=\frac{2120}{2000}\times 100\%=106\%$$

劳动生产率的计划完成相对数

$$\frac{100\%+\text{实际增加率}}{100\%+\text{计划增加率}}\times 100\%=\frac{100\%+10\%}{100\%+5\%}\times 100\%=104.8\%$$

单位产品成本的计划完成相对数

$$\frac{100\%-\text{实际降低率}}{100\%-\text{计划降低率}}\times 100\%=\frac{100\%-2\%}{100\%-5\%}\times 100\%=103.2\%$$

Python 语言实现:

```
import math
sjyl=2120    #实际盈利
ylmb=2000    #盈利目标
sjzjl=0.1    #实际增加率
jhzjl=0.05   #计划增加率
sjjdl=0.02   #实际降低率
jhjdl=0.05   #计划降低率
ylze=sjyl/ylmb   #盈利总额的计划完成相对数
ldscl=(1+sjzjl)/(1+jhzjl)   #劳动生产率的计划完成相对数
dwcpcb=(1-sjjdl)/(1-jhjdl)   #单位产品成本计划完成相对数
print("盈利总额的计划完成相对数为%.3f"%ylze)
print("劳动生产率的计划完成相对数为%.3f"%ldscl)
print("单位产品成本计划完成相对数为%.3f"%dwcpcb)
```

Python 代码执行的结果为:

```
盈利总额的计划完成相对数为 1.06
劳动生产率的计划完成相对数为 1.048
单位产品成本计划完成相对数为 1.032
```

2. 知识点:空间比较分析

据世界经济信息网消息,2020 年中国人均 GDP 达到 715219.197 元(约合 10986.47 美元),印度人均 GDP 达到 153289.669 元(约合 2354.68 美元),美国人均 GDP 达到 4289808.768 元(约合 65895.68 美元)。试进行中国与印度、美国经济的空间比较分析。

解:依据题意,已知中国、印度和美国 2020 年的名义 GDP 总量以及人均 GDP 数据,为了对比中国与印度、美国经济发展的不平衡状况,采用空间比较分析,计算比较相对数,即为

$$\text{中国对印度的空间比较相对数}=\frac{\text{中国人均}\,GDP}{\text{印度人均}\,GDP}=\frac{10986.47}{2354.68}=4.666$$

$$\text{中国对美国的空间比较相对数}=\frac{\text{中国人均}\,GDP}{\text{美国人均}\,GDP}=\frac{10986.47}{65895.68}=0.167$$

从结果可以看出,中国与同处于发展中国家的印度相比,在 2020 年的名义 GDP 总量下空间比较相对数为 4.666,说明中国经济发展已经远远超过印度。中国与处于发达国家的美国相比,空间比较相对数为 0.1667,说明在 2020 年的人均 GDP 角度下中国经济发展与发达国家还有较大差距。

Python 语言实现:

```
import math
GDPpcChina=10986.47    #中国人均 GDP
GDPpcIndia=2354.68    #印度人均 GDP
GDPpcUSA=65895.68    #美国人均 GDP
CIkjbjxds=GDPpcChina/ GDPpcIndia #中印空间比较相对数
CUkjbjxds=GDPpcChina/ GDPpcUSA   #中美空间比较相对数
print("中印空间比较相对数为%.3f"% CIkjbjxds)
print("中美空间比较相对数为%.3f"% CUkjbjxds)
```

Python 代码执行的结果为:

```
中印空间比较相对数为 4.666
中美空间比较相对数为 0.167
```

3. 知识点:结构分析

恩格尔系数(Engel's Coefficient)指居民家庭消费中食物支出占消费总支出的比重,是用来衡量家庭富足程度的重要指标。若一个家庭收入越少,家庭收入中或家庭总支出中用于购买食物支出所占比例就越大。随着家庭收入的增加,恩格尔系数会下降。计算公式为

$$\text{恩格尔系数}=\frac{\text{食品支出}}{\text{家庭消费总支出}}\times 100\% \tag{11.14}$$

若 2012 年家庭开支清单为

支出项目	费用(万元)
食品	4
交通、通信	1.6
教育、医疗	2.3
其他消费	1.7
国债、股票	4.4
银行储蓄	1

试计算 2012 年恩格尔系数的数值。

解:依据题意,已知 2012 年食品支出为 4 万元,家庭消费总支出为食品、交通与通信、教育与医疗、其他消费的总和。2012 年家庭消费总支出为

食品＋交通与通信＋教育与医疗＋其他消费＝4＋1.6＋2.3＋1.7＝9.6 万元。

则

$$2012\text{ 年恩格尔系数} = \frac{4}{4+1.6+2.3+1.7} \times 100\% \approx 42\%$$

Python 语言实现:

```
import math
spzc=4    #食品支出
jttxzc=1.6    #交通与通信支出
jyylzc=2.3    #教育与医疗支出
qtxfzc=1.7   #其他消费支出
gzgpzc=4.4   #国债与股票
yhcx=1   #银行储蓄
jtxfzzc=spzc+jttxzc+jyylzc+qtxfzc   #家庭消费总支出
EC=spzc/jtxfzzc*100 #恩格尔系数
print("家庭食品支出为%.0f元"%spzc)
print("家庭消费总支出为%.1f元"%jtxfzzc)
print("恩格尔系数为%.0f"%EC,"%")
```

Python 代码执行的结果为:

```
家庭食品支出为 4 元
家庭消费总支出为 9.6 元
恩格尔系数为 42%
```

4. 知识点:比例分析

我国于 2020 年开展了第七次全国人口普查。普查标准时点为 2020 年 11 月 1 日零时,普查对象是普查标准时点在中华人民共和国境内的自然人以及在中华人民共和国境外但未定居的中国公民,不包括在中华人民共和国境内短期停留的境外人员。普查主要调查人口和住户的基本情况,包括姓名、公民身份证号码、性别、年龄、民族、受教育程度、

行业、职业、迁移流动、婚姻生育、死亡、住房情况等。2021 年 5 月 11 日,第七次人口普查结果公布,全国人口共 141178 万人。其中男性人口为 72334 万人,女性人口为 68844 万人。已知 2010 年我国人口男女性别比例为 105.2∶100。试计算第七次人口普查中男女性别比例以及男女分别占总人口比例,并据此分析中国人口性别比变化特点。

解:根据题目可知,第七次人口普查全国人口共 141178 万人,其中男性人口为 72334 万人,女性人口为 68844 万人。第七次人口普查中我国男女性别比例为

$$男女性别比例=\frac{男性人口数}{女性人口数}=\frac{72334}{68844}=1.0507$$

第七次人口普查中男性比例为

$$男性占总人口比例=\frac{男性人口数}{总人口数}=\frac{72334}{141178}=0.5124$$

第七次人口普查中女性比例为

$$女性占总人口比例=\frac{女性人口数}{总人口数}=\frac{68844}{141178}=0.4876$$

即 2020 年我国人口中的男女性别比例为 105.07∶100,男性人数占总人数 51.24%,女性人数占总人数 48.76%。虽然与 2010 年我国男女性别比例 105.2∶100 基本持平,但不难看出我国性别结构正在逐步改变,其主要原因在于我国偏好男孩的观点正在改变。

Python 语言实现:

```
import math
zrks=141178    #总人口数
mrks=72334   #男性人口数
frks=68844    #女性人口数
mfxbbl=mrks/frks  *100#男女性别比例
mrkb=mrks/zrks*100   #男性人口数占总人口比例
frkb=frks/zrks*100   #女性人口数占总人口比例
print("男女性别比例为%.0f:100"%mfxbbl)
print("男性人口数占总人口比例%.2f"%mrkb,"%")
print("女性人口数占总人口比例%.2f"%frkb, "%")
```

Python 代码执行的结果为:

```
男女性别比例为 105∶100
男性人口数占总人口比例 51.24%
女性人口数占总人口比例 48.76%
```

5. 知识点:强度分析

人均 GDP 为 GDP 总额/总人口,用来衡量经济发展状况,是了解和把握一国或地区宏观经济运行状况的有效工具之一。已知上海 2020 年 GDP 总额为 3.9 万亿元,而人口数为 2.49 千万人。试计算 2020 年上海人均 GDP。

解:依据题意,已知 2020 年上海 GDP 总额为 3.9 万亿元,人口数为 2.49 千万人,则

2020 年上海人均 GDP 为

$$人均\ GDP=\frac{3.9\times 10^{12}}{2.49\times 10^{7}}=1.566\times 10^{5}$$

即 2020 年上海人均 GDP 为 15.66 万元。

Python 语言实现：

```
import math
shgdp=39    #上海 GDP 总额
shpopulation=2.49    #上海人口数
shrjgdp=shgdp/shpopulation    #上海人均 GDP
print("上海人均 GDP 为", round(shrjgdp,2),"万元")
```

Python 代码执行的结果为：

```
上海人均 GDP 为 15.66 万元
```

6. 知识点：密度分析

人口密度是用以衡量一个国家或地区人口分布状况的重要指标，定义为单位土地面积上的人口数量。若已知 2007 年中国内地人口数为 1336718015 人，中国内地国土面积为 9596960 平方公里。试计算 2007 年中国内地人口密度。

解：由题意知，2007 年中国内地人口数为 1336718015 人，中国内地国土面积为 9596960 平方公里，则 2007 年中国内地人口密度为

$$人口密度=\frac{人口数}{土地面积}=\frac{1336718015}{9596960}=139\ 人/平方公里$$

即 2007 年中国内地人口密度为每平方公里约 139 人。

Python 语言实现：

```
import math
rks=1336718015    #人口数
tdmj=9596960    #土地面积
dop=round(rks/tdmj)    #人口密度 density of population
print("我国内地人口密度为%d 人/平方公里"%dop)
```

Python 代码执行的结果为：

```
我国内地人口密度为 139 人/平方公里
```

7. 知识点：效益分析

商品流转次数＝销售额/平均库存额，用于反映商业企业的商品流转效益。商品流转次数大或者增加，说明商品流转速度快，商业企业用较少商品存储获得更多销售业绩。假设某商业企业 2020 年 1 月到 3 月的销售额分别为 2880 万元、2170 万元、2340 万元，而 1 月初到 4 月初的库存额分别为 1980 万元、1310 万元、1510 万元、1560 万元。试计算该商业企业第一季度的月平均商品流转次数。

解：由题意知，企业 2020 年 1 月到 3 月的销售额分别为 2880 万元、2170 万元、2340

万元,而1月初到4月初的库存额分别为1980万元、1310万元、1510万元、1560万元。于是,

该商业企业第一季度月平均销售额为

$$\frac{2880+2170+2340}{3}=2463.3333$$

该商业企业第一季度平均库存额为

$$\frac{\frac{1980}{2}+1310+1510+\frac{1560}{2}}{3}=1530$$

该商业企业第一季度月平均商品流转次数为

$$\frac{2463.3333}{1530}=1.61$$

即该商业企业第一季度的月平均商品流转次数为1.61次。

Python语言实现:

```
import math
ypjxse=(2880+2170+2340)/3    #第一季度月平均销售额
pjkce=(1980/2+1310+1510+1560/2)/3    #第一季度平均库存额
ypjsplzcs=ypjxse/pjkce    #第一季度月平均商品流转次数
print("该商业企业第一季度月平均商品流转次数为%.2f"%ypjsplzcs)
```

Python代码执行的结果为:

```
该商业企业第一季度月平均商品流转次数为1.61
```

8. 知识点:发展速度

已知2018年我国国内生产总值为919281.1亿元,2019年为986515.2亿元,2020年为1013567.0亿元,2021年上半年为548919.0亿元,2021年全年为1143669.7亿元,2022年上半年为562642亿元。若以2019年为基期,试计算2021年我国国内生产总值发展速度、2020年和2021年环比发展速度以及2022年上半年同比发展速度。若以2018年为基年,试计算我国2021年定基发展速度。结合所算出的发展速度数据说明我国经济发展的特征。

解:由题意知,我国2018—2021年国内生产总值数据以及2021年和2022年上半年国内生产总值数据,则:

2021年发展速度 $=\frac{1143669.7}{986515.2}\times100\%=115.9\%$

2020年环比发展速度 $=\frac{1013567.0}{986515.2}\times100\%=102.7\%$

2021年环比发展速度 $=\frac{1143669.7}{1013567.0}\times100\%=112.8\%$

2022年上半年同比发展速度 $=\frac{562642}{548919.0}\times100\%=102.5\%$

2021 年定基发展速度 $=\frac{1143669.7}{919281.1}\times 100\%=124.4\%$

从所计算的我国发展速度、环比发展速度、同比发展速度不难看出我国经济一直保持较好的发展态势。

Python 语言实现：

```
import math
gdp2018=919281.1    #2018 年我国国内生产总值
gdp2019=986515.2   #2019 年我国国内生产总值
gdp2020=1013567.0    #2020 年我国国内生产总值
gdp2021=1143669.7   #2021 年我国国内生产总值
gdp2021s=548919.0   #2021 年上半年我国国内生产总值
gdp2022s=562642   #2022 年上半年我国国内生产总值
fzsd2021=gdp2021/gdp2019 *100    #2021 年发展速度
hbfzsd2020=gdp2020/gdp2019*100#2020 年环比发展速度
hbfzsd2021=gdp2020/gdp2020*100#2021 年环比发展速度
sbntbfzsd2022=gdp2022s/gdp2021s*100#2022 年上半年同比发展速度
djfzsd2021=gdp2021/gdp2018*100#2021 年定基发展速度
print("2021 年发展速度为%.1f"%fzsd2021, "%")
print("2020 年环比发展速度为%.1f"%hbfzsd2020, "%")
print("2021 年环比发展速度为%.1f"%hbfzsd2021, "%")
print("2022 年上半年同比发展速度为%.1f"%sbntbfzsd2022, "%")
print("2021 年定基发展速度为%.1f"%djfzsd2021, "%")
```

Python 代码执行的结果为：

```
2021 年发展速度为 115.9%
2020 年环比发展速度为 102.7%
2021 年环比发展速度为 112.8%
2022 年上半年同比发展速度为 102.5%
2021 年定基发展速度为 124.4%
```

9. 知识点：增长速度

已知 2018 年我国国内生产总值为 919281.1 亿元，2019 年为 986515.2 亿元，2020 年为 1013567.0 亿元，2021 年上半年为 548919.0 亿元，2021 年全年为 1143669.7 亿元，2022 年上半年为 562642 亿元。若以 2019 年为基期，试计算 2021 年我国国内生产总值的增长速度、2020 年和 2021 年环比增长速度以及 2022 年上半年同比增长速度。若以 2018 年为基年，试计算我国 2021 年定基增长速度。

解：由题意知，我国 2018—2021 年各年国内生产总值数据以及 2021 年和 2022 年上半年我国国内生产总值数据。利用增长速度=发展速度−1 的关系，可得出

2021 年增长速度 $=\frac{1143669.7}{986515.2}\times 100\%-1=15.9\%$

$$2020\text{ 年环比增长速度}=\frac{1013567.0}{986515.2}\times 100\%-1=2.7\%$$

$$2021\text{ 年环比增长速度}=\frac{1143669.7}{1013567.0}\times 100\%-1=12.8\%$$

$$2022\text{ 年上半年同比增长速度}=\frac{562642}{548919.0}\times 100\%-1=2.5\%$$

$$2021\text{ 年定基增长速度}=\frac{1143669.7}{919281.1}\times 100\%-1=24.4\%$$

通过计算的增长速度看出，我国经济保持较好的发展态势。

Python 语言实现：

```
import math
gdp2018=919281.1    #2018 年我国国内生产总值
gdp2019=986515.2   #2019 年我国国内生产总值
gdp2020=1013567.0    #2020 年我国国内生产总值
gdp2021=1143669.7   #2021 年我国国内生产总值
gdp2021s=548919.0   #2021 年上半年我国国内生产总值
gdp2022s=562642   #2022 年上半年我国国内生产总值
zzsd2021=(gdp2021/gdp2019 -1)*100   #2021 年增长速度
hbzzsd2020=(gdp2020/gdp2019-1)*100   #2020 年环比增长速度
hbzzsd2021=(gdp2020/gdp2020-1)*100   #2021 年环比增长速度
sbntbzzsd2022=(gdp2022s/gdp2021s-1)*100   #2022 年上半年同比增长速度
djzzsd2021=(gdp2021/gdp2018-1)*100   #2021 年定基增长速度
print("2021 年增长速度约为%.1f"%zzsd2021, "%")
print("2020 年环比增长速度约为%.1f"%hbzzsd2020, "%")
print("2021 年环比增长速度约为%.1f"%hbzzsd2021, "%")
print("2022 年上半年同比增长速度约为%.1f"%sbntbzzsd2022, "%")
print("2021 年定基增长速度约为%.1f"%djzzsd2021, "%")
```

Python 代码执行的结果为：

```
2021 年增长速度为 15.9%
2020 年环比增长速度为 2.7%
2021 年环比增长速度为 12.8%
2022 年上半年同比增长速度为 2.5%
2021 年定基增长速度为 24.4%
```

11.5 应用示例：中美欧经济总量对比分析

党的二十大报告的第一个主题，即“过去五年的工作和新时代十年的伟大变革”指出，“我们提出并贯彻新发展理念，着力推进高质量发展，推动构建新发展格局，实施供给侧结构性改革，制定一系列具有全局性意义的区域重大战略，我国经济实力实现历史性跃升。国内生产总值从五十四万亿元增长到一百一十四万亿元，我国经济总量占世界经济的比重达百分之十八点五，提高了七点二个百分点，稳居世界第二位；人均国内生产总值从三万九千八百元增加到八万一千元。谷物总产量稳居世界首位，十四亿人口的粮食安全、能源安全得到有效保障。城镇化率提高十一点六个百分点，达到百分之六十四点七。制造业规模、外汇储备稳居世界第一。建成世界最大的高速铁路网、高速公路网，机场港口、水利、能源、信息等基础设施建设取得重大成就。我们加快推进科技自立自强，全社会研发经费支出从一万亿元增加到二万八千亿元，居世界第二位，研发人员总量居世界首位”。二十大报告的这一部分所采用的分析方法恰是本章的对比分析法。对比过去，看发展，找问题，施对策，定目标以及实现目标的手段及步骤，再对比，找问题，施对策，……如此反复，直到目标实现。这是科学可行的实践路线。

本案例旨在对比分析中国与美国、欧盟在经济总量上的差异，借助对比分析疫情前后（主要 2019、2020 年）中美欧国内生产总值，分析中国主要宏观经济变量发展态势。

二十一世纪初，中国 GDP 总量只与意大利规模相当，当时只有日本经济总量的五分之一左右。但是中国 GDP 总量到 2020 年达到 14.72 万亿美元，日本 5.06 万亿美元，中国是日本的 2.9 倍。表 11.1 给出了 2010—2020 年中美欧 GDP 数据的绝对量以及各自占世界 GDP 总量的百分比数据。

表 11.1　2010—2020 年中美欧 GDP 数据对比

国家 / 年份	中国		美国		欧盟	
	GDP（万亿美元）	占世界 GDP（%）	GDP（万亿美元）	占世界 GDP（%）	GDP（万亿美元）	占世界 GDP（%）
2010	6.09	8.3366	14.99	20.5321	14.55	19.9204
2011	7.55	9.2665	15.54	19.0723	15.74	19.3168
2012	8.53	11.3226	16.20	21.4940	14.64	19.4237
2013	9.57	12.3605	16.78	21.6782	15.30	19.7553
2014	10.48	13.1718	17.53	22.0381	15.63	19.6580
2015	11.06	14.7289	18.24	24.2851	13.55	18.0387
2016	11.23	14.7237	18.75	24.5695	13.89	18.1995
2017	12.31	15.1640	19.54	24.0731	14.73	18.1503
2018	13.89	16.1097	20.61	23.8975	15.97	18.5175
2019	14.28	16.3317	21.43	24.5128	15.69	17.9197
2020	14.72	17.4073	20.94	24.7542	15.29	18.0587

数据来源：快易理财网

先对比分析中国与美国、欧盟在经济总量上的差异。从表 11.1 的数据中不难看出，中国经济总量一直保持增长态势，从 2010 年的 6.09 万亿美元增长到 2020 年的 14.72 万亿美元，在绝对量上，增长了 8.63 万亿美元，即

$$14.72-6.09=8.63\text{（万亿美元）}$$

相对量增长了141.71%，即

$$\frac{14.72-6.09}{6.09}\times 100\%=141.71\%$$

对比分析疫情前后中国与美国、欧盟在经济总量上的差异。表11.1显示，中国2019年GDP为14.28万亿美元，2020年GDP为14.72万亿美元。在绝对量上，2020年比2019年增长了0.44万亿美元

$$14.72-14.28=0.44(\text{万亿美元})$$

相对量增长了3.08%

$$\frac{14.72-14.28}{14.28}\times 100\%=3.08\%$$

中国GDP占世界GDP总量从16.3317%，增长到17.4073%，增长近1.1个百分点。

表11.1显示，美国的2019年GDP为21.43万亿美元，2020年GDP为20.94万亿美元。在绝对量上，2020年比2019年减少了0.49万亿美元

$$20.94-21.43=-0.49(\text{万亿美元})$$

相对量减少了2.29%

$$\frac{20.94-21.43}{21.43}\times 100\%=-2.29\%$$

美国GDP占世界GDP总量从24.5128%，增长到24.7542%，增幅约为0.2个百分点。

表11.1显示，欧盟2019年GDP总量为15.69万亿美元，2020年GDP总量为15.29万亿美元。在绝对量上，2020年比2019年减少了0.4万亿美元

$$15.29-15.69=-0.4(\text{万亿美元})$$

相对量减少了2.55%

$$\frac{15.29-15.69}{15.69}\times 100\%=-2.55\%$$

欧盟GDP占世界GDP总量从17.9197%，增长到18.0587%，增幅约为0.1个百分点。

Python语言实现：

```
import math
gdp2010China=6.09    #2010年中国GDP总量
gdp2019China=14.28    #2010年中国GDP总量
gdp2020China=14.72   #2020年中国GDP总量
zzjdlChina1=gdp2020China-gdp2010China    #2010-2020中国增长绝对量
zzxdlChina1=(gdp2020China-gdp2010China )/gdp2010China * 100
#2010-2020中国增长相对量
zzjdlChina2=gdp2020China-gdp2019China    #2019-2020中国增长绝对量
zzxdlChina2=(gdp2020China-gdp2019China )/gdp2019China * 100
#2019-2020中国增长相对对量
gdp2019USA=21.43    #2019年美国GDP总量
```

```
gdp2020USA=20.94   #2020 年美国 GDP 总量
zzjdlUSA=gdp2020USA-gdp2019USA    #2019-2020 美国增长绝对量
zzxdlUSA=(gdp2020USA-gdp2019USA )/gdp2019USA * 100
#2019-2020 美国增长相对对量
gdp2019EU=15.69    #2019 年欧盟 GDP 总量
gdp2020EU=15.29   #2020 年欧盟 GDP 总量
zzjdlEU=gdp2020EU-gdp2019EU    #2019-2020 欧盟增长绝对量
zzxdlEU=(gdp2020EU-gdp2019EU )/gdp2019EU * 100
#2019-2020 欧盟增长相对对量
print("2010-2020 中国 GDP 总量增长绝对量为", zzjdlChina1, "万亿美元")
print("2010-2020 中国 GDP 总量增长相对量为",round(zzxdlChina1,2), "%")
print("2019-2020 中国 GDP 总量增长绝对量为", round(zzjdlChina2, 2),"万亿美
元")
print("2019-2020 中国 GDP 总量增长相对量为",round(zzxdlChina2,2), "%")
print("2019-2020 美国 GDP 总量增长绝对量为", round(zzjdlUSA, 2),"万亿美
元")
print("2019-2020 美国 GDP 总量增长相对量为",round(zzxdlUSA,2), "%")
print("2019-2020 欧盟 GDP 总量增长绝对量为", round(zzjdlEU, 2),"万亿美元")
print("2019-2020 欧盟 GDP 总量增长相对量为",round(zzxdlEU,2), "%")
```

Python 代码执行的结果为：

```
2010-2020 中国 GDP 总量增长绝对量为 8.63 万亿美元
2010-2020 中国 GDP 总量增长相对量为 141.71%
2019-2020 中国 GDP 总量增长绝对量为 0.44 万亿美元
2019-2020 中国 GDP 总量增长相对量为 3.08%
2019-2020 美国 GDP 总量增长绝对量为-0.49 万亿美元
2019-2020 美国 GDP 总量增长相对量为-2.29%
2019-2020 欧盟 GDP 总量增长绝对量为-0.4 万亿美元
2019-2020 欧盟 GDP 总量增长相对量为-2.55%
```

通过上述中美欧 2019 年与 2020 年 GDP 总量的对比差异，只有中国 GDP 总量是增加的，美国和欧盟都是下降的。

11.6　小结

本章主要从基本概念、方法和原则等方面较为详细地介绍了对比分析方法。同时给出了相关例题、案例及其相应的 Python 实现代码。

对比分析是利用统计指标的对比，描述现象的数量差异或变化，揭示指标之间的相互联系和对比关系。对比形式有绝对数形式和相对数形式两种，其中相对数形式较为常

见。按照对比现象指标数值是否同一时间分为静态对比分析和动态对比分析，其中静态对比分析方法主要有计划完成程度分析、空间比较分析、结构分析、比例分析和强度、密度和效益分析，而动态对比分析主要有发展速度、环比发展速度、定基发展速度、同比发展速度、增长速度、环比增长速度、定基增长速度和同比增长速度。对比分析需要遵循可比性原则、正确选择对比基准原则、相对数与绝对数结合运用原则以及多种相对数结合运用原则等四个原则。

11.7 习题

1. 假设某地区的某个家庭平均而言每月的消费支出中，用于食品支出有 2000 元，而消费总支出为 5000 元，试计算这个家庭的恩格尔系数是多少。

2. 进入 2022 年以来，人口问题频频引起热议。若已知我国最新的全国男女比例为 104:100，试据此计算我国人口中男性人数和女性人数分别占我国人口总数的百分比。

3. 某国有企业 2022 年盈利目标是 2 亿元，而实际盈利 2.35 亿元。计划将生产率比 2021 年提升 10%，结果实际提升了 15%。试计算该国有企业 2022 年盈利总额与生产率的计划完成百分比。

4. 已知天津 2021 年 GDP 总量为 1.56 万亿元，人口总数为 1386.6 万人，试计算天津 2021 年人均 GDP。

5. 若已知 2021 年天津常住人口总数为 1386.6 万，天津管辖面积为 11966.45 平方千米，试计算 2021 年天津人口密度。

6. 某市 2016 年到 2021 年的人均 GDP 资料如下表所示(单位：元)。

年份	2016	2017	2018	2019	2020	2021
人均 GDP	6551	7086	7651	8214	9111	10561

试根据表中资料计算：

(1)该市 2021 年人均 GDP 环比发展速度和环比增长速度。

(2)若以 2016 年为基年，试计算该市 2021 年人均 GDP 的定基发展速度和定基增长速度。

7. 已知某地区医生人数逐年增加，2019 年、2020 年、2021 年各年的环比增长率分别为 8%、15%、18%。试计算该地区三年来医生人数共增长了百分之几。

8. 某地 2019—2021 年按当年价格计算的居民消费额分别为 1000 万元、1100 万元和 1210 万元，又已知这三年的居民消费价格分别比上年上涨了 5%、2%、8%，试计算该地区 2020 年和 2021 年居民实际消费的增长速度。

9. 已知某私营企业，2020 年 10 月净收益为 80 万元，而 2021 年 10 月净收益为 120 万，试计算该私营企业 2021 年 10 月同比发展速度和同比增长速度。

10. 某地农民家庭 2020 年年平均收入为 12440 元，2021 年增长了 8%，试计算 2021 年与 2020 年相比，每增加一个百分点增加的收入额。

第 12 章　指数分析

指数是用于分析经济现象的一种重要的统计方法，主要用于反映同类社会经济现象在时间上或空间上的综合变动程度，分析社会经济现象中各个制约因素的变动及其对综合变动的影响。不仅如此，通过连续编制的统计指数数列，还可以用于分析社会经济现象在长时间内的发展变化趋势。

12.1　指数分析的基础概念

1. 广义指数：两个指标数值相比的相对数都称为指数。个体指数反映单个个体或单个项目数量变动的相对数，也是广义指数的一种类型。

2. 狭义指数：对多个个体组成的复杂总体的数量变动进行综合测定和分析，反映由数量上不能直接加总的多个个体（或多个项目）组成总体的综合变动程度。

3. 总指数：反映由多个个体或多个项目构成的总体数量综合变动的相对数。例如，反映某企业多种产品单位成本变动的成本总指数，反映多种商品价格变动的价格总指数。编制总指数的基本方法有综合法和平均法两种，习惯上分别把这两种方法计算的总指数称为综合指数和平均指数。

4. 动态指数：也称为时间指数，是在两个不同时间上同类现象数量对比的相对数，用于反映现象随时间变化而发展变动的方向和程度。根据所选择的基期不同，动态指数又可分为环比指数和定基指数。

5. 静态指数：主要包括空间指数（或区域指数）和计划完成情况指数两种。空间指数是同一时间不同空间的同类现象数量对比的相对数，反映同类现象在不同空间或不同区域的差异程度。计划完成情况指数是利用总指数的方法，将多项计划任务的实际数与计划数对比的相对数，综合反映计划完成情况。

6. 同度量因素：通常称为综合指数的权数，在指数理论中起着同度量化的作用，把不同使用价值或不同内容的数值转化为同度量的数值。引入同度量因素的综合指数，通常被称为加权综合指数。

7. 环比指数、定基指数：环比指数是各期指数都以其上期为基期的综合指数。定基指数是各期指数都以某一固定时期为基期的综合指数。

8. 拉氏指数、帕氏指数：把同度量因素固定在基期水平上所编制的综合指数都统称为拉氏指数。把同度量因素固定在报告期水平上所编制的综合指数都统称为帕氏指数。

9. 马埃指数和理想指数：将同度量因素固定在基期和报告期的平均水平上所编制的综合指数称为马埃指数。理想指数也称为费希尔指数，是帕氏指数和拉氏指数的几何平均数。

10. 算术平均指数、调和平均指数、几何平均指数：算术平均指数是将个体指数（q_1/q_0 或 p_1/p_0）进行算术平均求得的总指数，其权数一般有基期总值（q_0p_0）和固定权数（ω）两种。调和平均指数是将个体指数（q_1/q_0 或 p_1/p_0）进行调和平均求得的总指数，通常采用报告期总值（q_1p_1）为权数。几何平均指数是对个体指数计算几何平均求得的总指数。

11. 指数体系：由几个有关指数所组成的数量关系式，表现为一个总量指数等于各个因素指数的乘积。“总量指数”通常是价值总量指数（常简称为总值指数）。

12. 工业生产指数：反映一个国家或地区工业产品产量的综合变动程度的一种物量指数。它是衡量经济增长水平和判断经济形势的重要依据。

13. 居民消费价格指数：在国外称为“消费者价格指数”（Consumer Price Index，CPI）。它综合反映居民家庭所购买的各种消费品和服务的价格变动程度，是研究人民生活水平、监测社会稳定性、进行宏观经济分析和调控的重要依据。

12.2 指数分析的基本原理与步骤

1. 编制综合指数的原理和步骤

综合指数是将各个个体的数量先加总，再通过两个时期的加总数值对比来计算的总指数。总指数要综合反映多个个体构成的现象总体的数量变动。综合指数必须先找到同度量因素将各个个体的数量加总起来。编制综合指数的步骤：

步骤一：找到使全部个体的数量得以加总的同度量因素，把不同使用价值或不同内容的数值转化为同度量的数值。

步骤二：固定同度量因素，使两个不同时间（或空间）上的指标数量对比的相对数只反映指数化指标的变动，不受同度量因素（权数）变动影响。

2. 编制平均指数的原理和步骤

平均指数反映全部个体变化数量的平均水平。编制平均指数要先计算个体指数，再将个体指数进行加权平均求得总指数。个体指数的重要性不同，需要赋予适当的权数。编制平均指数的步骤：

步骤一：计算个体指数，根据所收集的数据和研究目的的需要，选择平均形式的计算方法，包括算术平均法、调和平均法、几何平均法。

步骤二：权数确定，既考虑指数的实际经济意义，又考虑权数资料获取的可行性和简便性。通常，权数有基期总值、报告期总值和固定权数。

3. 因素分析的步骤

因素分析是以指数体系为基础，分析现象的总变动中各个因素的影响作用。因素分析的步骤：

步骤一：计算总量指数和总量变动的绝对差额；

步骤二：依次计算各个因素指数，以及该因素指数的分子分母绝对差额，反映因素对总量变动的影响程度和影响数量；

步骤三：综合和验证，做出结论。

12.3　指数分析的知识结构图

指数分析的知识结构图如图 12.1 所示。

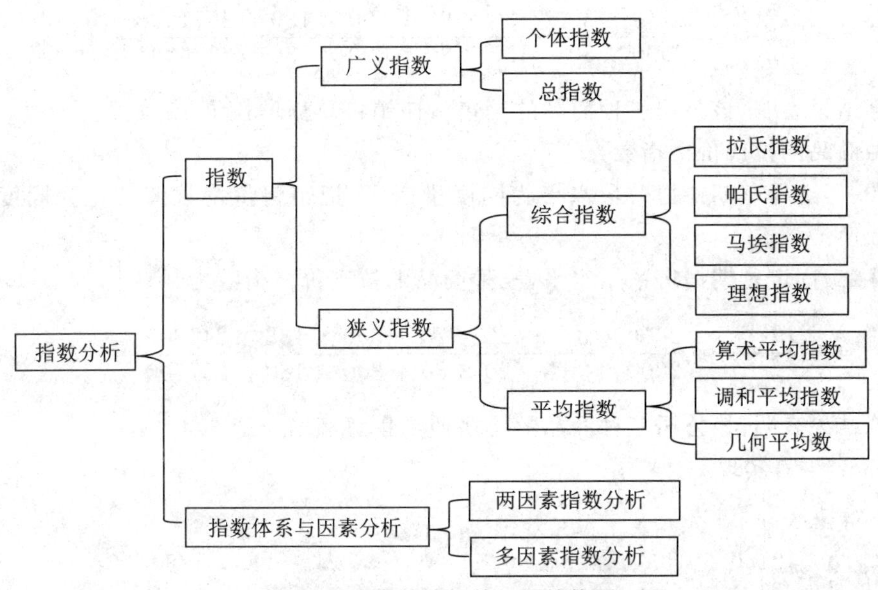

图 12.1　指数分析的知识结构图

12.4　指数分析的知识点与 Python 语言实践

1. 知识点:拉氏指数

某公司三种商品基期和报告期的销售量和价格资料如表 12.1 所示,试求这三种商品的拉氏销售量指数和拉氏价格指数。

表 12.1　某公司三种商品的销售资料

商品名称	销售量		价格(元)		销售额(元)			
	基期	报告期	基期	报告期	基期	报告期	假定	
	q_0	q_1	p_0	p_1	q_0p_0	q_1p_1	q_1p_0	q_0p_1
甲/千克	2000	2150	30	33	60000	70950	64500	66000
乙/件	420	530	80	70	33600	37100	42400	29400
丙/套	800	890	180	188	144000	167320	160200	150400
合计	—	—	—	—	237600	275370	267100	245800

解:由题目可知,拉氏销售量指数的分母是基期实际销售总额,分子是将报告期销售的商品按基期价格水平计算所得的销售总额。拉氏价格指数的分母是基期实际销售总额,分子是将基期销售的商品按报告期价格水平计算所得的销售总额。

三种商品的拉氏销售量指数：

步骤一：选择基期价格水平为同度量因素，把销售量数值转化为同度量的销售总额数值。

步骤二：固定基期价格水平，三种商品的拉氏销售量指数为

$$I_q=\frac{\sum q_1 p_0}{\sum q_0 p_0}=\frac{2150\times 30+530\times 80+890\times 180}{2000\times 30+420\times 80+800\times 180}=\frac{267100}{237600}=112.42\%$$

计算结果表明，该公司三种商品的销售量使销售总额增长了12.42%。

三种商品的拉氏价格指数：

步骤一：选择基期销售数量水平为同度量因素，把销售价格数值转化为同度量的销售总额数值。

步骤二：固定基期销售数量水平，三种商品的拉氏价格指数为

$$I_p=\frac{\sum q_0 p_1}{\sum q_0 p_0}=\frac{2000\times 30+420\times 70+800\times 188}{2000\times 30+420\times 80+800\times 180}=\frac{245800}{237600}=103.45\%$$

计算结果表明，该公司三种商品的价格使销售总额增长了3.45%。

Python 语言实现：

```
import pandas as pd
data=([2000,2150,30,33],[420,530,80,70],[800,890,180,188])
pd=pd.DataFrame(data,columns=['q_0','q_1','p_0','p_1'],index=['甲','乙','丙'])
pd['q_0 * p_0']=pd['q_0'] * pd['p_0']
pd['q_1 * p_1']=pd['q_1'] * pd['p_1']
pd['q_1 * p_0']=pd['q_1'] * pd['p_0']
pd['q_0 * p_1']=pd['q_0'] * pd['p_1']
#拉氏销售量指数
I_q=sum(pd['q_1 * p_0'])/sum(pd['q_0 * p_0'])
print("拉氏销售量指数:%.4f"%I_q)
I_p=sum(pd['q_0 * p_1'])/sum(pd['q_0 * p_0'])
print("拉氏价格指数:%.4f"%I_p)
```

Python 代码执行的结果为：

```
拉氏销售量指数:1.1242
拉氏价格指数:1.0345
```

2. 知识点：帕氏指数

以表12.1的资料，试计算某公司三种商品的帕氏销售量指数和帕氏价格指数。

解：帕氏销售量指数的分母是基期销售的商品按报告期价格水平计算的销售总额，分子是报告期实际销售总额。帕氏价格指数的分母是报告期销售的商品按基期价格水平计算所得的销售总额，分子是报告期实际销售总额。

三种商品的帕氏销售量指数：

步骤一：选择报告期价格水平为同度量因素，把销售量数值转化为同度量的销售总额数值。

步骤二：固定报告期价格水平，三种商品的帕氏销售量指数为

$$I_q=\frac{\sum q_1p_1}{\sum q_0p_1}=\frac{2150\times 33+530\times 70+890\times 188}{2000\times 33+420\times 70+800\times 188}=\frac{275370}{245800}=112.03\%$$

计算结果表明，该公司三种商品的销售量使销售总额增长了 12.03%。

三种商品的帕氏价格指数：

步骤一：选择报告期销售数量水平为同度量因素，把销售价格数值转化为同度量的销售总额数值。

步骤二：固定报告期销售数量水平，三种商品的帕氏价格指数为

$$I_p=\frac{\sum q_1p_1}{\sum q_1p_0}=\frac{2150\times 33+530\times 70+890\times 188}{2150\times 30+530\times 80+890\times 180}=\frac{275370}{267100}=103.1\%$$

计算结果表明，该公司三种商品的价格使销售总额增长了 3.1%。

Python 语言实现：

```
I_q=sum(pd['q_1 * p_1'])/sum(pd['q_0 * p_1'])
print("帕氏销售量指数：%.4f"%I_q)
I_p=sum(pd['q_1 * p_1'])/sum(pd['q_1 * p_0'])
print("帕氏价格指数：%.4f"%I_p)
```

Python 代码执行的结果为：

```
帕氏销售量指数：1.1203
帕氏价格指数：1.0310
```

3. 知识点：马埃指数与理想指数

以表 12.1 的资料，试分别由马埃指数和理想指数的公式来计算三种商品的销售量总指数和价格总指数。

解：基于马埃指数计算的销售量总指数的分母是基期销售的商品按基期价格和报告期价格的平均水平计算的销售总额，分子是报告期销售的商品按基期价格和报告期价格的平均水平计算的销售总额。基于马埃指数计算的价格总指数的分母是基期和报告期销售商品的平均水平按基期价格计算的销售总额，分子是基期和报告期销售商品的平均水平按报告期价格计算的销售总额。基于理想指数计算的销售量总指数是帕氏销售量指数和拉氏销售量指数的几何平均数。基于理想指数计算的价格总指数是帕氏价格指数和拉氏价格指数的几何平均数。

基于马埃指数计算三种商品的销售量指数：

步骤一：选择基期价格与报告期价格的平均水平为同度量因素，把销售量数值转化为同度量的销售总额数值。

步骤二：固定基期价格与报告期价格平均水平，马埃指数公式计算三种商品的销售量指数为

$$I_q=\frac{\sum q_1\frac{(p_0+p_1)}{2}}{\sum q_0\frac{(p_0+p_1)}{2}}=\frac{\sum q_1p_0+\sum q_1p_1}{\sum q_0p_0+\sum q_0p_1}=\frac{267100+275370}{237600+245800}=112.22\%$$

计算结果表明，该公司三种商品的销售量使销售总额增长了 12.22%。

基于马埃指数计算三种商品的价格指数：

步骤一：选择基期销售数量与报告期销售数量的平均水平为同度量因素，把销售价格数值转化为同度量的销售总额数值。

步骤二：固定基期销售数量与报告期销售数量的平均水平，马埃指数公式计算三种商品的价格指数为

$$I_p=\frac{\sum p_1\frac{(q_0+q_1)}{2}}{\sum p_0\frac{(q_0+q_1)}{2}}=\frac{\sum p_1q_0+\sum p_1q_1}{\sum p_0q_0+\sum p_0q_1}=\frac{245800+275370}{237600+267100}=103.26\%$$

计算结果表明，该公司三种商品的价格使销售总额增长了 3.26%。

基于理想指数计算三种商品的销售量指数：

步骤一：分别求出拉氏销售量指数与帕氏销售量指数。

步骤二：将拉氏销售量指数与帕氏销售量指数进行几何平均运算，理想指数公式计算三种商品的销售量指数为

$$I_q=\sqrt{\frac{\sum q_1p_0}{\sum q_0p_0}\times\frac{\sum q_1p_1}{\sum q_0p_1}}=\sqrt{1.1241\times1.1203}=112.22\%$$

计算结果表明，该公司三种商品的销售量使销售总额增长了 12.22%。

基于理想指数计算三种商品的价格指数：

步骤一：分别求出拉氏价格指数与帕氏价格指数。

步骤二：将拉氏价格指数与帕氏价格指数进行几何平均计算，理想指数公式计算三种商品的价格指数为

$$I_p=\sqrt{\frac{\sum q_0p_1}{\sum q_0p_0}\times\frac{\sum q_1p_1}{\sum q_1p_0}}=\sqrt{1.0345\times1.0309}=103.27\%$$

计算结果表明，该公司三种商品的价格使销售总额增长了 3.27%。

将以上四种方法计算的结果列在表 12.2 中，以便对照。

表 12.2　综合指数四种方法计算结果(单位：%)

指数类别	拉氏指数	帕氏指数	马埃指数	理想指数
销售量总指数	112.42	112.03	112.22	112.22
价格总指数	103.45	103.10	103.26	103.27

Python 语言实现：

```
I_q1=(sum(pd['q_1*p_0'])+sum(pd['q_1*p_1']))/(sum(pd['q_0*p_0'])+sum
(pd['q_0*p_1']))
I_p1=(sum(pd['q_0*p_1'])+sum(pd['q_1*p_1']))/(sum(pd['q_0*p_0'])+sum
(pd['q_1*p_0']))
I_q2=(sum((pd['q_1*p_0'])/sum(pd['q_0*p_0']))*(sum(pd['q_1*p_1'])/
sum(pd['q_0*p_1'])))**0.5
I_p2=(sum((pd['q_0*p_1'])/sum(pd['q_0*p_0']))*(sum(pd['q_1*p_1'])/
sum(pd['q_1*p_0'])))**0.5
print("由马埃指数公式计算的销售量总指数:%.4f"%I_q1)
print("由马埃指数公式计算的价格总指数:%.4f"%I_p1)
print("由理想指数公式计算的销售量总指数:%.4f"%I_q2)
print("由理想指数公式计算的价格总指数:%.4f"%I_p2)
```

Python 代码执行的结果为：

```
由马埃指数公式计算的销售量总指数:1.1222
由马埃指数公式计算的价格总指数:1.0326
由理想指数公式计算的销售量总指数:1.1222
由理想指数公式计算的价格总指数:1.0327
```

4. 知识点：算术平均指数

以表 12.1 的资料，利用算术平均指数公式计算三种商品的销售量总指数和价格总指数。

解：利用算术平均指数公式计算三种商品的销售量总指数：

步骤一：计算三种商品的销售量个体指数 (q_1/q_0)

甲商品的销售量个体指数 $i_q=\frac{q_1}{q_0}=\frac{2150}{2000}=107.5\%$

乙商品的销售量个体指数 $i_q=\frac{q_1}{q_0}=\frac{530}{420}=126.19\%$

丙商品的销售量个体指数 $i_q=\frac{q_1}{q_0}=\frac{890}{800}=111.25\%$

步骤二：固定基期销售额为权重，可得算术平均指数公式计算三种商品的销售量总指数为

$$I_q=\frac{\sum\frac{q_1}{q_0}(q_0p_0)}{\sum(q_0p_0)}$$

$$=\frac{1.075\times60000+1.2619\times33600+1.1125\times144000}{60000+33600+144000}=\frac{267100}{237600}=112.42\%$$

计算结果表明，该公司三种商品的销售量使销售总额增长了 12.42%。

利用算术平均指数公式计算三种商品的价格总指数：

步骤一：计算三种商品的价格个体指数（p_1/p_0）

甲商品的价格个体指数 $i_p=\dfrac{p_1}{p_0}=\dfrac{33}{30}=110\%$

乙商品的价格个体指数 $i_p=\dfrac{p_1}{p_0}=\dfrac{70}{80}=87.5\%$

丙商品的价格个体指数 $i_p=\dfrac{p_1}{p_0}=\dfrac{188}{180}=104.44\%$

步骤二：固定基期销售额为权重，可得算术平均指数公式计算三种商品的价格总指数为

$$I_p=\frac{\sum\frac{p_1}{p_0}(q_0p_0)}{\sum(q_0p_0)}$$

$$=\frac{1.10\times60000+0.875\times33600+1.0444\times144000}{60000+33600+144000}=\frac{245800}{237600}=103.45\%$$

计算结果表明，该公司三种商品的价格使销售总额增长了3.45%。

Python语言实现：

```
pd['q_1/q_0']=pd['q_1']/pd['q_0']
pd['p_1/p_0']=pd['p_1']/pd['p_0']
I_q=sum(pd['q_1/q_0'] * pd['q_0 * p_0'])/sum(pd['q_0 * p_0'])
I_p=sum(pd['p_1/p_0'] * pd['q_0 * p_0'])/sum(pd['q_0 * p_0'])
print("由算术平均指数公式计算的销售量总指数：%.4f" %I_q)
print("由算术平均指数公式计算的价格总指数：%.4f" %I_p)
```

Python代码执行的结果为：

```
由算术平均指数公式计算的销售量总指数：1.1242
由算术平均指数公式计算的价格总指数：1.0345
```

5. 知识点：调和平均指数

以表12.1的资料，试利用调和平均指数的公式计算三种商品的销售量总指数和价格总指数。

解：利用调和平均指数的公式计算三种商品的销售量总指数：

步骤一：计算出三种商品的销售量个体指数（q_1/q_0）分别为107.5%、126.19%和111.25%。

步骤二：固定报告期销售额为权重，利用调和平均指数公式计算三种商品的销售量总指数为

$$I_q=\frac{\sum(q_1p_1)}{\sum\frac{1}{q_1/q_0}(q_1p_1)}=\frac{70950+37100+167320}{\frac{70950}{1.075}+\frac{37100}{1.2619}+\frac{167320}{1.1125}}=\frac{275370}{245800}=112.03\%$$

计算结果表明，该公司三种商品的销售量使销售总额增长了12.03%。

调和平均指数计算三种商品的价格总指数：

步骤一：计算出三种商品的价格个体指数（p_1/p_0）分别为110%、87.5%和104.44%。

步骤二：固定报告期销售额为权重，可得调和平均指数公式计算三种商品的价格总指数为

$$I_p=\frac{\sum(q_1p_1)}{\sum\frac{1}{p_1/p_0}(q_1p_1)}=\frac{70950+37100+167320}{\frac{70950}{1.10}+\frac{37100}{0.875}+\frac{167320}{1.0444}}=\frac{275370}{267100}=103.10\%$$

计算结果表明，该公司三种商品的价格使销售总额增长了3.10%。

Python语言实现：

```
I_q=sum(pd['q_1 * p_1'])/sum((1/pd['q_1/q_0']) * pd['q_1 * p_1'])
I_p=sum(pd['q_1 * p_1'])/sum((1/pd['p_1/p_0']) * pd['q_1 * p_1'])
print("由调和平均指数公式计算的销售量总指数:%.4f"%I_q)
print("由调和平均指数公式计算的价格总指数:%.4f"%I_p)
```

Python代码执行的结果为：

```
由调和平均指数公式计算的销售量总指数:1.1203
由调和平均指数公式计算的价格总指数:1.0310
```

6. 知识点：两因素指数分析

以表12.1的资料，试对该公司三种商品销售总额的变动进行因素分析。

解：三种商品销售总额指数可以分解为销售量指数与价格指数。通过计算销售量指数和价格指数的变动可以分析销售总额的总体变动。

对三种商品销售总额的变动进行因素分析：

步骤一：计算总量指数和总量变动的绝对差额。三种商品销售总额指数为

$$I_{qp}=\frac{\sum q_1p_1}{\sum q_0p_0}=\frac{275370}{237600}=115.9\%$$

三种商品销售总额增减额为

$$\sum q_1p_1-\sum q_0p_0=2745370-237600=37770(\text{元})$$

步骤二：计算因素指数及其分子分母之差。三种商品的销售量总指数为

$$I_q=\frac{\sum q_1p_0}{\sum q_0p_0}=\frac{267100}{237600}=112.4\%$$

三种商品销售量变动的影响额为

$$\sum q_1p_0-\sum q_0p_0=267100-237600=29500(\text{元})$$

三种商品的价格总指数为

$$I_p=\frac{\sum q_1p_1}{\sum q_1p_0}=\frac{275370}{267100}=103.1\%$$

三种商品的价格变动的影响额为

$$\sum q_1p_1-\sum q_1p_0=275370-267100=8270(\text{元})$$

步骤三：验证销售总额指数与销售量总指数、价格总指数之间的数量关系为

$$115.9\% = 112.42\% \times 103.1\%$$

$$37770\ (\text{元}) = 29500\ (\text{元}) + 8270\ (\text{元})$$

计算结果表明，三种商品的销售总额增长了15.9%，即增加37770元。其中，由于三种商品的销售量平均增长12.4%，销售额增长29500元；又由于三种商品的价格平均上升了3.1%，销售额相应上升了3.1%，即增加8270元。

Python语言实现：

```
I_qp=sum(pd['q_1 * p_1'])/sum(pd['q_0 * p_0'])
n1=sum(pd['q_1 * p_1'])-sum(pd['q_0 * p_0'])
I_q=sum(pd['q_1 * p_0'])/sum(pd['q_0 * p_0'])
n2=sum(pd['q_1 * p_0'])-sum(pd['q_0 * p_0'])
I_p=sum(pd['q_1 * p_1'])/sum(pd['q_1 * p_0'])
n3=sum(pd['q_1 * p_1'])-sum(pd['q_1 * p_0'])
print("销售总额指数:%.3f"%I_qp)
print("销售总额的增减额:%d"%n1)
print("销售量总指数:%.3f"%I_q)
print("销售量变动的影响额:%d"%n2)
print("价格总指数:%.3f"%I_p)
print("价格变动的影响额:%d"%n3)
```

Python代码执行的结果为：

```
销售总额指数:1.159
销售总额的增减额:37770
销售量总指数:1.124
销售量变动的影响额:29500
价格总指数:1.031
价格变动的影响额:8270
```

7. 知识点：多因素指数分析

已知某公司三种商品的销售资料如表12.3所示，试对该公司三种商品的销售利润总额的变动进行因素分析。

表12.3 某公司商品销售情况

商品名称	销售量		价格(元)		销售利润率(%)	
	基期 q_0	报告期 q_1	基期 p_0	报告期 p_1	基期 r_0	报告期 r_1
甲/千克	2000	2150	30	33	10	11
乙/件	420	530	80	70	15	13
丙/套	800	890	180	188	8	10

解:依据题意,对利润总额的因素分析应以下列指数体系为依据:

销售利润总额指数=销售量总指数×商品销售价格总指数×销售利润率总指数,即

$$\frac{\sum q_1 p_1 r_1}{\sum q_0 p_0 r_0}=\frac{\sum q_1 p_0 r_0}{\sum q_0 p_0 r_0}\times\frac{\sum q_1 p_1 r_0}{\sum q_1 p_0 r_0}\times\frac{\sum q_1 p_1 r_1}{\sum q_1 p_1 r_0}$$

步骤一:计算三种商品的利润总额指数为

$$\frac{\sum q_1 p_1 r_1}{\sum q_0 p_0 r_0}=\frac{2935950}{2256000}=130.14\%$$

三种商品的利润总额的增减值为

$$\sum q_1 p_1 r_1-\sum q_0 p_0 r_0=2935950-2256000=679950(\text{元})$$

步骤二:计算三种商品的销售量总指数为

$$\frac{\sum q_1 p_0 r_0}{\sum q_0 p_0 r_0}=\frac{2562600}{2256000}=113.59\%$$

三种商品的销售量变动的影响额为

$$\sum q_1 p_0 r_0-\sum q_0 p_0 r_0=2562600-2256000=306600(\text{元})$$

计算三种商品的价格总指数为

$$\frac{\sum q_1 p_1 r_0}{\sum q_1 p_0 r_0}=\frac{2604560}{2562600}=101.64\%$$

三种商品的价格变动的影响额为

$$\sum q_1 p_1 r_0-\sum q_1 p_0 r_0=2604560-2562600=41960(\text{元})$$

计算三种商品的销售利润率总指数为

$$\frac{\sum q_1 p_1 r_1}{\sum q_1 p_1 r_0}=\frac{2935950}{2604560}=112.72\%$$

三种商品的利润变动的影响额为

$$\sum q_1 p_1 r_1-\sum q_1 p_1 r_0=2935950-2604560=331390(\text{元})$$

步骤三:验证三种商品的利润总额指数与销售量总指数、价格总指数、销售利润率总指数之间计算结果的关系为

$$130.14\%=113.59\%\times101.64\%\times112.72\%$$

$$679950(\text{元})=306600(\text{元})+41960(\text{元})+331390(\text{元})$$

计算结果表明,三种商品的利润总额增长30.14%,即增加679950元。其中,由于三种商品的销售量增长而使利润总额增长13.59%,即增加306600元;由于商品价格上升而使利润总额增加1.64%,即增加41960元;由于销售利润率上升而使利润总额增加12.72%,即增加331390元。

Python语言实现:

```
pd['r_0']=[10,15,8]
pd['r_1']=[11,13,10]
I1=sum(pd['q_1'] * pd['p_1'] * pd['r_1'])/sum(pd['q_0'] * pd['p_0'] * pd['r_0'])
n1=sum(pd['q_1'] * pd['p_1'] * pd['r_1'])-sum(pd['q_0'] * pd['p_0'] * pd['r_0'])
I2=sum(pd['q_1'] * pd['p_0'] * pd['r_0'])/sum(pd['q_0'] * pd['p_0'] * pd['r_0'])
n2=sum(pd['q_1'] * pd['p_0'] * pd['r_0'])-sum(pd['q_0'] * pd['p_0'] * pd['r_0'])
I3=sum(pd['q_1'] * pd['p_1'] * pd['r_0'])/sum(pd['q_1'] * pd['p_0'] * pd['r_0'])
n3=sum(pd['q_1'] * pd['p_1'] * pd['r_0'])-sum(pd['q_1'] * pd['p_0'] * pd['r_0'])
I4=sum(pd['q_1'] * pd['p_1'] * pd['r_1'])/sum(pd['q_1'] * pd['p_1'] * pd['r_0'])
n4=sum(pd['q_1'] * pd['p_1'] * pd['r_1'])-sum(pd['q_1'] * pd['p_1'] * pd['r_0'])
print("利润额总指数:%.4f"%I1)
print("利润额增减额:%d"%n1)
print("销售量总指数:%.4f"%I2)
print("销售量变动影响额:%d"%n2)
print("价格总指数:%.4f"%I3)
print("价格变动影响额:%d"%n3)
print("销售利润率总指数:%.4f"%I4)
print("销售利润率变动影响额:%d"%n4)
```

Python 代码执行的结果为:

```
利润额总指数:1.304
利润额增减额:679950
销售量总指数:1.1359
销售量变动影响额:306600
价格总指数:1.0164
价格变动影响额:41960
销售利润率总指数:1.1272
销售利润率变动影响额:331390
```

8. 知识点:平均指标变动的因素分析

某企业有两个分厂,各分厂工人的劳动生产率资料如表 12.4 所示。试对该企业总平均劳动生产率的变动进行因素分析。

表 12.4　某企业劳动生产情况

指标 / 工厂	劳动生产率(万元/人)		工人数(人)	
	基期 x_0	报告期 x_1	基期 f_0	报告期 f_1
一分厂	60	66	550	600
二分厂	50	62	250	400

解:依据题意,该企业总平均劳动生产率指数可以分解为组水平变动指数和结构变

动指数。应以上述指数体系为基础，分析组水平变动和结构变动对总平均劳动生产率的影响作用。

步骤一：计算该企业的总量指数和变动的绝对差额，分别为

基期总平均劳动生产率

$$\bar{x}_0=\frac{\sum x_0 f_0}{\sum f_0}=\frac{45500}{800}=56.875(\text{万元/人})$$

报告期总平均劳动生产率

$$\bar{x}_1=\frac{\sum x_1 f_1}{\sum f_1}=\frac{64400}{1000}=64.4(\text{万元/人})$$

假定的总平均劳动生产率

$$\bar{x}_n=\frac{\sum x_0 f_1}{\sum f_1}=\frac{56000}{1000}=56.0(\text{万元/人})$$

进而求得该公司的总平均劳动生产指数为

$$I_{xf}=\frac{\bar{x}_1}{\bar{x}_0}=\frac{64.4}{56.875}=113.2\%$$

总平均水平变动额为

$$\bar{x}_1-\bar{x}_0=64.4-56.875=7.525(\text{万元/人})$$

步骤二：计算该企业总平均劳动生产率变动的各因素指数及其分子分母之差组水平变动指数为

$$I_x=\frac{\bar{x}_1}{\bar{x}_n}=\frac{64.4}{56.0}=115\%$$

各组劳动生产率变动的影响量为

$$\bar{x}_1-\bar{x}_n=64.4-56=8.4(\text{万元/人})$$

结构变动指数为

$$I_f=\frac{\bar{x}_n}{\bar{x}_0}=\frac{56}{56.875}=98.5\%$$

工人数结构变动的影响量为

$$\bar{x}_n-\bar{x}_0=56-56.875=-0.875(\text{万元/人})$$

步骤三：验证该企业的总平均劳动生产率指数与组水平变动指数、结构变动指数之间计算结果的关系为

$$113.2\%=115\%\times 98.46\%$$

$$7.525(\text{万元/人})=8.4(\text{万元/人})-0.875(\text{万元/人})$$

相对数分析的结果表明，该企业报告期总平均劳动生产率（人均产值）比基期提高了13.2%，这是下述两个因素共同作用的结果。两个分厂的劳动生产率平均提高了15%，工人结构变动使企业总平均劳动生产率下降了1.54%。从绝对数来看，两个分厂的劳动生产率提高使得企业人均产值增加8.4万元，工人数结构变动使企业人均产值减少0.875万元，这两个因素共同作用的结果使该企业报告期人均产值比基期增加7.525万元。

Python 语言实现：

```
import pandas as pd
data=([60,66,550,600],[50,62,250,400])
pd=pd.DataFrame(data,columns=['x_0','x_1','f_0','f_1'],index=['一分厂','二分厂'])
L_0=sum(pd['x_0'] * pd['f_0'])/sum(pd['f_0'])
L_1=sum(pd['x_1'] * pd['f_1'])/sum(pd['f_1'])
L_2=sum(pd['x_0'] * pd['f_1'])/sum(pd['f_1'])
I_=L_1/L_0
n0=L_1-L_0
I_x=L_1/L_2
n1=L_1-L_2
I_f=L_2/L_0
n2=L_2-L_0
print("基期总平均劳动生产率:%.3f"%L_0)
print("报告期总平均劳动生产率:%.3f"%L_1)
print("假定的总平均劳动生产率:%.3f"%L_2)
print("总平均水平指数:%.3f"%I_)
print("总平均水平变动额:%.3f"%n0)
print("组水平变动指数:%.3f"%I_x)
print("各组劳动生产率变动的影响量:%.3f"%n1)
print("结构变动指数:%.3f"%I_f)
print("工人数结构变动的影响量:%.3f"%n2)
```

Python 代码执行的结果为：

```
基期总平均劳动生产率:56.875
报告期总平均劳动生产率:64.400
假定的总平均劳动生产率:56.000
总平均水平指数:1.132
总平均水平变动额:7.525
组水平变动指数:1.150
各组劳动生产率变动的影响量:8.400
结构变动指数:0.985
工人数结构变动的影响量:-0.875
```

12.5 应用示例：居民消费价格指数计算

党的二十大以来，在以习近平同志为核心的党中央坚强领导下，各地区各部门坚持以人民为中心，把保障和改善民生作为工作的根本出发点和落脚点，认真贯彻落实全面建成小康社会的战略目标，出台实施了一系列惠民富民政策措施，居民收入较快增长，居民消费水平持续提高。

居民消费水平与居民生活有关的消费品及服务价格水平变动密切相关。为了描述与居民生活有关的消费品及服务价格水平变动情况，常用的重要宏观经济指标是居民消费价格指数，也称为“消费者价格指数”(Consumer Price Index，CPI)。CPI 是宏观经济分析与决策以及国民经济核算的重要指标，据美国劳工部公布数据[①]显示，2022 年 6 月，美国 CPI 同比上升 9.1%，连续七个月同比上涨超过 7%，通货膨胀处于 40 年来的高位，其中食品价格飞涨，导致居民生活成本急剧增加。不断加剧的通货膨胀降低美国工薪阶层的消费水平。

为了演示居民消费价格指数编制，某市居民消费价格指数的相关资料如表 12.5 所示，说明其中面粉和粮食类的价格指数以及该居民消费价格指数(即表 12.5 中带方括号的数值)的计算(其中定基指数的基期为 2020 年)。

表 12.5　居民消费价格指数计算

项　　目	权数/‰	本月环比指数/%	上月定基指数/%	本月定基指数/%
居民消费价格指数	1000	[102.01]	101.5	[103.54]
一、食品	487	104.6	98.6	103.14
1. 粮食	(70)	[103.48]	95.5	[98.82]
其中：(1)大米	＜470＞	103.5	94.0	97.29
(2)面粉	＜350＞	[103.35]	95.3	[98.49]
标准粉		102.5		
精制粉		104.2		
(3)粮食制品	＜78＞	105.0	96.4	101.22
(4)其他	＜102＞	102.7	95.7	98.28
2. 淀粉及薯类	(11)	102.1	98.5	100.57
…	…	…	…	…
16. 其他食品及加工服务费	(135)	101.9	100.5	102.41
二、烟酒及用品	54	101.4	98.7	100.08
三、衣着	87	98.3	96.5	94.86
四、家庭设备用品及服务	58	97.5	98.4	95.94
五、医疗保健及个人用品	45	102.7	99.6	102.29
六、交通及通信	65	95.1	95.8	91.11
七、娱乐教育文化用品及服务	89	99.5	107.7	107.16
八、居住	115	102.0	114.9	117.20

根据表 12.5 中的数据，基本分类环比价格指数等于 n 个代表品的环比价格指数的简单几何平均数，各级分类和总体的报告期定基指数都等于相应报告期环比指数与上期定基指数的乘积，中类、大类和总体的环比指数都是逐级求加权算术平均数。

步骤一：面粉的环比、定基价格指数分别为

$$F_{面粉,环比} = \sqrt{1.025 \times 1.042} = 103.35\%$$

① 美国劳工部(DOL)劳工统计局(BLS)网站：https://www.bls.gov。

$$F_{面粉,定基}=1.0335\times0.953=98.49\%$$

步骤二：粮食类的环比、定基价格指数分别为

$$K_{粮食,环比}=1.035\times\frac{470}{1000}+1.0335\times\frac{350}{1000}+1.05\times\frac{78}{1000}+1.027\times\frac{102}{1000}=103.48\%$$

$$K_{粮食,定基}=1.0348\times0.955=98.82\%$$

步骤三：该市环比、定基居民消费价格指数分别为

$$I_{环比}=1.046\times0.487+1.014\times0.054+0.983\times0.087+0.975\times0.058+1.027\times0.045+0.951\times0.065+0.995\times0.089+1.02\times0.115=102.01\%$$

$$I_{定基}=1.0201\times1.015=103.54\%$$

计算结果表明，本月该市居民消费价格比上月上涨 2.01%，比 2020 年的价格水平上涨 3.54%。

Python 语言实现：

```
import numpy as np
import pandas as pd
data1=pd.read_excel('指数分析.xlsx',sheet_name=1,index_col=0)
Fr=(data1.iloc[3,1]*data1.iloc[4,1])**0.5
Fb=Fr*data1.iloc[2,2]/100
data1.iloc[2,1]=Fr
Kr=sum(data1.iloc[[1,2,5,6],0]*data1.iloc[[1,2,5,6],1])/1000
Kb=Kr*data1.iloc[0,2]/100
data=pd.read_excel('指数分析.xlsx',sheet_name=0,index_col=0)
Ir=sum(data.iloc[1:,0]*data.iloc[1:,1])/1000
Ib=Ir*data.iloc[0,2]/100
print("面粉的环比价格指数:%.2f"%Fr)
print("面粉的定基价格指数:%.2f"%Fb)
print("粮食类的环比价格指数:%.2f"%Kr)
print("粮食类的定基价格指数:%.2f"%Kb)
print("该市环比居民消费价格指数:%.2f"%Ir)
print("该市定基居民消费价格指数:%.2f"%Ib)
```

Python 代码执行的结果为：

```
面粉的环比价格指数:103.35
面粉的定基价格指数:98.49
粮食类的环比价格指数:103.48
粮食类的定基价格指数:98.82
该市环比居民消费价格指数:102.01
该市定基居民消费价格指数:103.54
```

12.6　小结

指数是经济分析中广为采用的一种重要统计方法，是一种对比性的分析指标。运用统计指数可以考察很多社会经济问题，如物价指数、生产指数、成本指数等。通过本章学习，要明确统计指数的概念、作用和种类，掌握综合指数、平均指数的编制方法。

综合指数的编制思路是"先综合、再对比"，其关键在于引入什么指标为同度量因素即权数，以及把它固定在哪个时间。若把同度量因素固定在基期，所计算的综合指数称为拉氏指数，若固定在报告期则是帕氏指数。实际工作中，计算数量指标指数较多采用拉氏公式，而计算质量指标指数较多采用帕氏公式。此外，马埃指数、理想指数也有一定的理论和实用价值。

平均指数的编制思路是从个体指数出发，"先对比、再平均"。计算平均指数的关键是选择平均的方法以及适当的权数。选择平均形式的计算方法，包括算术平均法、调和平均法、几何平均法。权数的确定，既考虑指数的实际经济意义，又考虑权数资料获取的可行性和简便性。通常，权数有基期总值、报告期总值和固定权数。

指数体系是由几个有关指数所组成的数量关系式，表现为一个总量指数等于各个因素指数的乘积。指数体系一方面可以用于指数之间的推算，另一方面可以用于因素分析。对总量指数进行两因素分析时，常用拉氏数量指标指数与帕氏质量指标指数反映总量指数变动中各因素的影响程度，其分子分母之差则反映各因素变动的绝对影响数量。两因素分析的基本原理可推广到多因素分析，该方法称为连锁替代法。

12.7　习题

1. 某工厂生产的三种产品的产量和出厂价格如下。

产品种类	计量单位	产量		出厂价格(元/套、双、人年)	
		基期	报告期	基期	报告期
甲	套	200	235	500	600
乙	双	12000	11200	80	90
丙	件	1000	1200	220	200

要求：(1)分别计算三种产品的个体产量指数。

(2)将同度量因素固定在报告期计算产量综合指数。

(3)将同度量因素固定在基期计算产量综合指数。

(4)比较两种方法的计算结果，试说明原因。

2. 试用下面数据资料计算拉式价格指数和帕氏价格指数。

商品名称	销售量		价格(元)		销售额(元)			
	基期	报告期	基期	报告期	基期	报告期	假定	
	q_0	q_1	p_0	p_1	q_0p_0	q_1p_1	q_1p_0	q_0p_1
甲/千克	2000	2150	30	33	60000	70950	64500	66000
乙/件	420	530	80	70	33600	37100	42400	29400
丙/套	800	890	180	188	144000	167320	160200	150400

3. 某市场三种蔬菜的销售情况如下表。

品种	销售量(千克)		销售价格(元/千克)	
	基期	报告期	基期	报告期
黄瓜	1200	1000	1.60	2.00
豆角	800	1100	3.80	2.60
土豆	2200	3000	1.10	1.20

要求:(1)用拉式指数公式编制三种蔬菜的销售量总指数和价格总指数。

(2)用帕式指数公式编制三种蔬菜的销售量总指数和价格总指数。

(3)比较两种公式编制的销售量总指数和价格总指数的差异。

4. 工厂生产两种不同种类的产品,有关统计资料如下。

产品种类	计量单位	产量		出厂价格(元/件、台)	
		基期	报告期	基期	报告期
甲	件	20000	24600	40	45
乙	台	108	120	500	450

要求:试从相对数和绝对数两方面分析工厂总产值报告期比基期的增长情况,并分析产量及出厂价格变动对总产值的影响。

5. 某集团共有甲、乙、丙三个子公司,工人人数与劳动生产率如下表。

企业	工人人数(人)		劳动生产率(吨/人)	
	基期	报告期	基期	报告期
甲	2500	2800	600	700
乙	1500	1300	500	550
丙	800	1200	900	820

要求:从绝对数和相对数两方面分析工人人数与劳动生产率对总产量的影响。

6. 某工厂生产两种不同种类的产品,原材料消耗和原材料价格的统计资料如下。

产品种类	计量单位	产量		原材料单耗(千克)		原材料价格(元/千克)	
		基期 q_0	报告期 q_1	基期 m_0	报告期 m_1	基期 p_0	报告期 p_1
甲	台	2200	2800	12	10	8	10
乙	套	108	120	18	16	13	12

要求:试用因素分析法分析产量、原材料单耗和原材料价格因素对总成本的影响。

第13章　统计综合评价

统计综合评价是统计活动中处于统计调查和统计整理之后的一项重要工作，是充分发挥统计功能的重要环节。本章主要介绍统计综合评价的原理和操作方法。

13.1　统计综合评价的基础概念

1. 统计综合评价：在确定综合评价目标的基础上，构建一套评价指标体系，并运用特定的方法和模型，将评价指标体系的多个指标转化为一个能够反映评价对象状况的综合指标，给出评价对象全局性、整体性评价的过程，也被称为多变量综合评价。

2. 评价对象：接受评价的事物、行为或系统，如待开发的产品、待建设或建设中的项目等。

3. 评价指标体系：由表征评价对象各方面特性及其相互联系的多个指标所构成的具有内在结构的有机整体。

4. 最小均方差法：一种指标选择的方法。具体地，分别计算各指标的平均值和均方差，剔除具有最小均方差的指标，用均方差较大的若干指标作为评价指标。

5. 极大极小离差法：一种指标选择的方法。具体地，分别找出每个指标在评价对象特征上的最小值和最大值，计算最大离差，剔除离差最小的指标，用离差较大的若干指标作为评价指标。

6. 指标规范化处理：在评价指标体系中，由于各指标的属性和量纲不同，需要对所有的评价指标做规范化处理，将原始数据转化为性质相同且无量纲、无数量级差异的数值，消除指标之间属性不同带来的影响，使评价结果更具可比性。指标规范化处理主要有两种，分别是指标一致化处理和无量纲化处理。通常，指标规范化处理需要遵循以下原则：①变异性原则，即尽量保留指标数据所包含的变异信息；②差异性原则，即尽量体现指标在各评价对象之间的差异；③稳定性原则，即保证评价方法的稳定性最好，极端对象对评价结果的影响越小越好。

7. 指标一致化处理：在评价指标体系包含数值越大越好的正指标、数值越小越好的逆指标、数值落在某区间最好的适度指标的情况下，三类指标数值不可直接相加，需要对逆指标和适度指标进行处理，使其转化为正指标，如此所有指标数值才可直接相加。指标一致性处理方法有逆向指标的一致化处理方法和适度指标的一致化处理方法。

8. 逆向指标的一致化：如果大多数指标遵循数值越大越好的取值规则，而部分指标则是数值越小越好，则这些指标被称为逆向指标，反之亦然。针对逆向指标，需对其先进行一致化变换，使之与大多数指标的取值规则相同。常用的一致化方法主要有倒扣逆变换法。该方法是找到逆向指标在所有评价对象上的最大值，并利用该最大值减去各评价对象的该指标数值，据此进行一致化变换，在进行综合评价时经常使用。

9. 适度指标的一致化：在综合评价时经常会遇到一类指标，该类指标的数值既非越大越好，也非越小越好，而是介于某一数值区间为宜，如体温等，此类指标即为适度指标。适度指标的一致化根据其适度区间的上下限进行。若指标 x_j 的适度区间为$[a,b]$，且一致化后的指标数值为 x_j'，则当 $x_j < a$ 时，$x_j' = 1-(a-x_j)/M$，当 $a \leqslant x_j \leqslant b$ 时，$x_j' = 1$，当 $x_j > b$ 时，$x_j' = 1-(x_j-b)/M$。其中，$M = \max\{a-\min\{x_j\}, \max\{x_j\}-b\}$。

10. 指标无量纲化处理：在评价指标体系包含不同量纲指标的情况下，指标的数量级之间存在较大差异，需要对指标进行相应处理。为了消除量纲、指标数值变异性和数值规模的影响，对指标数据进行无量纲化处理，将其转化为无量纲的相对数值。常用的无量纲化处理方法主要有标准化法和极值调整法。

11. 标准化法：指标无量纲化的常用方法。记指标 x_{ij} 为评价对象 i 第 j 个评价指标的数值，其均值为 $\bar{x}_j$，标准差为 σ_j，且标准化后的指标数值为 x_{ij}'，则 $x_{ij}'=(x_{ij}-\bar{x}_j)/\sigma_j$。经过标准化后，指标 x_{ij}' 的均值为 0，标准差为 1，消除了指标量纲的影响。

12. 极值调整法：指标无量纲化的常用方法，且无须利用指标的均值或标准差信息，只需指标在各评价对象上的最大值和最小值即可。记指标 x_{ij} 为评价对象 i 第 j 个评价指标的数值，其在各评价对象上的最大值为 $\max\{x_j\}$、最小值为 $\min\{x_j\}$，且极值调整后的指标数值为 x_{ij}'，则 $x_{ij}'=(x_{ij}-\min\{x_j\})/(\max\{x_j\}-\min\{x_j\})$，其取值处于 0 和 1 之间，由极值调整法计算的指标同样也消除了量纲的影响。

13. 指标权重：反映指标体系中评价指标的相对重要程度，衡量当其他指标不变的情况下，某一项指标发生变化后对综合评价结果的影响程度。常用的指标权重设置方法包括两类，一类是主观赋权法，一类是客观赋权法。

14. 主观赋权法：根据决策者主观上对指标的重视程度确定指标权重的方法。常用的主观赋权法包括专家咨询法(Delphi 法)、AHP 层次分析法等。专家咨询法是由多位专家讨论共同决定各指标的权重。AHP 层次分析法是利用专家打分，并使用数据计算过程最终生成各指标的权重值。

15. 客观赋权法：根据指标数据之间的关系，利用某种数学方法确定权重。客观赋权法的权重不依赖于人的主观判断。常用的客观赋权法是熵权法。

16. 熵权法：利用指标的熵值反映指标的离散程度并据此确定指标权重的方法。指标数据的熵值越小，其离散程度越大，此时该指标对综合评价的影响(即权重)就越大。如果某指标的值全部相等，则该指标在综合评价中应该赋予零权重，即对综合评价结果不会产生影响。

17. 线性加权方法：将评价指标与指标权重进行加总的方法之一。在按照各指标的重要性赋予其相应权重的基础上，将各指标数值乘以其权重再求和，计算公式为

$$y = \sum\nolimits_{j=1}^{m} w_j x_j \tag{13.1}$$

线性加权模型主要适用于评价指标相互独立的情形。

18. 非线性加权模型：将评价指标与指标权重进行加总的方法之一。在按照各指标的重要性赋予其权重的基础上，将各指标数值与其权重进行非线性加权的模型，计算公式为

$$y = \prod_{j=1}^{m} x_j^{w_j} \tag{13.2}$$

非线性加权模型主要适用于各指标数值大于1,且各指标之间存在较强关联性的情形。

19. TOPSIS方法:将评价指标与指标权重进行综合的方法之一,又称为逼近理想点的排序方法。在设定系统指标理想点的情形下,将各评价对象的指标数值与理想点比较,如果某评价对象的指标数值与理想点最为接近,该评价对象即为最好。

13.2 统计综合评价的步骤与指标选取原则

统计综合评价的基本原理为针对评价对象,采用综合评价模型,将评价指标体系中多个评价指标数值,计算为一个整体性的综合评价值,再进行择优或排序。在实际应用中,统计综合评价需要兼顾两个方面的内容:一是根据评价目的确定评价指标体系,包括界定评价对象的范围,明确评价对象的属性和结构;二是选择适用的综合评价方法,综合评价方法的科学性是客观评价的基础。

1. 统计综合评价的步骤

在统计综合评价过程中,一般遵循"确定评价对象及目标→构建评价指标体系→评价指标的规范化处理→设置评价指标的权重→选择综合评价模型→综合评价结果分析"的思路展开。具体步骤如下

①综合评价目标确定。明确评价目标是进行综合评价的前提。在明确评价目标的基础上,确定需要评价的对象及其范围,深入了解需要重点关注的对象特征。这些工作决定了综合评价的内容、方式和方法。

②评价指标体系构建。评价指标体系是由多个相互联系、相互作用的评价指标,按照一定层次结构组成的有机整体,既是综合评价过程中最重要的要素之一,也是综合评价问题的基础。具体地,根据评价目标,结合对评价对象特征的信息,按照人类认识和解决问题的规律,遵循从粗到细、从全局到局部、从一级指标到多级指标的分层递进方式,选择适宜的统计指标,构建评价指标体系。

③评价指标规范化处理。评价指标体系中的指标具有不同的性质和计量单位,取值方向和量纲并不一致。在评价指标数值分类加总的过程中,先对评价指标进行一致化处理和无量纲化处理,再综合汇总。评价指标规范化处理是一项重要的基础性工作,选择不同的规范化处理方法得到不同的综合评价数值,决定了综合评价结果的可信性。

④评价指标权重设置。设置评价指标权重需要根据各项指标的相对重要性,即各项指标对综合评价的贡献,对每个指标赋予适宜的权数。一般地,如果评价指标体系是单一层次的,要求指标权重之和等于100%。如果评价指标体系是多层次的,要求在同一层次中的指标权重之和等于100%。评价指标权重设置是综合评价中的关键环节,直接影响评价结果的可靠性和有效性。

⑤综合评价值的统计测算。将各层级的无量纲化指标,结合指标权重,利用综合评价模型,计算评价对象的综合评价值。选择适用的综合评价模型是综合评价的核心问题,是获取综合评价结论的重要途径和工具。

⑥综合评价结果的统计分析。根据综合评价的结果——综合评价值,评价客观现象

的数量特征，依据综合评价值对被评价对象排序和比较，分析被评价对象的数量特征，探讨原因和相应措施。

2. 选择评价指标的原则

从大量表征评价对象各方面特性的指标中，科学选取适用于综合评价的部分指标，建立一个合适的评价指标体系需要遵循以下原则。

①目的性原则。指标的选择应与研究目的相吻合，指标确实能反映评价对象的特征，对实现评价目标有明确的导向性。

②客观性原则。评价指标能够准确地把握所要研究问题的本质和内涵，能够客观地反映事物的特征。

③全面性原则。评价指标能从不同的角度综合反映评价对象的全局，覆盖评价的基本内容。

④敏感性原则。评价指标能比较敏感地反映评价对象的特征变化。

⑤相互独立性原则。尽可能选择相互独立的指标。

⑥可比性原则。评价指标的含义要明确，计算口径要一致，保证动态可比、横向可比。

⑦可操作性原则。评价指标要考虑资料收集的可能性，尽可能地利用现有的统计资料。

13.3　统计综合评价的知识结构图

统计综合评价的知识结构如图 13.1 所示。

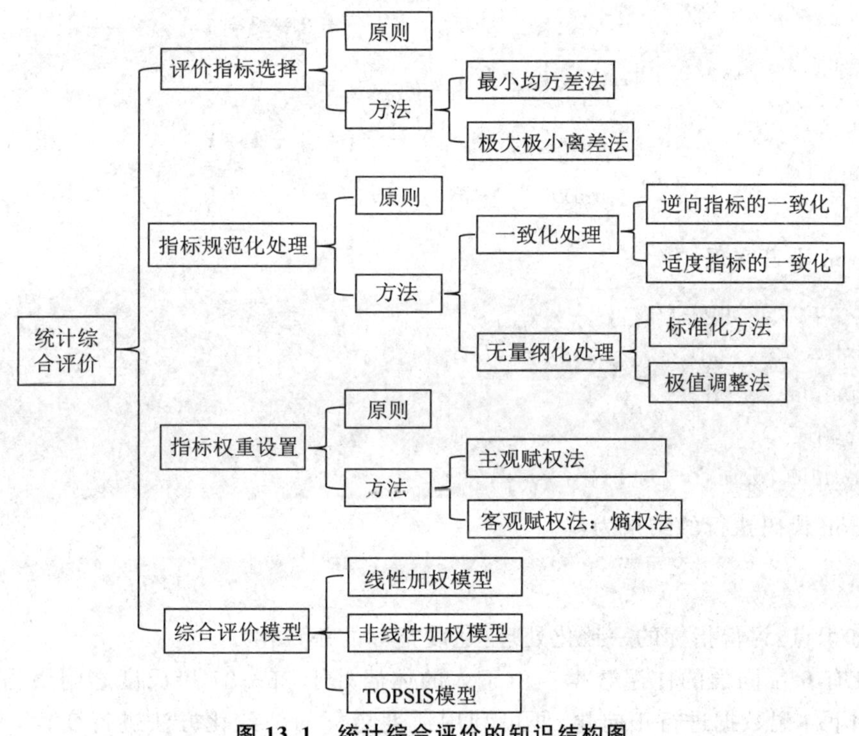

图 13.1　统计综合评价的知识结构图

13.4 统计综合评价的知识点与 Python 语言实践

1. 知识点:评价指标的一致化处理(逆向指标的一致化)

假设有四位同学,已知他们的期末成绩和缺勤次数如表 13.1。

表 13.1 学生期末成绩和缺勤次数表

姓名	期末成绩(分)	缺勤次数(次)	正向化后的缺勤次数
小明	89	2	1
小王	60	0	3
小张	74	1	2
小李	99	3	0

解:依据题意,学生的缺勤次数为逆指标,采用倒扣逆变换法进行一致化处理。倒扣逆变换法的计算公式为

$$x'_{ij}=\max_{1\leqslant i\leqslant n}\{x_{ij}\}-x_{ij} \tag{13.3}$$

该题目中,x_{ij} 为学生缺勤次数的初始数值,$\max\limits_{1\leqslant i\leqslant n}\{x_{ij}\}$ 为缺勤次数的最大值,x'_{ij} 为通过倒扣逆变换法处理后学生缺勤次数的指标数值;i 表示缺勤次数,$j=1,2,3,4$,分别代表小明、小王、小张和小李。$n=4$,最大值 $\max\limits_{1\leqslant i\leqslant n}\{x_{ij}\}=3$,其具体数值为

$$\begin{aligned}
x'_{i1}&=\max_{1\leqslant j\leqslant n}\{x_{ij}-x_{i1}\}-x_{i1}=3-2=1\\
x'_{i2}&=\max_{1\leqslant j\leqslant n}\{x_{ij}-x_{i2}\}-x_{i2}=3-0=3\\
x'_{i3}&=\max_{1\leqslant j\leqslant n}\{x_{ij}-x_{i3}\}-x_{i3}=3-1=2\\
x'_{i4}&=\max_{1\leqslant j\leqslant n}\{x_{ij}-x_{i4}\}-x_{i4}=3-3=0
\end{aligned} \tag{13.4}$$

Python 语言实现:

```
import numpy as np
import xlrd
import pandas as pd
datas=2,0,1,3
print(np.max(datas)-datas)
```

Python 代码执行的结果为:

```
[1 3 2 0]
```

2. 知识点:评价指标的一致化处理(适度指标的一致化)

假设有 6 位同学的体温数据。由于人的体温处于 36—37 摄氏度之间最为合适,此时要将如下体温数据进行正向化,便可利用适度指标的一致化方法进行变换,变换结果如表 13.2。

表 13.2 学生体温数据表(单位:摄氏度)

序号	体温	正向化后的体温
1	35.2	0.429
2	35.8	0.857
3	36.6	1.000
4	37.1	0.929
5	37.8	0.429
6	38.4	0.000

解:依据题意,学生的体温数据为适度指标。其中:

$$a=36,b=37,\min\{x_i\}=35.2,\max\{x_i\}=38.4$$

$$M=\max\{a-\min\{x_i\},\max\{x_i\}-b\}=1.4$$

适度指标正向化变换的公式为

$$x_i'=\begin{cases}1-\dfrac{36-x_i}{1.4}, & x_i<36\\ 1, & 36\leqslant x_i<37\\ 1-\dfrac{x_i-37}{1.4}, & x\geqslant 37\end{cases} \tag{13.5}$$

正向化后体温:

$$\begin{aligned} x_1'&=1-\frac{36-35.2}{1.4}\approx 0.429\\ x_2'&=1-\frac{36-35.8}{1.4}\approx 0.857\\ x_3'&=1\\ x_4'&=1-\frac{37.1-37}{1.4}\approx 0.929\\ x_5'&=1-\frac{37.8-37}{1.4}\approx 0.429\\ x_6'&=1-\frac{38.4-35.2}{1.4}=0.000\end{aligned} \tag{13.6}$$

Python 语言实现:

```
import numpy as np
def dataDirection (datas, x_min, x_max):
    M=max(x_min-np.min(datas), np.max(datas)-x_max)
    answer_list=[]
    for i in datas:
        if(i < x_min):
            answer_list.append(1-(x_min-i) /M)
        elif( x_min <=i <=x_max):
            answer_list.append(1)
        else:
            answer_list.append(1-(i-x_max)/M)
    return np.array(answer_list)
answer_list=dataDirection([35.2,35.8,36.6,37.1,37.8,38.4],36,37)
print(answer_list.round(3))
```

Python 代码执行的结果为：

```
[0.429  0.857  1.     0.929  0.429  0.   ]
```

3. 知识点：指标的规范化处理(极值调整法)

随机地生成两个指标，个体数为 5。指标 1 在[0,20]内取值，指标 2 在[0,100]内取值，指标数值如表 13.3。

表 13.3　指标规范化处理

个体编号	指标 1	指标 2	处理后的指标 1	处理后的指标 2
1	12.860	8.866	0.857	0.000
2	3.624	13.880	0.140	0.060
3	1.817	45.467	0.000	0.437
4	2.553	92.568	0.057	1.000
5	14.701	52.836	1.000	0.525

解：依据题意，将数据的最大最小值记录下来，并通过 Max－Min 作为基数进行数据的规范化处理。公式如下

$$x'_{ij}=\frac{x_{ij}-\min\{x_{ij}\}}{\max\{x_{ij}\}-\min\{x_{ij}\}} \tag{13.7}$$

其中，x_{ij} 为第 i 个指标的第 j 个取值，$i=1,2,j=1,2,\cdots,5$。

对于第一个指标：$\max\{x_{1j}\}=14.70,\min\{x_{1j}\}=1.82,j=1,2,\cdots,5$。因此，

$$x'_{11}=\frac{x_{11}-\min\{x_{1j}\}}{\max\{x_{1j}\}-\min\{x_{1j}\}}=\frac{12.860-1.817}{14.701-1.817}\approx 0.857$$

$$x'_{12}=\frac{x_{12}-\min\{x_{1j}\}}{\max\{x_{1j}\}-\min\{x_{1j}\}}$$
$$=\frac{3.624-1.817}{14.701-1.817}\approx 0.140$$
$$x'_{13}=\frac{x_{13}-\min\{x_{1j}\}}{\max\{x_{1j}\}-\min\{x_{1j}\}}$$
$$=\frac{1.817-1.817}{14.701-1.817}=0.000$$
$$x'_{14}=\frac{x_{14}-\min\{x_{1j}\}}{\max\{x_{1j}\}-\min\{x_{1j}\}}$$
$$=\frac{2.553-1.817}{14.701-1.817}\approx 0.057$$
$$x'_{15}=\frac{x_{15}-\min\{x_{1j}\}}{\max\{x_{1j}\}-\min\{x_{1j}\}}$$
$$=\frac{14.701-1.817}{14.701-1.817}=1.000$$

对于第二个指标：$\max\{x_{2j}\}=92.568$，$\min\{x_{2j}\}=8.866$，$j=1,2,\cdots,5$。因此，

$$x'_{21}=\frac{x_{21}-\min\{x_{2j}\}}{\max\{x_{2j}\}-\min\{x_{2j}\}}$$
$$=\frac{8.866-8.866}{92.568-8.866}=0.000$$
$$x'_{22}=\frac{x_{22}-\min\{x_{2j}\}}{\max\{x_{2j}\}-\min\{x_{2j}\}}$$
$$=\frac{13.880-8.866}{92.568-8.866}\approx 0.060$$
$$x'_{23}=\frac{x_{23}-\min\{x_{2j}\}}{\max\{x_{2j}\}-\min\{x_{2j}\}}$$
$$=\frac{45.467-8.866}{92.568-8.866}\approx 0.437$$
$$x'_{24}=\frac{x_{24}-\min\{x_{2j}\}}{\max\{x_{2j}\}-\min\{x_{2j}\}}$$
$$=\frac{92.568-8.866}{92.568-8.866}=1.000$$
$$x'_{25}=\frac{x_{25}-\min\{x_{2j}\}}{\max\{x_{2j}\}-\min\{x_{2j}\}}$$
$$=\frac{52.836-8.866}{92.568-8.866}\approx 0.525$$

Python 语言实现：

```
import numpy as np
import pandas as pd
import matplotlib.pyplot as plt
df=pd.DataFrame({"value1":np.random.rand(10)*20,
                  'value2':np.random.rand(10)*100})
print(df.head())
def data_norm(df,*cols):
    df_n=df.copy()
    for col in cols:
        ma=df_n[col].max()
        mi=df_n[col].min()
        df_n[col+'_n']=(df_n[col]-mi)/(ma-mi)
    return(df_n)
#创建函数,标准化数据
df_n=data_norm(df,'value1','value2')
print(df_n.head())
```

Python 代码执行的结果为:

```
      value1    value2
0     12.860     8.866
1      3.624    13.880
2      1.817    45.467
3      2.553    92.568
4     14.701    52.836
      value1    value2    value1_n   value2_n
0     12.860     8.866     0.857      0.000
1      3.624    13.880     0.140      0.060
2      1.817    45.467     0.000      0.437
3      2.553    92.568     0.057      1.000
4     14.701    52.836     1.000      0.525
```

4. 知识点:权重设置(熵权法)

某家庭拟购买一辆小轿车,现有四种品牌的小轿车可供选择。该家庭详细收集了四种品牌小轿车的特征值数据如表 13.4,试判断各项特征的重要性。

表 13.4　四种品牌小轿车特征值

车型	油耗	功率	费用	安全性	维护性	操作性
本田	5	1.4	6	3	5	7
奥迪	9	2	30	7	5	9
桑塔纳	8	1.8	11	5	7	5
别克	12	2.5	18	7	5	5

解:依据题意,已知本田、奥迪、桑塔纳、别克四种品牌小轿车的油耗、功率、费用、安全性、维护性、操作性的特征数值,采用熵权法,计算小轿车各特征的权重,步骤如下

步骤一:计算每种车型指标的贡献度,公式为

$$P_{ij}=x_{ij}/\sum_{i=1}^{n}x_{ij} \tag{13.8}$$

其中,x_{ij} 为第 i 种品牌小轿车的第 j 个特性值。结果如表13.5。

表13.5　四种品牌小轿车车型指标贡献度

车型	油耗	功率	费用	安全性	维护性	操作性
本田	5/34	1.4/7.7	6/65	3/22	5/22	7/26
奥迪	9/34	2/7.7	30/65	7/22	5/22	9/26
桑塔纳	8/34	1.8/7.7	11/65	5/22	7/22	5/26
别克	12/34	2.5/7.7	18/65	7/22	5/22	5/26

步骤二:计算各特征的熵值,公式为

$$e_j=-1/\ln(n)\times\sum_{1}^{n}P_{ij}\ln P_{ij} \tag{13.9}$$

结果如表13.6。

表13.6　四种品牌小轿车各特征的熵值

	油耗	功率	费用	安全性	维护性	操作性
e_j	0.968	0.985	0.889	0.965	0.992	0.977

步骤三:计算各特征的差异系数,公式为

$$g_j=1-e_j \tag{13.10}$$

结果如表13.7。

表13.7　四种品牌小轿车各特征的差异系数

	油耗	功率	费用	安全性	维护性	操作性
g_j	0.032	0.015	0.111	0.035	0.008	0.023

步骤四:计算各特征的权重,公式为

$$w_j=g_j/\sum_{1}^{m}g_j \tag{13.11}$$

结果如表13.8。

表13.8　四种品牌小轿车各特征的权重

	油耗	功率	费用	安全性	维护性	操作性
w_j	0.143	0.068	0.492	0.158	0.038	0.102

Python语言实现:

```
import pandas as pd
import numpy as np
import math
def cal_weight(x):
    rows=x.index.size
    cols=x.columns.size
    k=1.0 / math.log(rows)
    x=np.array(x)
    lnf=[[None] * cols for i in range(rows)]
    lnf=np.array(lnf)
    for i in range(0, rows):
        for j in range(0, cols):
            if x[i][j]==0:
                lnf[i][j]=0.0
            else:
                p=x[i][j] / np.sum(x, axis=0)[j]
                lnf[i][j]=math.log(p) * p * (-k)
    lnf=pd.DataFrame(lnf)
    d=1-lnf.sum(axis=0)
    w=[[None] * 1 for i in range(cols)]
    for j in range(0, cols):
        w[j]=d[j] / sum(d)
    w=pd.DataFrame(w)
    w.index=lnf.columns
    w.columns=['权重']
    return w
x1=pd.DataFrame([[5,1.4,6,3,5,7],
                 [9,2,30,7,5,9],
                 [8,1.8,11,5,7,5],
                 [12,2.5,18,7,5,5]])
w1=cal_weight(x1)
print(np.array(round(w1,3)))
```

Python 代码执行的结果为：

```
[[0.143] [0.068] [0.492] [0.158] [0.038] [0.102]]
```

5. 知识点:综合评价(线性加权模型)

某评价指标体系中共包括 2 个评价对象和 3 个指标,3 个指标的权重分别为 0.3、0.5 和 0.2。已知第 1 个评价对象三个指标规范化处理后的数值为(0.15,0.07,0.24),第 2

个评价对象三个指标规范化处理后的数值为(0.09,0.13,0.10)。试利用线性加权模型计算 2 个评价对象的综合得分。

解:由题意知,评价指标体系中 3 个指标相互独立,权重分别为 $w_1=0.3$,$w_2=0.5$,$w_3=0.2$。线性加权模型的公式为

$$y=\sum_{j=1}^{3} w_j x_j \tag{13.12}$$

将两个评价对象经规范化处理后的指标数值代入加权模型,计算得到综合得分如下

第 1 个评价对象:$0.15\times0.3+0.07\times0.5+0.24\times0.2=0.128$

第 2 个评价对象:$0.09\times0.3+0.13\times0.5+0.10\times0.2=0.112$

Python 语言实现:

```
import pandas as pd
import numpy as np
df=pd.DataFrame([[0.15,0.07,0.24],
                 [0.09,0.13,0.10]])
weights=[0.3,0.5,0.2]
df['Score']=df.mul(weights).sum(1)
print(df)
```

Python 代码执行的结果为:

```
      0     1     2   Score
0   0.15  0.07  0.24  0.128
1   0.09  0.13  0.10  0.112
```

13.5　应用示例:河流水质的 TOPSIS 综合评价

党的二十大报告指出,要牢固树立和践行“绿水青山就是金山银山”的理念,站在人与自然和谐共生的高度谋划发展。这一理念的创造性就在于,它不是用排他性的眼光来看待经济发展和环境保护之间的关系,而是在绿水青山和金山银山之间打开一条通道,指出了一种兼顾经济与生态、开发与保护的发展新路径。为了响应党中央的号召,我国各地方政府也纷纷加大了对生态环境的保护力度以确保能够从根本上维护和改善河流的生态环境。河流水质保护是改善河流生态环境的重要环节,不仅能够更好地满足人民群众生存发展的需要,同时也是实现未来可持续发展的关键。

现某地区需要针对当地 20 条河流的水质情况进行评估。收集了各条河流的含氧量、PH 值、细菌总数和植物性营养物量四个指标。数据如表 13.9 所示。

表 13.9　各条河流指标数值

河流	含氧量(ppm)	PH 值	细菌总数(个/ml)	植物性营养物量(ppm)
1	4.69	6.59	51	11.94
2	2.03	7.86	19	6.46
3	9.11	6.31	46	8.91
4	8.61	7.05	46	26.43
5	7.13	6.5	50	23.57
6	2.39	6.77	38	24.62
7	7.69	6.79	38	6.01
8	9.3	6.81	27	31.57
9	5.45	7.62	5	18.46
10	6.19	7.27	17	7.51
11	7.93	7.53	9	6.52
12	4.4	7.28	17	25.3
13	7.46	8.24	23	14.42
14	2.01	5.55	47	26.31
15	2.04	6.4	23	14.42
16	7.73	6.14	52	15.72
17	6.35	7.58	25	29.46
18	8.29	8.41	39	12.02
19	3.54	7.27	54	3.16
20	7.44	6.26	8	28.41

采用 TOPSIS 方法，基于上述数据对河流水质进行综合评价。

遵循统计综合评价的六个步骤，详解如下：

步骤一：确定综合评价目标。本案例中的综合评价目标为对 20 条河流的水质进行综合评价。

步骤二：构建评价指标体系。结合本案例给出的信息，评价指标体系由含氧量、PH 值、细菌总数和植物性营养物量 4 个指标组成。

步骤三：评价指标规范化处理。本案例中先对指标进行一致化处理。其中，含氧量越高越好，为正指标，无需处理；PH 值越接近 7 越好，为中间型指标；细菌总数越小越好，为逆指标；植物性营养物量介于 10～20 最好，为区间型指标。一致化处理结果如表 13.10。

表 13.10　各条河流指标一致化处理结果

河流	含氧量	正向化后的 PH	正向化后的细菌总数	正向化的植物性营养物量
1	4.69	0.72	3	1.00
2	2.03	0.41	35	0.69
3	9.11	0.52	8	0.91
4	8.61	0.97	8	0.44
5	7.13	0.66	4	0.69
6	2.39	0.84	16	0.60
7	7.69	0.86	16	0.66

续表

河流	含氧量	正向化后的 PH	正向化后的细菌总数	正向化的植物性营养物量
8	9.30	0.87	27	0.00
9	5.45	0.57	49	1.00
10	6.19	0.81	37	0.78
11	7.93	0.63	45	0.70
12	4.40	0.81	37	0.54
13	7.46	0.14	31	1.00
14	2.01	0.00	7	0.45
15	2.04	0.59	31	1.00
16	7.73	0.41	2	1.00
17	6.35	0.60	29	0.18
18	8.29	0.03	15	1.00
19	3.54	0.81	0	0.41
20	7.44	0.49	46	0.27

随后，对上述一致化处理后的指标进行无量纲化处理。此处采用标准化方法进行无量纲化处理，公式为

$$x'_{ij}=x_{ij}/\sqrt{\sum_{i=1}^{n}x_{ij}^{2}} \tag{13.13}$$

无量纲化处理结果如 13.11。

表 13.11　各条河流指标数值无量纲化处理结果

河流	标准化后的含氧量	标准化后的 PH	标准化后的细菌总数	标准化的植物性营养物量
1	0.16	0.25	0.02	0.31
2	0.07	0.14	0.29	0.21
3	0.32	0.18	0.07	0.28
4	0.30	0.33	0.07	0.14
5	0.25	0.23	0.03	0.21
6	0.08	0.29	0.13	0.18
7	0.27	0.30	0.13	0.20
8	0.32	0.30	0.22	0.00
9	0.19	0.20	0.40	0.31
10	0.21	0.28	0.30	0.24
11	0.27	0.22	0.37	0.21
12	0.15	0.28	0.30	0.17
13	0.26	0.05	0.25	0.31
14	0.07	0.00	0.06	0.14
15	0.07	0.20	0.25	0.31
16	0.27	0.14	0.02	0.31
17	0.22	0.21	0.24	0.06
18	0.29	0.01	0.12	0.31
19	0.12	0.28	0.00	0.13
20	0.26	0.17	0.38	0.08

步骤四:评价指标权重设置。考虑到 TOPSIS 方法无需为各指标设定权重,因此在本案例中该步骤可以省略。

步骤五:综合评价值的统计测算。TOPSIS 方法需要根据标准化的数据计算各评价对象与理想值的距离。为此,首先需要找到理想点,每个指标下标准化数值均有最大值和最小值,则理想点为各指标标准化数值的最大值,在本例中各指标最大值 Z_j^+ 为(0.32,0.33,0.38,0.31)。

此外,还需要找到最小值的集合 Z_j^-,在本例中为(0.07,0,0,0)。因此便可利用公式

$$D_i^+ = \sqrt{\sum_{j=1}^{m} (Z_j^+ - z_{ij})^2} \tag{13.14}$$

$$D_i^- = \sqrt{\sum_{j=1}^{m} (Z_j^- - z_{ij})^2} \tag{13.15}$$

计算每个评价对象与最大值和最小值的距离。

在此基础上,利用公式计算得到各评价对象的最终得分

$$S_i = D_i^- / (D_i^+ + D_i^-) \tag{13.16}$$

该数值越大,表明评价对象越接近最优值。最终得分如表 13.12。

表 13.12　各条河流 TOPSIS 方法下最终得分

河流	D_i^+	D_i^-	S_i
1	0.40	0.41	0.49
2	0.34	0.38	0.52
3	0.35	0.42	0.53
4	0.36	0.43	0.53
5	0.38	0.36	0.47
6	0.37	0.37	0.49
7	0.28	0.43	0.59
8	0.35	0.45	0.56
9	0.19	0.56	0.75
10	0.16	0.50	0.75
11	0.15	0.52	0.77
12	0.24	0.45	0.65
13	0.32	0.44	0.58
14	0.55	0.15	0.21
15	0.31	0.45	0.58
16	0.41	0.39	0.47
17	0.33	0.35	0.51
18	0.41	0.40	0.48
19	0.47	0.31	0.39
20	0.28	0.46	0.62

步骤六:综合评价结果的统计分析。结合测算结果可知,第 9 号、第 10 号和第 11 号河流的水质相对较好,最终得分分别为 0.75、0.75 和 0.77,而第 14 号河流的水质最差,最终得分仅为 0.21。整体分析发现,最终得分处于 0.7 以上的河流仅有 3 条,处于 0.6～0.7 的河流也只有 2 条,处于 0.5～0.6 的河流则有 8 条。另外,还有 7 条河流的最终得分处于 0.5 以下,其中第 14 号河流的得分甚至处于 0.2 左右。上述结果意味着,该地区

河流水质整体表现不佳，以后还需要加强河流水质整治的力度。

Python 语言实现：

```
#导入数据处理库 pandas、numpy
import pandas as pd
import numpy as np
#第 1 步 导入河流水质数据
data=pd.read_csv("data.csv",encoding="gbk")
#第 2 步：将指标进行一致化处理：含氧量越高越好，为正指标，无须处理；PH 值越接近 7 越好，为中间型指标；细菌总数越小越好，为逆指标；植物性营养物量介于 10～20 最好，为区间型指标。
#逆指标正向
def dataDirection_1(datas):
    return np.max(datas)-datas
#中间型指标
def dataDirection_2(datas, x_best):
    temp_datas=datas-x_best
    M=np.max(abs(temp_datas))
    answer_datas=1-abs(datas-x_best) / M
    return answer_datas
#区间型指标
def dataDirection_3(datas, x_min, x_max):
    M=max(x_min-np.min(datas), np.max(datas)-x_max)
    answer_list=[]
    for i in datas:
        if(i < x_min):
            answer_list.append(1-(x_min-i) /M)
        elif( x_min <=i <=x_max):
            answer_list.append(1)
        else:
            answer_list.append(1-(i-x_max)/M)
    return answer_list
#指标一致化处理结果
data['PH 值']=dataDirection_2(data['PH 值'],7)
data['细菌总数(个/ml)']=dataDirection_1(data['细菌总数(个/ml)'])
data['植物性营养物量(ppm)']=dataDirection_3(data['植物性营养物量(ppm)'],10,20)
#第三步：指标的无量纲化处理
f=lambda x: x/(np.sum(x**2)**(1/2))
scale=data[["含氧量(ppm)","PH 值","细菌总数(个/ml)","植物性营养物量(ppm)"]]
scale=scale.apply(f)
```

```
#第四步:由于TOPSIS方法不需要为各指标设定权重,仅需根据标准化的数据计算各评价对象与理想值的距离即可。
f1=lambda x:(np.max(x)-x)**2
f2=lambda x:(np.min(x)-x)**2
f3=lambda x:np.sum(x)**(1/2)
salemax=scale.apply(f1)
salemin=scale.apply(f2)
dmax=salemax.apply(f3, axis=1)
dmin=salemin.apply(f3,axis=1)
s=dmin/(dmax+dmin)
print(np.array(round(s,2)))
```

Python代码执行的结果为:

```
[0.49  0.52  0.53  0.53  0.47  0.49  0.59  0.56  0.75  0.75
 0.77  0.65  0.58  0.21  0.58  0.47  0.51  0.48  0.39  0.62]
```

13.6 小结

本章介绍统计综合评价方法。首先简要介绍了统计综合评价中的常用概念,在此基础上明确了统计综合评价的基本原理,并细致解读了统计综合评价的步骤,特别强调了评价指标体系构建过程中评价指标的选取必须遵循的原则。随后,为了更好展示统计综合评价中的若干细节,以知识点的形式,给出了各步骤中具有代表性的处理方法及其Python代码。最后,本章以河流水质的综合评价作为具体案例,详细给出了在案例分析中的具体操作步骤,便于学生对统计综合评价有更加全面的理解和掌握。

13.7 习题

1. 某班级学生期中考试各科成绩数据如下表所示,请利用标准化方法对各科成绩进行规范化处理。

学号	数学成绩(分)	语文成绩(分)	英语成绩(分)
1	96	76	82
2	93	81	78
3	89	73	84
4	90	80	84
5	75	91	93
6	83	79	87
7	87	85	90

2. 某市有 4 个地区经济发展的指标数据资料如下。

地区	单位 GDP 能耗 (吨标煤/万元)	劳动生产率 (万元/人)	增加值率 (%)	第三产业增加值比重 (%)
A	5	20	40	40
B	2	18	25	63
C	7	25	34	32
D	6	36	60	45

请将上述指标进行一致化处理,并利用极值调整法进行规范化处理。

3. 已知我国 2016—2020 年 3 项宏观经济效益指标数据如下。

年份	物耗率(%)	积累效果系数	社会劳动生产率(元/人)
2016	56.6	23	469
2017	57.2	26	1018
2018	57.5	33	1019
2019	57.7	51	1207
2020	57.8	40	1315

请利用熵权法确定上述各个指标的权重。

4. 三个区域环境质量相关测度指标如下表,请据此采用熵值法计算各评价指标的权重,计算过程中需要给出各步骤相应计算公式。

指　　标	A 区域	B 区域	C 区域
空气污染指数	156	222	78
森林覆盖率(%)	21	17	15
人均废水排放量(吨/人)	12	21	11

5. 已知某地区 2006—2015 年各年的效益指标如下表所示。

年份	综合投入产出率	综合投入边际产出率	社会劳动生产率	能源消耗系数	资金净产值率	资金利税率	投资效果系数
2006	54.05	32.84	914.2	16.34	55.27	24.91	0.3554
2007	53.02	38.17	959.8	15.37	54.45	23.84	0.2252
2008	50.92	34.28	999.9	14.88	55.05	23.45	0.3289
2009	50.61	47.71	1077.7	14.35	56.65	23.20	0.3689
2010	50.82	52.44	1194.4	13.56	60.51	24.24	0.4382
2011	49.49	11.42	1309.9	12.92	65.05	14.02	0.3347
2012	48.37	37.42	1375.3	12.56	63.33	20.65	0.1794
2013	46.77	35.30	1478.7	12.30	42.24	19.95	0.2518
2014	44.08	29.23	1603.8	11.87	60.19	20.69	0.2187
2015	42.71	22.00	1629.2	11.97	57.16	16.79	0.0582

请结合上表数据，运用线性加权综合评价方法对该地区各年效益进行排名。

6. 某医院近 7 年来的工作质量指标数值如下表所示，请利用 TOPSIS 方法对该医院医疗工作质量的年度变化情况进行综合评价。

年度	好转率（%）	床位周转次数（次）	平均病床工作日（天）	平均费用（元）
1	95.3	29.4	331.1	47.2
2	96.3	36.9	332.9	42.0
3	95.9	24.7	329.4	50.6
4	97.3	28.4	356.6	67.5
5	98.1	28.8	365.7	40.9
6	97.0	25.4	332.4	41.3
7	97.2	25.5	333.3	42.1

7. 某中药厂进行新药品开发，五种新药品试产时的成本、销售、工时的边际利润率和下期销售预测指标如下表所示。

新药号	成本边际利润率（%）	销售边际利润率（%）	工时边际利润率（%）	下期销售预测（千元）
药品 1	171.69	63.19	69.47	920
药品 2	179.98	64.28	33.75	700
药品 3	137.93	57.97	58.90	47.32
药品 4	113.86	53.24	49.89	133.16
药品 5	175.36	63.68	16.90	18.49

请利用线性加权综合评价方法和 TOPSIS 综合评价方法分别对上述五种新药投产进行评价，并比较两种方法之间的异同。

参考文献

[1] 陈希孺. 概率论与数理统计[M]. 北京:科学出版社,2000.

[2] 陈希孺. 数理统计学简史[M]. 长沙:湖南教育出版社,2002.

[3] 郭英,高建国. 统计学[M]. 北京:中国财政经济出版社,2001.

[4] 茆诗松,程依明,濮晓龙. 概率论与数理统计教程[M]. 3 版. 北京:高等教育出版社,2019.

[5] 王松桂,陈敏,陈立萍. 线性统计模型:线性回归与方差分析[M]. 北京:高等教育出版社,1999.

[6] 吴喜之. 应用回归及分类:基于 R[M]. 北京:中国人民大学出版社,2016.

[7] 肖红叶,杨贵军,尚翔. 数据技术应用概论[M]. 北京:科学出版社,2022.

[8] 徐国祥. 统计指数理论及应用[M]. 北京:中国统计出版社,2004.

[9] 杨贵军,孟杰,孙玲莉. 统计建模技术Ⅱ:离散型数据建模和非参数建模[M]. 北京:科学出版社,2021.

[10] 杨贵军,孟杰,杨雪,陈浩,孙玲莉. 统计建模技术Ⅲ:抽样技术与试验设计[M]. 北京:科学出版社,2021.

[11] 杨贵军,尹剑,孟杰,王维真. 应用抽样技术[M]. 2 版. 北京:中国统计出版社,2020.

[12] 杨贵军,杨雪,周琦,陈浩. 数理统计学[M]. 2 版. 北京:科学出版社,2021.

[13] 周概荣. 统计学原理(第二版)[M]. 天津:南开大学出版社,2004.

[14] 曾五一,肖红叶. 统计学导论[M]. 3 版. 北京:科学出版社,2021.

[15] Chatejee S,Hadi A S. 例解回归分析[M]. 5 版. 郑忠国,许静译. 北京:机械工业出版社,2013.

[16] James D Hamilton. Time Series Analysis[M]. Princeton:Princeton University Press,1994.

[17] Salsburg David. 女士品茶——20 世纪统计怎样变革了科学[M]. 邱东等译. 北京:中国统计出版社,2004.

[18] Magnus Lie Hetland . Python 基础教程[M]. 3 版. 袁国忠译. 北京:人民邮电出版社,2018.